英作文推敲活動を促す
フィードバックに関する研究

推敲過程認知処理モデルからの有効性の検証

青木信之

溪水社

英作文推敲活動を促すフィードバックに関する研究
——推敲過程認知処理モデルからの有効性の検証——

目　次

序　章　本研究の意義と構成 …………………………………………… 1
　第1節　研究主題 ……………………………………………………… 1
　第2節　研究の背景と課題設定 ……………………………………… 4
　第3節　論文の構成 …………………………………………………… 13
　第4節　本論での用語について ……………………………………… 14

第1章　文章産出過程と下位過程としての推敲過程 ……………… 17
　第1節　文章産出過程全体モデル …………………………………… 17
　第2節　L2での文章産出過程モデル ……………………………… 32
　第3節　推敲過程モデル ……………………………………………… 35

第2章　Skilled revisers と unskilled revisers …………………… 51
　第1節　L1での skilled revisers と unskilled revisers ………… 51
　第2節　Skilled revisers と unskilled revisers の task definition
　　　　 と推敲過程 …………………………………………………… 53
　第3節　L2での skilled revisers と unskilled revisers ………… 58
　第4節　英作文力、英文法力、日本語作文力と、英作文推敲
　　　　 との関係 ……………………………………………………… 63

第3章　推敲活動を促す補助とフィードバック ……………………… 71
　　　　──フィードバック研究における問題の所在──
　第1節　推敲活動を促す教育的介入及び補助ツールの分類 ………… 71
　第2節　推敲補助 ──書き手の推敲を支援するもの── …………… 73

i

第3節	フィードバック ——読み手からの支援——	……………	84
第4節	フィードバック研究における問題の所在	……………	106

第4章　フィードバックの具体性と推敲過程………… 115
　第1節　実験の狙い……………………………………… 116
　第2節　実験方法………………………………………… 118
　第3節　基礎調査結果…………………………………… 123
　第4節　実験結果………………………………………… 128
　第5節　総合考察………………………………………… 193

終　章　推敲能力を向上させるフィードバックのあり方…… 209
　第1節　フィードバックの具体性と推敲………………… 209
　第2節　適切な推敲過程の学習に結びつくフィードバック………… 213
　第3節　推敲活動の動的側面の学習……………………… 215
　第4節　今後の課題……………………………………… 225

参考文献 ………………………………………………………… 229
Appendixes ……………………………………………………… 243
謝　辞 …………………………………………………………… 269
索　引 …………………………………………………………… 273

英作文推敲活動を促すフィードバックに関する研究

――推敲過程認知処理モデルからの有効性の検証――

序章
本研究の意義と構成

第1節　研究主題

　本論文の目的は、外国語としての英語で書かれた作文において、教師やクラスメートからのフィードバックが推敲をどのように活発化させるか、学習者の認知過程に焦点を当て、検討することである。書くことは書き直すこととも言われ（Murray 1978）、良い作文を書くためには推敲過程、つまり見直して書き直す過程が非常に重要である。[1]

　推敲活動を活発化させるための教育的介入には、推敲補助ツールや教師からのフィードバック、また学習者同士でのフィードバック（以下、ピア・フィードバック）など様々なものがあるが、本論文では、特に教師や学習者同士のフィードバックを中心に、それらの有効性や限界を、推敲過程の認知処理モデルに照らし合わせながら、実験や調査を用いて理論的及び実証的に解明する。様々な点で、母語で書く以上に認知負荷のかかる外国語としての英作文活動において、推敲活動を活発化させるためのフィードバックを理論的及び実証的に綿密に検討することは、学習者に良い作文を産出させるための重要な教育的手がかりを与えてくれると考える。

　文章産出は書くことの計画、計画したことの文章化、そして文章化した

---

[1] 推敲とは一般的には「書いたものを見直し書き直す」活動とされているが、文章産出過程を研究する研究者の間では、「推敲とはライティングプロセス中のすべての変更を意味する」（Fitzgerald 1987:484; Hayes 2004）とされている。本研究でも原則的には同様の立場をとるが、第4章で行う実験では、書いた後の書き直しに焦点を当てているため、ことわりのない限り、推敲を文章産出後の変更を意味して使用する。

第 1 節　研究主題

ものの推敲などの過程が再帰的に繰り返されるプロセスである（Hayes and Flower 1980）。トピックに対する知識の量や構造化の程度が影響する計画過程（Voss et al. 1980; Langer 1984）や、文法や語彙といった基礎的知識の蓄積なしには、飛躍的に向上させることの困難な文章化過程と異なり、書いたものの見直しといった推敲過程は比較的指導がしやすい。このことから、推敲活動は作文指導の一環として取り上げられることが最も多い（Sato 1990）。

即効性が比較的期待しやすいことから、従来から作文教師は学習者の書いたものにコメントを与え、修正させるという指導を行ってきた（Sudol 1982）。また、学習者同士で作文を批評させ、それに基づいて書き直しをさせるといったピア・フィードバック活動も盛んに行われている。読み手を強く意識させることや、またお互いに教え学び合うという場を提供することなどが、その理由である（Kohonen 1992）。

しかし、教師からのフィードバックや学習者同士のフィードバックがどのような効果をもたらすのかということについては、研究結果は曖昧である。フィードバックはある場合は推敲に有効利用され（Ferris 1997; Hyland 1998; Stanley 1992; Paulus 1999; etc.）、ある場合は利用されない（Cohen 1991; Ferris 1995; etc.）といった、相反する研究結果がだされており、推敲後のプロダクトについても、ある場合は向上し（Berg 1999; Hedgcock and Lefkowitz 1992; etc.）、ある場合はまったく変化がないという報告がなされている（Chaudron 1984; Fathman and Whalley 1990; etc.）。

Hayes et al.（1987）によれば、効果的な推敲を行うためには、推敲に対する適切な課題意識をもっていること、そして文章中の問題に気づくこと、問題の原因を詳しく診断できること、そしてその問題を処理する対処法をもっていることなど、いくつか必要な条件があるとされる。

しかし、上に挙げた先行研究からは、フィードバックによって学習者が適切な推敲活動を行ったかどうかはわからない。なぜなら、これらの研究のほとんどすべてが、与えられたコメントやフィードバックが、書き直された作文にどれほど取り入れられているかという点と、その推敲版が質的

に向上しているかという点、つまり目にみえるプロダクトの変化によってのみ、その効果を調査しているからである。1970年代以降に、作文指導の視点が、産出された作文から産出の過程、つまりプロダクトからプロセスに移ってきたが、フィードバック効果は未だプロダクト主体で調査されているのである。

　先行研究の相反する結果からもわかるように、単にフィードバックを行った後のプロダクトの変化をみるだけでは、フィードバックを与えることが推敲指導として効果があるのか、書き手の推敲活動に恒常的な影響を与えうるのかは不明のままである。こういった問題意識に基づき、本研究ではフィードバックがどのように書き手に利用され、どのような影響を与え、また効果をもつのかを、推敲過程の観点から明らかにする。また、フィードバックの利用のされ方が学習者の英語力や推敲力によってどのように異なるのかといった点も明らかにする。

　ただし、文章中の問題に気づき、診断し、そして対処するというプロセスが、ほとんど英語力の有無とだけ関連している local な誤り（青木 1992）、つまり文法やスペリングなどの誤りに対する推敲は、本論の調査対象としない。本論では、意味の伝達や文章の構成といった global な誤りについての推敲を、その調査対象とする。Global な誤りの推敲には、英語力だけでなく、さまざまな要素が関わり、熟達した推敲者（以下、skilled revisers）とそうでない者（以下、unskilled revisers）を分ける根幹的な違いとなっている。したがって、unskilled revisers の推敲を向上させるためには、克服しなければならない差異でもある。

　1970年代以降、プロダクトからプロセスへと視点を変えてきた作文研究の流れと、プロダクト中心にその効果を調べている作文フィードバック研究の流れは、有機的に関連していない。本研究では、推敲過程の認知処理モデルをベースに、フィードバックが推敲活動に与える効果を、先行研究の再検討や、調査、実験から理論的及び実証的に解明する。

第2節　研究の背景と課題設定

2.1　英作文指導の流れ　―プロダクトからプロセスへ―

　1970年代までの認知科学の分野では、リーディングと比較してライティングに関する研究はほとんど無視されてきた。しかし、アメリカの教育界で "writing crisis" が叫ばれ始めたことと、認知科学者がライティングを研究する方法を確立しはじめたことが重なり、状況は一変する (Bereiter and Scardamalia 1987)。ニューズウィーク誌1975年12月8日号では "Why Johnny can't write" と題した記事が出され (Sheils 1975)、生徒の作文力の低下が非常な危機感をもって議論され始め、国民の間においても大きな関心事となった。多額の国家予算が作文教育を研究する教育学者、心理学者につぎ込まれ、作文研究や指導を大きく前進させる契機となったのである (Linden and Whimbey 1990)。

　そして、1971年に Emig の "The composing processes of twelfth graders" が発表される。その論文は、書かれた作文のみを研究対象とするそれまでのプロダクト志向のライティング研究と一線を画し、学習者の書くプロセスを明らかにしようとするものであった。これを契機に、認知科学者によるライティング研究が隆盛を迎えることになる。例えば、1978年にカーネギーメロン大学でライティングに関する学会が開催され、その内容は1980年に *Cognitive Processes in Writing* というタイトルで Gregg らによって出版されている。

　これらの研究者が興味を持ったのは、文章はいかにして産出されるのか、そして作文が上手く書ける者（以下、skilled writers）と、書けない者（以下、unskilled writers）は何が異なるのかということであった。そして、良い作文とそうでない作文の差を生み出すものを、学習者の書く過程に求め、その解明のため盛んに研究が進められることになった。Bereiter and Scardamalia（1981:3）は「作文教育を前進させるためには、単に学ぶべきことを明らかにするだけでは十分ではなく、それらを学ぶ過程での困難さの核心に迫る必要がある」と指摘している。

　1980年に Hayes and Flower が文章産出過程のモデルを発表した。このモデルは、think aloud の手法、つまり作文を書いている間に、頭に浮かぶことをすべて話させるという手法で収集されたデータに基づいて構築されたものであった。モデルについては次章で詳しくみていくが、このモデルは、文章産出過程を Planning、Translating、Reviewing の下位過程に分けており、それらの過程に作文テーマなどの外的環境や、またテーマに関して書き手がもつ知識などが影響を与えるというものであった。文章産出過程をこのように3つの下位過程に分けたという意味では、それ以前にも Rohman が1965年に行っている。しかし、Rohman が、これら3つの下位過程において、書くことが直線的に処理されていくとしていたのに対し、Hayes and Flower モデルの大きな特徴は、これら3つの過程が再帰的に行われるとしたことであった。

　文章産出過程全般をモデル化した Hayes and Flower に対し、skilled writers と unskilled writers の文章産出の違いという観点からモデルを記述したのが Scardamalia and Bereiter（1987）であった。彼らは skilled writers のモデルとして Knowledge Transforming Model を考え、そして unskilled writers のモデルとして Knowledge Telling Model を構築した。両モデルの相違を端的に述べるならば、Knowledge Transforming Model では、書く内容だけでなく、修辞的な効果も考えることによって文章が産出されるのに対し、Knowledge Telling Model では、テーマについて思いついたことを連想的に書き連ねていくことによって文章が産出されるということである。

　文章産出過程について研究が進められていくにつれて、作文指導においてもプロダクトをもとにした指導から、プロセスに直接働きかけるアプローチがとられるようになっていった。Odell（1980）は、"writing crisis" は、そもそも学習者はどうやって書くかを教えられていないという意味で

第 2 節　研究の背景と課題設定

"teaching crisis" であり、書くことを教えることは、単にスペリングを修正したり、語法等の誤りを直すことではなく、学習者が表現したい内容を発見し、表現できる基本的なプロセスを教えることであると指摘した（p. 140）。

プロセスを重視した最初のライティング教科書である *Problem-solving Strategies for Writing* が1985年に Flower によって出版されている。こういったプロセス重視のライティング教科書では、書き始める前に、例えばブレイン・ストーミングなどさまざまな形でアイデアを産出し、アウトラインを考えるなど、計画を練ることを指導したり、また第 1 稿を書いた後に、**skilled writers** が行うような視点をもって推敲することを勧めている。

さて母語（以下、L 1 ）でのライティング研究において、文章産出過程に関心が移り、研究が隆盛になるのに呼応するように、第 2 言語（以下、L 2 ）においても、ライティングに関する研究、それも産出過程に関する研究が多く出されるようになっていった。例えば、1970年代の TESOL (Teachers of English to Speakers of Other Languages) 学会では、ライティングに関する研究は毎年数件しかなかったのが、1980年代後半では多くの研究発表やコロキュアムなどがみられるようになっている (Kroll 1990)。また、Spack (1984) や Zamel (1983) といった、ESL(English as a Second Language) 学習者を対象に、L 2 での文章産出過程を調査した研究が現れてきたのである。

もちろん研究面だけでなく、英語を母語としない者に対する ESL 作文教育においても、書く過程に働きかけるプロセス・アプローチがとられるようになった (Johns 1990)。それはオーディオリンガル・アプローチに端を発する、模倣や部分操作をさせるような作文練習や、内容や量に制限を加えて書かせる制限作文、説明文や記述文などの構成の学習に焦点を当てたパラグラフ・ライティングに対する不満からの動きでもあった。制限作文はもとより、パラグラフ・ライティングにおいても、その規範的な指導方法は、学習者に自由な表現をさせていないというように捉えられていたのである (Silva 1990)。

さて北米のESL環境ではプロセス・アプローチが盛んになってくるが、EFL (English as a Foreign Language) 環境である日本の英語教育が、プロセス・アプローチにすぐに呼応したというわけではない。日本の英語教育において、ライティングは常に最後に指導される技能であり（沖原 1985）、その作文指導のなかでも、自由英作文はさらに最終目標である。そして実際の中学校や高校の英語授業では、自由英作文までなかなかたどり着けないのが実状なのである（渡辺 1993）。

この状況は戦後半世紀以上経った現在もほとんど変化していない。例えば、教師養成研究会（1956）では、「高等学校での作文指導」として和文英訳と暗唱を提唱しており、それから約20年後に書かれた池永（1973）では、使用する構文を指定するなどの制限を加え、徐々に制限をなくしていき自由な作文に向かわせることを提唱している。しかし、同時に池永は「この種類のcompositionは、わが国では、高校においても実施されていないが、本来compositionはこのようであるべきである」（池永 1973:122）と述べ、自由英作文が実際の指導としてほとんどなされていないことを指摘している。こういった傾向は現在でもそれほど変わってはいない。伊藤他（1995）でも、つぎのように作文指導の現状を述べている。

> 学習の結果として、最終的には、生徒が自発的・主体的に自分の考えを自由に書いて表現できるようになってもらいたいが、中学校や高校の授業で本当にcreativeなfree compositionをねらうのは非常に困難である。
> そこで、現実的には、controlled (guided) free composition、つまり、free compositionよりも指導の手が加えられ、方向づけされた形で英文を書く作業を課すことになる。　　　　　　　（伊藤他　1995:93-94）

このようなライティング指導の現状のなかでは、次のように自由英作文やプロセス・アプローチを勧める堀口（1991）は稀少である。

> 内容に重点を置いて、好きなことを文法や形式などの正確さを気にしないでどんどんたくさん自由に書かせたり（free writing）、決められた時間内

にどんどん書かせる（fast writing）などにより、質より量を強調し、訂正はあまりしないで、内容についてコメントをする。このようにすると、たくさん書くことによって正確さもついてくる。また、初めから完成品（finished product）を要求するのではなく、書く過程（process）を重視して、まず draft を書かせ、prewrite － write － rewrite（revise）－ edit などを繰り返し行わせる過程を経て、最終作品（final product）を書かせるのも有益な方法である。これはワープロを使うとそれほどの面倒がなくできる。

（堀口　1991:103-104）

しかし、「中・上級レベルのライティングは母国語の作文にかなり近づいてくることを考えると、外国語においても書くプロセスに焦点を当てた指導法が求められる」と沖原（1985:39）が指摘するように、大学生レベルの英作文授業では、自由英作文を指導するケースが増えてくる。このように、ある程度の語彙力、文法力が備わった中・上級学習者に対するライティング授業では、段階を追って英作文に取り組ませるプロセス・アプローチは有効な指導法と言えよう。さらにインターネットの普及により、英語がより身近になることで、EFL の環境がより ESL 的な環境に移行していくことも考え合わせると、ますますコミュニケーションを志向したライティング練習が必要になる。自身の伝えたい内容を過不足なく伝えることができるようにするために、プロセス・アプローチがより有効な指導法となってくると思われる。

2.2　英作文指導における推敲活動の意味

　プロセス・アプローチでは文章産出過程を計画段階、文章化段階、そして推敲段階の3つに分けて考えている。もちろん、実際の書く活動においてはこれらの段階は直線的ではなく、再帰的に現れることになるのだが、指導としては順を追って指導していくことになる。このなかで、推敲は、書いたものを見直し、そして書き直す段階である。
　推敲過程については、第1章で Hayes et al.（1987）のモデルに基づいて

詳細にみていくが、それは、大きく分けて、書いたものを読み返し問題を発見する過程、問題を診断し原因を特定する過程、そして適切な修正方法を選択し実行する過程とに分けられる。これらの過程はすべて、どのような種類の誤りを、どのような順序で修正するのかといった推敲課題そのものに対する意識に制御される。

　Ｌ１、Ｌ２の作文研究のいずれにおいても、文章産出過程について調べた研究はそれほど多くはない。しかし、計画や文章化など他の過程と較べると、推敲過程に関する研究、あるいは推敲活動指導に関する研究は比較的多く見られる。推敲過程に関する研究を大別すると、推敲過程そのものを明らかにしようとした研究（Sommers 1980；Zamel 1983；Hayes et al. 1987；Schriver 1993；Hayes 1996；etc.）、推敲過程において skilled writers と unskilled writers の違いを明らかにしようとした研究（Beach 1976；Bridwell 1980；Raimes 1985；1987；Chandrasegaran 1986；内田 1989；青木・本岡 1989；Aoki and Motooka 1990；etc.）、そして unskilled writers の推敲活動を活発化するための教育的方策を明らかにしようとした研究（Witte 1983；Chaudron 1984；Zamel 1985；Hedgcock and Lefkowitz 1992；Mendonça and Johnson 1994；Ferris 1997；Conrad and Goldstein 1999；etc.）などに分かれる。

　上述したように、推敲活動は指導面においては、計画活動や文章化活動と較べて、とりあげられることが比較的多い（Sato 1990）。その理由は、推敲活動が計画や文章化といった他の活動に比べて、向上させやすく、指導しやすいと考えられていることによる。例えば計画過程は、まずトピックに関する知識の量や、その知識がどのように構造化されているかに大きく左右される（Langer 1984）。さらに、アイデアを産出する過程は、発想といった個人の独自性やユニークさに依存する。またアイデアを形ある文字や文章にしていく文章化過程は、文法や語彙といった英語力そのものの裏付けがないと成立しない。文章化過程は、そういった基礎的な英語力の向上なしには、飛躍的に変化させることが困難な過程なのである。

　Sudol（1982:ix）が「推敲を10分教えることは、何時間も他の活動や評

第 2 節 研究の背景と課題設定

価に費やすよりもずっと意味がある」としているように、書いたものの見直しという推敲活動は、計画活動や文章化活動と較べて特別な技能を必要とせず、どういった生徒に対しても比較的指導しやすい。しかも書き直すことによる作文の向上を実感させることができる。書くという作業はもともと認知負荷が大きくかかるものであり、書いている間、書き手の意識や注意は書く内容を考えることや、また表現を考えることなどに分散される (Hayes and Flower 1980; Aoki 1990)。そのため、通常はしないような誤りをする場合が多く、書いたものを見直すことによって、そういった誤りを修正することができる。L2で書くということは、一層書き手に多大の負荷をかけるものであり、見直しの効用は大きい。したがって、書いている最中はアイデアを表現することに専念し、書いた後によく見直し、修正していくということは、認知負荷を分散させる意味で効果が期待できるのである (Aoki 1990)。

さらに unskilled writers の推敲活動には、改善の余地が大きくあるという点も、指導の重点が置かれる理由の一つである。Skilled writers と unskilled writers は、計画過程でのプランの立て方、アイデアを言葉にする文章化過程での言葉の選択や流暢さなど、さまざまな点で異なるが (Faigley et al. 1985; Kaufer et al. 1986)、推敲過程においても例外ではない。Unskilled writers はそもそも見直しを行わない者も多く、また行ったとしても、文章構成の変更など global な視点で推敲することはあまりなく、スペリングの誤りなど local な誤りを直していくにとどまることが多い (Hayes et al. 1987)。これらの点から、推敲活動を指導することは、作文を確実に向上させる有効な手段、大切な過程と考えられており、指導の一部としてより頻繁に取り上げられているのである。

2.3 作文フィードバック研究における問題の所在

学習者が書いた作文に対し、教師がコメントを与えて書き直しをさせるという指導は、L1、L2を問わず、従来からある一般的な指導方法であ

る。教師からのどのようなフィードバックが、学習者の効果的な見直しにつながるかといった問題は、L1での作文教育において大きな関心事であった。

　例えば、学習者は教師からのコメントをどのように受け止めているか (Prior 1995)、また学習者はそもそもどのようなコメントを求めているか (Straub 1997)、教師のコメントの書き方、例えば命令的なコメントと援助的なコメントではどちらがより有効なコメントとなるか (Straub 1996) など、より効果的なフィードバック方法が模索されてきた。また、文章産出過程が明らかになるにつれ、それらの過程に直接働きかけるようなフィードバック、つまり skilled writers の方略等を学習者に教え、作文を見直しさせるということも盛んに行われるようになった (Bereiter and Scardamalia 1987; Cumming and So 1996; etc.)。

　L2でのフィードバックに関する先行研究については第3章で詳しくみていくが、フィードバックの有効性については、結論的な答えが出されていない。フィードバックに基づいて、学習者が有効な見直しをする場合もあれば (Stanley 1992; Ferris 1997; Hyland 1998; etc.)、そうでない場合も報告されている (Chaudron 1984; Cohen 1991; etc.)。フィードバックに基づいて書き直したものが、最初のものよりもよくなっている場合もあれば (Hedgcock and Lefkowitz 1992; Berg 1999; etc.)、そうでない場合もあり (Chaudron 1984; Fathman and Whalley 1990; etc.)、また読み手からのコメントが有効に取り入れられている場合もあれば (Ferris 1997; Paulus 1999; etc.)、ほとんど理解されていない場合なども見受けられたのである (Ferris 1995)。

　さて、L1での推敲過程をモデル化した Hayes et al. (1987) は、推敲活動が成功するには、まず推敲に対する適切な課題意識をもっていることが重要であるとしている。例えば、推敲を単なるスペリングの間違い探しと捉えている者にとっては、内容などの global な誤りを直すことを、そもそも思いもつかないからである。その上で、文章中の問題に「気づく」こと、そしてその問題の背後にある原因を「診断」できること、さらにどの

11

第2節　研究の背景と課題設定

ようにしてその問題を解決するか「対処」方法を考えられることの3点が揃う必要性を指摘している。また、これらの処理はお互いの生起を保証しない（Scardamalia and Bereiter 1983; 青木1992; 青木 1998a)。つまり、問題に気づくことは、原因を診断できることを保証しないし、また診断できることが、すぐに有効に対処できることを保証するわけではない。

　フィードバックの効果をみる研究はいずれも共通して、推敲後の作文が向上しているか、あるいはフィードバックのコメントがどれほど推敲に活かされているかといった点から、その効果をみている（Fathman and Whalley 1990; Ferris 1995; Ferris 1997; Hyland 1998; Stanley 1992; Cohen 1991; Berg 1999; Hedgcock and Lefkowitz 1992; Chaudron 1984; etc.)。つまり、プロダクトに焦点を当て、その効果をみているということになる。言い換えれば、フィードバックを受けた学習者が、コメントをどのように理解し、どのような判断でその修正を行ったかというプロセスは無視して、結果的に修正があったか、その修正は成功したかという点のみから、フィードバック効果をみていることになる。

　最初に作文指導の流れがプロダクト指向からプロセス指向に変化してきたことを述べたが、フィードバックの効果については、プロダクトだけに注目して研究してきたことになる。繰り返すと、従来の研究は、教師や学習者同士のフィードバック効果について、推敲活動の量的活性化や、推敲後の文章の質的向上だけをみて研究するにとどまっており、フィードバックが推敲過程においてどのように処理されているかといったプロセスの点からは、まったく検討していない。そのことは、あるフィードバックが効果的であったと言っても、それが学習者の自発的な推敲活動を促し、本質的な推敲能力を向上させることにつながったかどうかという点について、まったく調査していないことを意味している。

　本研究は、作文に対するフィードバックの効果や意味を、推敲活動のプロセスの点から捉え直し、検討することを目的としている。上で議論してきたように、これまでのフィードバック研究はプロダクトだけを検討してきている。しかしながら、推敲プロセスの点からも検討しなければ、例え

ば、教師からのフィードバックが、学習者のなかでどのように処理され、彼らの推敲能力をどのように変化させる可能性があるのかなどは、不明のままである。本研究では、フィードバックの効果を調べた先行研究を、推敲の認知処理過程を踏まえて批判的に再検討する。その上で、フィードバックがどのように捉えられ、処理されるか、そして学習者の推敲活動にどのように影響するのかという点について実験を行う。さらに推敲活動がもともと活発な者と不活発な者、また英語力のある者とそれほどない者とでは、どのようにフィードバックの処理が異なり、推敲後のプロダクトが変わるのかといった点についても調査を行い、フィードバック処理に対する書き手の持つ推敲力や英語力の影響の程度を明らかにする。

　ただし、本研究で研究対象とする文章中の誤りとは、文章の内容、構成等、主として global な誤りである。文法や語法などの誤りに対する添削や訂正がどのような影響や効果を及ぼすかといった研究は多く見られるが（Robb et al. 1986; Ferris 1999; Truscott 1999; etc.)、本論では先行研究等の紹介において触れる以外は、こういった local な誤りについては扱わない。

第3節　論文の構成

　序章［本研究の意義と構成］に続き、第1章［文章産出過程と下位過程としての推敲過程］では、文章産出のモデルを概観する。まず、文章産出過程全体を記述したモデルを概観し、つぎにその下位過程である推敲過程を記述したモデルを詳細に検討する。

　第2章［Skilled revisers と unskilled revisers］では、熟達した推敲を行う者とそうでない者の違いを、L1で書く場合、そしてL2で書く場合とみていく。さらに英作文の推敲と、英作文力、英文法力、そして日本語作文能力との関係を取り上げる。

　第3章［推敲活動を促す補助とフィードバック ――フィードバック研

究における問題の所在――］では、まず推敲活動を活発化させる教育的介入について分類を行う。そして、読み手からのフィードバックが推敲活動に与える効果を、先行研究から概観するとともに、それらの効果を推敲過程認知処理モデルに照らし合わせて再解釈を行う。その上で、従来のフィードバック研究における問題点を明らかにする。

　第4章［フィードバックの具体性と推敲過程］では、フィードバックが書き手にどのように捉えられ処理されるのか、特に第3章で明らかにした、フィードバック効果の鍵概念である「具体性」を軸として、実験を行い検証していく。

　終章［推敲能力を向上させるフィードバックのあり方］では、本研究が解明した点についてまとめを行い、その上で、適切な推敲活動を学習させるためのフィードバックのあり方や、またフィードバック効果を検証する研究のための提案を行う。

第4節　本論での用語について

　次章から文章産出過程及び推敲過程を詳細に検討していくが、その前に本論文における主要な用語の整理をしておきたい。

　Haugen（1990）によれば、editingという用語は、プロの編集者たちにとっては、作者の意図を変えることなく文章を校閲することを意味しており、もし意味に影響を与えるような大幅な書き換えをする場合は、"substantive editing"というように形容詞をつけるとしている。それに対して作文研究者は、あまり定義をせずに使う傾向があり、意味的な大幅な変更をする場合にも用いていることがあるが（Perl 1979；Bartlett 1982；Berkenkotter 1983）、一般的に多くの作文研究者はeditingを含むすべての推敲活動をrevisingとしている（Bridwell 1980；Nold 1981；Pianko 1979；Sommers 1980；Stallard 1976）。

　Hayes and Flower（1980）の文章産出モデルでは、revising、evaluating

を含む活動として reviewing という言葉が使われており、論文中では editing と revising を使い分け、前者を完成された原稿を見直し仕上げるといった意味で、後者をより大幅な変更を加えるという意味で使用していた。しかし、Hayes et al.（1987）では、産出した文章の読み返し、評価、問題発見、修正など、すべての推敲過程を意味して revising を使用している一方、文章を大幅に書き換える rewrite、原文をある程度残しながら変更する revise といった具合に、推敲過程の中の下位過程である方略選択の一つとしても使用している。

このように、推敲過程研究において、用語の統一がそれほど明確にされているわけではない。本論では、これら先行研究の用語の使い方を踏まえて、revising を読み返し、評価、診断、修正など、文章の推敲過程すべてにかかわる活動を含むものとし、日本語としては「推敲」を当てることにする。また、editing については、revising に含まれるスペリング・ミスの修正などの機械的修正を意味するものとするが、それらの区別が必要な際にのみ使うことにする。また、Hayes and Flower（1980）で用いられた reviewing 活動については revising と同等と捉え、rewrite、redraft 等の用語は、Hayes et al.（1987）に従って推敲活動の中の下位過程である方略選択の一つとして用いることにする。

また、「修正」「訂正」といった日本語の用語については、悪い箇所を直すという意味では同様であるが、前者を後者の上位概念とする。つまり、訂正は軽微な字句などの誤りを直す場合に用い、修正は誤りを直す場合全てに用いる。

文章中の誤りのレベルについては、本研究では原則として、文章の構成などの語句レベルを超えた巨視的なものに global、スペリングなどの語句レベルの微視的なものに local を使用する。しかし、先行研究等に言及する場合は、その研究での用語の使われ方を優先し、英語では global、local の他に、macro、micro、日本語では「マクロ」、「マイクロ」、「意味的」、「機械的」、「表面的」といった用語を使用する。

推敲の認知処理過程については、原則として「推敲過程」と呼ぶことに

15

する。ただし、出来上がった作文、つまり「プロダクト」と対比させる必要がある場合は、「プロセス」を使用するが、「過程」と「プロセス」は意味的に同義に使用する。

　Feedback については、日本語で「フィードバック」を当て、読み手や評価者から与えられる口頭及び文書での情報を意味するものとする。つまり、教師による添削やクラスメートとの共同批正、相互批正において与えられる情報をフィードバックと呼ぶ。

　最後に「書くこと」、「文章産出」および「作文」について述べる。「書くこと」は長い文章から簡単なメモの作成までを含む、書く活動全般を意味する。そして、「文章産出」は「書くこと」と同義に扱うが、特に書くことを認知活動との関わりのなかで述べる際は、「文章産出」を使う。一方、「作文」は「書くこと」の活動の一部であり、ひとかたまりの文章を、特に学校教育のなかで作り上げることを意味するものとして使用する。

第1章
文章産出過程と下位過程としての推敲過程

第1節　文章産出過程全体モデル

　推敲過程を詳しく検討する前に、本節ではまず文章産出過程全般を Hayes and Flower (1980)、Hayes (1996) のモデルを中心にみていく。本章で扱う先行研究、実験にはＬ１でのものが多い。それは前章第２節でも述べたとおり、Ｌ２での教育では、他の技能に比べて書く技能は後回しにされる傾向があり、必然的に書くことに関する研究も立ち後れているからである。したがって、本節で扱う Hayes and Flower (1980) や Hayes (1996)、また Scardamalia and Bereiter (1987) のようなモデルは、Ｌ２ライティングにおいてはほとんどみられないのが現状である。しかし、Ｌ１の作文過程モデルはＬ２の作文研究にも大きな示唆を与えてくれる。母語の場合と、第２言語あるいは外国語の場合は、アイデアを言葉にする文章化過程などにおいて決定的に異なるプロセスであることは間違いない。しかし、計画過程や推敲過程など類似している部分も多くみられることから (Hirose and Sasaki 1994)、Ｌ１のモデルを参考に、Ｌ２の作文過程もそれぞれ下位過程に分けて調べることができるようになり、skilled writers と unskilled writers の違いをＬ２においても浮き彫りにすることが可能となるからである。

1.1　**Hayes and Flower** (1980)

　Ｌ１の作文研究において、これからみていく Hayes and Flower (1980)

第1節　文章産出過程全体モデル

のプロセス・モデルが最も広く、頻繁に引用され、研究の基礎として利用されてきている（Gagné 1985; Grabe and Kaplan 1996; Hatch 1992; etc.）。約20年も前に出されたモデルであるが、このモデルが文章産出過程全般をうまく説明していることの証拠であろう。このモデルはまず1978年5月にカーネギーメロン大学で開かれたシンポジウムでHayes らによって発表された。そのシンポジウムでの一連の発表は、1980年に *Cognitive Processes in Writing* という題名でまとめられ、Hayes らのモデルもその中の1章として出版されたのである（Gregg and Steinberg 1980）。

このモデルは、think aloud プロトコルによって収集されたデータを基に構築されている。Think aloud プロトコルとは、課題遂行中に頭に思い浮かぶことをすべて話させるという方法で、Hayes たちは文章産出中のプロトコルを収集したのである。このモデルでまず重要なことは、文章産出過程は直線的な処理活動ではなく、下位過程の間を何度も行き来する再帰的な活動であるという点である。

図1.1　Hayes and Flower の文章産出過程モデル

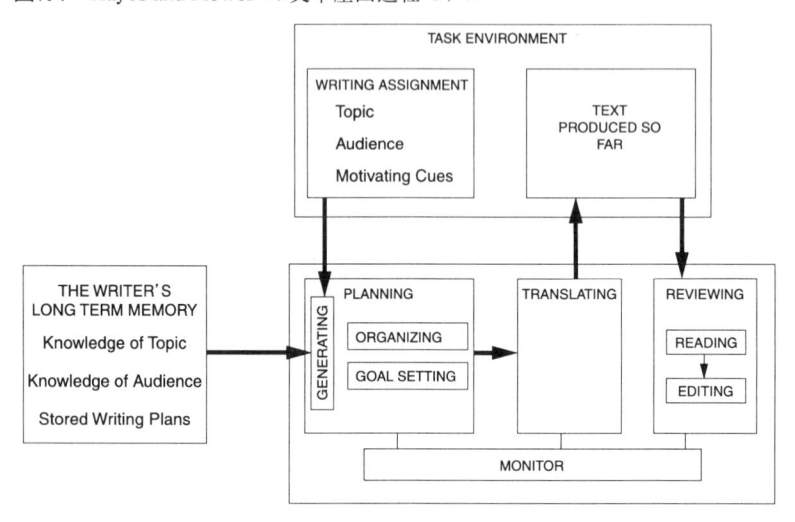

Hayes and Flower（1980:11）

Task Environment と The Writer's Long-Term Memory

　Task Environment は、トピックや読み手のことなどの修辞的問題や、その時点までに書かれた文章など、書き手をとりまく課題環境的要素である。産出される文章だけでなく、書く過程そのものも、トピックや想定した読み手といった要素に左右される。例えばトピックが「夏休みの出来事」といった、思いついたことを単に述べるだけでもある程度は書けるようなものと、「都会あるいは田舎に住むことの長所と短所」といったような比較分析を必要とするものとでは、その文章産出過程は異なったものとなる。さらに、読み手が友人あるいは教師というように異なる場合も、その書き方や内容は大きく異なる。

　Task Environment には、もう一つの要素として「その時点までに産出された文章」が含まれており、現在書いている一語一語が次に書くことに影響していくことを示している。つまり、行き詰まったときや、書く話の方向を確認したいときに、我々はそれまでに書いたものを読み返すが、その後に続ける文章は読み返しの影響を受ける場合が多い（Atwell 1981）。論理性、整合性を特に必要とする文章を書く場合、その時点までに書いた内容が、これから書くことに強く影響する。

　The Writer's Long-Term Memory は、トピックや読み手、使用言語の文法や語彙などに関して、書き手が長期記憶に蓄えている知識のことである。その知識の量や構造化の違いが書く内容に大きく影響を与える（Voss et al. 1980）。つまり、そのトピックに関して、そもそもどの程度知識があるか、そしてその知識は断片的なものでなく、構造化され整理されたものであるか、最後にそれが思い出され適切に取り出されるかということが、文章産出過程に大きく影響するのである。

書く過程

　Planning、Translating、Reviewing と、それらの過程を制御する Monitor からなる文章産出過程の本体部分は、文章産出に関する情報処理を実際に行う部分である。それぞれを順にみていきたい。

19

第1節　文章産出過程全体モデル

Planning

　Planning は、書くためのアイデアを出す Generating、文章の構成を考える Organizing、そして書くことの目標を決定する Goal Setting の3つの下位過程から成り立っている。これら3つの下位過程においても、非直線的な情報処理が行われる。

　Generating は書き手の長期記憶に蓄えられた知識と密接に関連している。例えばカセットレコーダーの修理を依頼する手紙を書く場合、書き手はそのトピックや依頼の手紙文といった修辞的手がかりから、長期記憶に貯えた情報を検索する。その場合、カセットレコーダーの仕組みについて、また依頼をする場合にはどのような形式で手紙を書くべきかということについて、知識があるのとないのとでは、書ける手紙の内容や形式は異なってくる。

　Planning 過程のなかで、アイデアを関連づけたり、配列などの決定をする Organizing の過程は、論理的に書くことにおいて重要な役割を果たしている。アイデア間のつながりが密接かどうかは、この Organizing 過程での処理によるところが大きく、skilled writers と unskilled writers の処理が異なる部分でもある。Unskilled writers の文章産出は、トピックを手がかりとした連想によって、思いついたことを単に書き連ね、Organizing の過程を経ないようなものが多いので、文章全体としての一貫性が欠如すると考えられている（Scardamalia and Bereiter 1987）。

　Goal Setting とは、書くことの目標を設定することである。例えば、読み手を楽しませるとか、あるいは説得するといった目標を、書き手が課題に応じて設定する。Generating でのアイデア産出が文章を書いている間にも再帰的になされるように、目標も他の過程とのやりとりの中で、発展したり、また訂正されたりといった過程を経る。つまり、はじめに設定された目標も、書く過程の中でより複雑になったり、あるいは単純化されたりしていくのである。

Translating

　Translating は、計画段階で産出されたアイデアを文章にしていく過程である。使用言語の統語規則や語彙などの習得度、スペリングやハンドライティングなど下位技能の習熟程度、そして書くスピードの違いなどによって、作業記憶にかかる負荷が異なり、文章化過程に影響を及ぼすと考えられている (Atwell 1981; Pianko 1979)。

　例えばスペリングに習熟していない子供は、文字を書くという機械的な作業に多くの注意をとられてしまう。そのため、作業記憶にアイデアや高次の計画内容を保持しておくことができず、内容の一部が失われたり、文章の一貫性が損なわれたりすることがあるとされている。

　作文をL1で書く場合とL2で書く場合とで、大きく異なるのがこの文章化の過程であることは間違いない。ある程度下位技能が自動化されたL1の場合、そもそも書き表し方がまったく浮かばないというようなことはない。しかし、L2で書く場合、アイデアを表す語彙が思いつかない、また文法がわからないというようなケースは頻繁に起こるのである。

Reviewing

　Reviewing は Reading と Editing にその下位過程が分かれている。Reading とは書いたものを読み返したりして、頭のなかのイメージと書き表したものとのギャップを探す作業でもある。そして、誤りをみつけたり、ギャップをみつけた場合、Editing の過程に移行し、修正を行う[1]。また、この読み返しの活動が新たに Planning や Translating を引き起こす。この推敲過程については、後節において Hayes et al. (1987) のモデルをもとに詳しくみていく。

---

[1] 書いたものの見直しだけでなく、書く前のプランの変更なども推敲活動とするなど、推敲の定義や、さらに推敲活動がいかなるときに開始されるかという点について、Hayes and Flower (1980)、Hayes et al. (1987)、Hayes (1996)、Chenoweth and Hayes (2001) と変化してきており、Hayes 自身、そのことについて認めている (Hayes 2004)。この点については、本章第3節において、詳しく述べる。

第 1 節　文章産出過程全体モデル

Monitor

　Monitor は文章産出過程を制御し、ゴールに向かって正しく進んでいるかどうかを監視する役目をする。その機能はまだほとんど明らかにされていないが、書き手がある下位過程から別の下位過程へと移行するタイミングや、ある活動を引き起こすきっかけをもたらすと考えられている。例えば書き始める前に、どれくらいアイデア産出を行うかを決定したり、考えていることと実際に書いたものとのずれを感じ取って、推敲活動を引き起こしたりすると考えられている。

1.2　**Hayes**（1996）

　上でみた Hayes and Flower（1980）のモデルは、その16年後の Hayes（1996）で大きく変更される（図1.2）。大きな変更点は 4 つあり、まず、モデル全体が、書き手自身である Individual と、書き手を取り巻く Task Environment の二つに分けられたこと、次に書き手「個人」のプロセスに Working Memory が大きく強調されていること、そして Motivation などの要素が考慮されていること、さらに認知処理自体が Text Interpretation、Reflection、Text Production と変更されていることである。新モデルについて、変更点を中心にみていきたい。

Task Environment

　Task Environment は Social Environment と Physical Environment の二つに分けられ、Social Environment には特に Collaborators という要素が加えられている。これは書き手に影響する社会的要素として、読み手の存在だけでなく、コンピュータ・ネットワークなどを利用して、他者と協力しながら文章を書く機会が、学校でも職場でも増えてきていることによる。O'Donnell et al.（1985）のように、協力して文章を書く経験が、書く能力の向上につながったとする研究もあり、近年ライティング授業でも協同学習が取り入れられている。

第1章　文章産出過程と下位過程としての推敲過程

図1.2　Hayes（1996）の文章産出過程モデル

```
THE TASK ENVIRONMENT
  The Social Environment        The Physical Environment
    The audience                  The text so far
    Collaborators                 The composing medium

THE INDIVIDUAL
  MOTIVATION/AFFECT              COGNITIVE PROCESSES
    Goals                          Text Interpretation
    Predispositions                Reflection
    Beliefs and Attitudes          Text Production
    Cost/Benefit Estimates
                WORKING MEMORY
                  Phonological Memory
                  Visual/Spatial Sketchpad
                  Semantic Memory

            LONG-TERM MEMORY
              Task Schemas
              Topic Knowledge
              Audience Knowledge
              Linguistic Knowledge
              Genre Knowledge
```

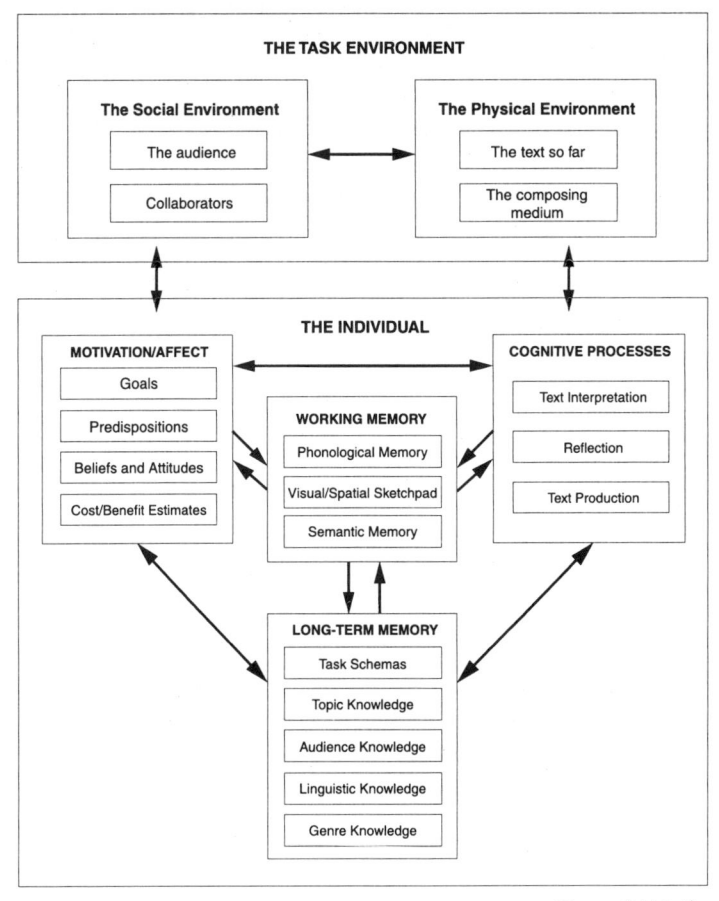

Hayes（1996:4）

　もう一方の Physical Environment には、Text so far に加えて Composing medium が入れられている。最近では、文章を書くと言えば、ワープロ・ソフト等を使って書く場合が増え、そういった書く手段自体が書くプロセスに影響を与えることが指摘されている。例えば、Gould and Grischkowsky（1984）は印刷されたものを使った推敲は、ワープロを使った推敲

23

より効果的であったことを報告しているし、また Haas（1987）は紙とペンを使った場合より、ワープロを使ったときのほうが計画活動を少なく行う傾向があることを指摘している。

Individual

書き手を取り巻く環境に対して、Individual は書き手の内部にある要素、プロセスである。以前のモデルでは Task Environment と並んで外部に位置されていた Long-Term Memory は、Motivation とともに書き手の内部に取り込まれている。

Working Memory

Working Memory は、情報を保持するために音声的に繰り返す inner voice に例えられる Phonological Memory、画像的あるいは空間的にコード化された情報を保持する Visual/Spatial Sketchpad、そして意味内容を保持する Semantic Memory を内蔵している。

Motivation/Affect

どのような学習活動にせよ、動機が大きくその活動に影響していることは明白である。ライティングにおいても同様であり、例えば Hayes et al.（1990）は、基礎レベルの書き手として入学した学生は、普通や優等な書き手として入学した学生よりも、書く練習活動に従事する程度が低かったことを報告している。

書くことに対する Beliefs and Attitudes も書く活動に影響する。例えば、書く能力は天性のものであるという信念と、書くことに対する不安との関係を調べた Palmquist and Young（1992）は、天性であると信ずる学習者ほど不安が大きく、また自分自身を低く評価する傾向があったとしている。

書くことに対する目標、Goal は一つだけに限らず、複数の goal が競合する場合がある。例えば政策に関する書類を書く skilled writers を調べた Van der Mast（1996）は、単に意図が明確に伝わるという goal だけでなく、

読み手が対立しそうな点については曖昧にするような方略を使用していたことを報告している。このように、書き手は複数のgoalのバランスを取りながら文章を産出しているのである。

　Cost/Benefit Estimatesとは、文章を書くことにかかる労力とそれによってもたらされる効果との関係が、方略選択に影響するというものである。例えば、書く文章の量によってワープロを使うか、あるいは紙とペンで書くかを選択したり、書き手自身が自分の得手不得手も考慮し、目的に費やす労力の観点から、使用する方略や手段等を変更するというものである。

Cognitive Processes

　この中にはText Interpretation、Reflection、Text Productionがあり、Text Interpretationとは言語や図形によるインプットから内的表象を作る機能をもち、Reflectionとはある内的表象に基づき、他の表象を作成する機能、そしてText Productionは作られた内的表象を課題環境のなかに取り込み、書き言葉、話し言葉、あるいは図形といったものとして産出するという機能をもつ。

　Hayes and Flower (1980) のモデルと較べると、ReflectionはPlanning、Text ProductionはTranslating、そしてText InterpretationはReviewingに相当するが、以前のモデルと異なり、これらは文章産出だけに関わる認知処理ではないことが大きな違いである。つまり、Text Interpretationはリーディングとも関わっており、Reflectionはパズルを解いたりする問題解決処理と関連しており、またText Productionは通常の会話のための処理などと密接に関わっているのである。

Long–Term memory

　トピックや使用言語に関する知識などが長期記憶になければ、書き手はなにも書くことができない。このモデルでは長期記憶にTask Schemas、Topic Knowledge、Audience Knowledge、Linguistic Knowledge、そしてGenre Knowledgeが想定されている。Task Schemasはある作業を行うこ

とについて有している知識のまとまりである。Task Schemas には作業の目的、行うべき処理、それらの処理を行う順序、そしてその作業の成否を評価する基準などが含まれている。

　トピックに関しての Topic Knowledge、使用言語についての Linguistic Knowledge、また書く文章のジャンルについての Genre Knowledge などが書くための知識として含まれるのは当然であるが、もう一つ重要な知識として Audience Knowledge が含まれている。読み手を想定し、書いている文章が読み手にとってわかりやすいかどうかを考えることは、非常に複雑な表象を作ることであり、文章産出中のプロトコルでも、それほど頻繁にはみられないことを Hayes は指摘している。読み手の立場に立つことは困難なことであり、Hayes et al.（1986）の実験がそのことを証明している。彼らはある文章について理解しにくい箇所を、あらかじめ説明された実験群と、説明されていない統制群に、その文章中で他の読み手にとって理解しにくいと思われる箇所に下線を引くよう指示するといった調査を行った。その結果、実験群は自分たちが説明された箇所については指摘しない傾向がみられた。このことから、Hayes らは、書き手は往々にして、自分自身を基準として読み手が理解できるかどうかを判断していることを指摘している。

　さらに Hayes は Long-Term memory のなかに、Extensive Practice、つまり経験も想定している。練習も含めて何度も書くという経験が、より効果的な書き方、文章評価の基準の洗練、ある特定のジャンルについて書くことをたやすくするなど、より高いレベルのライティングにつながるとしている。

1.3　Scardamalia and Bereiter（1987）

　Hayes and Flower のモデルは文章産出過程一般についてのモデルであり、いかなる書き手もこういった過程を経て文章を産出するというものであった。それに対して Scardamalia and Bereiter（1987）のプロセスモデル

第1章　文章産出過程と下位過程としての推敲過程

は、特に skilled writers と unskilled writers の文章産出過程の違いに焦点を当てたものである。

Knowledge Telling Model

Knowledge Telling Model は、子どもや unskilled writers の文章産出過程を説明しようとしたものである。子どもや unskilled writers のプロト

図1.3　Knowledge Telling Model

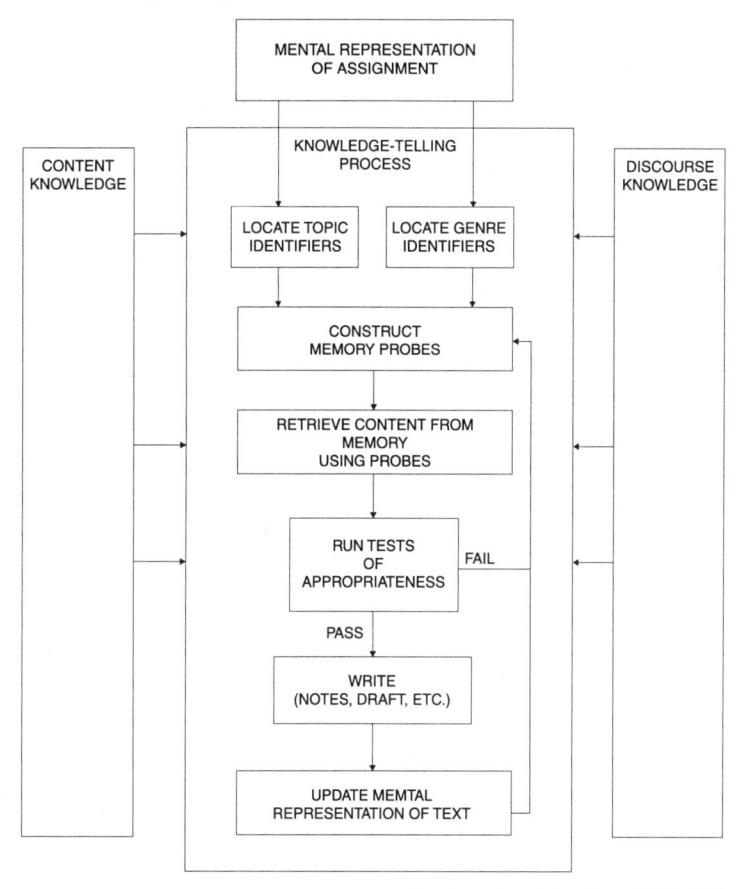

```
                    ┌─────────────────────┐
                    │ MENTAL REPRESENTATION│
                    │    OF ASSIGNMENT     │
                    └──────────┬──────────┘
                               ↓
        ┌──────────────────────────────────────────┐
        │         KNOWLEDGE-TELLING PROCESS        │
┌──────────┐    ┌──────────┐   ┌──────────┐   ┌──────────┐
│ CONTENT  │→   │  LOCATE  │   │  LOCATE  │  ←│DISCOURSE │
│KNOWLEDGE │    │  TOPIC   │   │  GENRE   │   │KNOWLEDGE │
│          │    │IDENTIFIERS│  │IDENTIFIERS│  │          │
└──────────┘    └─────┬────┘   └────┬─────┘   └──────────┘
                      └──────┬──────┘
                             ↓
                    ┌─────────────────┐
                    │    CONSTRUCT    │
                    │  MEMORY PROBES  │
                    └────────┬────────┘
                             ↓
                    ┌─────────────────┐
                    │RETRIEVE CONTENT │
                    │  FROM MEMORY    │
                    │  USING PROBES   │
                    └────────┬────────┘
                             ↓
                    ┌─────────────────┐
                    │   RUN TESTS     │
                    │      OF         │──FAIL─┐
                    │APPROPRIATENESS  │       │
                    └────────┬────────┘       │
                            PASS              │
                             ↓                │
                    ┌─────────────────┐       │
                    │     WRITE       │       │
                    │(NOTES, DRAFT,ETC)│      │
                    └────────┬────────┘       │
                             ↓                │
                    ┌─────────────────┐       │
                    │  UPDATE MEMTAL  │───────┘
                    │REPRESENTATION OF TEXT│
                    └─────────────────┘
```

Scardamalia and Bereiter (1987:144)

27

コルには、目標志向の計画がみられない場合が多い。しかし、計画をもたずにどのようにして彼らは文章を書くのであろうか。Knowledge Telling Model は、文章全体に関する目標や計画をもたず、さらに問題解決的思考もほとんど経ることなく、いかに文章が産出されるかという過程を説明している。

　Knowledge Telling Model では、まず書く課題が与えられると、それを基にして、書き手は長期記憶の中の関連ある情報を探索する。そうして関連する情報を連想的に想起する。次に想起された情報が題材として適切かどうかだけを判断した後、実際にそれを文章として書いていくのである。さらに一旦文章を書き始めると、その書いた文章を新たな連想の源として活用する。このように、トピック、または産出した文章や語句を手がかりとした連想によって、knowledge telling 型の書き手は文章を産出していくのである。

Knowledge Transforming Model

　一方、Knowledge Transforming Model は、skilled writers の文章産出過程を説明しようとしたものである。このモデルの特徴は二種類の問題を扱う"space"が想定されていることである。一つは Content Problem Space で、トピックに関連した知識に基づいて、考えたり推測したりしながら、ある知識を別の知識に変換する、あるいは別の知識を産み出す作業を行うところである。もう一つは Rhetorical Problem Space で、作文の目的を達成することや、効果的なアイデア提示、また読み手を考慮するような役割を果たす。そしてこれら二つの space 間でのやりとりと問題解決的思考を経て、文章が産出されていくというのが Knowledge Transforming Model である。

　例えば、ある事柄により説得力をもたせたいと考えると、その問題は Rhetorical Problem Space だけで処理されるのではなく、同時に Content Problem Space に送り込まれる。Content Problem Space はわかりやすい例を考え出したり、理由づけを考えることによってその問題を処理しよう

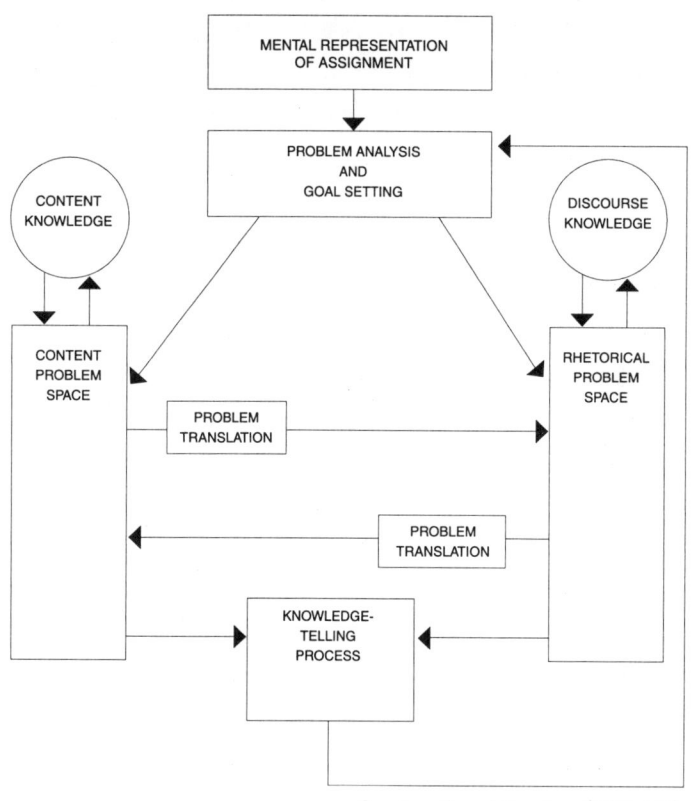

第1章　文章産出過程と下位過程としての推敲過程

図1.4　Knowledge Transforming Model

```
                    ┌─────────────────────┐
                    │ MENTAL REPRESENTATION│
                    │    OF ASSIGNMENT     │
                    └──────────┬──────────┘
                               ↓
                    ┌─────────────────────┐
                    │  PROBLEM ANALYSIS    │
      ┌─────────────│        AND           │─────────────┐
      │   CONTENT   │    GOAL SETTING      │  DISCOURSE  │
      │  KNOWLEDGE  └─────────────────────┘  KNOWLEDGE   │
      └─────────────────────────────────────────────────┘

   CONTENT              PROBLEM              RHETORICAL
   PROBLEM            TRANSLATION            PROBLEM
   SPACE                                     SPACE

                        PROBLEM
                      TRANSLATION

                    KNOWLEDGE-
                    TELLING
                    PROCESS
```

Scardamalia and Bereiter (1987:146)

とするのである。

　この二つの space 間のやりとりは、書き手の知識をより明確にしたり、知識の構造に変化を起こすだけでなく、書き手自身も予想していなかった新しい洞察を与える場合がある。

　このように二つの space 間で問題解決のためのやりとりのあることが、Knowledge Transforming Model の特徴である。こういった問題解決的なやりとりは、想起された情報やアイデアが採択されてそのまま文章で表されるか、あるいは却下されて新たなアイデアが探されるだけの Knowledge

29

第1節　文章産出過程全体モデル

Telling Model では起こらない。例えば、Knowledge Telling Model では、あるアイデアがやや抽象的すぎると判断された場合、そのアイデアを破棄して新しいものを長期記憶の中に探索するだけだからである。

　アイデアや情報を想起する作業自体は、Knowledge Telling Model と同じように連想的に行われるが、Knowledge Transforming Model では修辞的な目標を反映した、より広い情報探索が行われる。従って想起された情報は単にトピックに合致しているだけでなく、読み手に対する効果なども考慮されたものとなるのである。

モデルの妥当性

　Scardamalia らは、様々な点からこれらのモデルの妥当性を検証している。そのうちの一つは、アイデアが出なくなったところで書くことをやめてしまうといった、子供によくみられる文章産出行動や内観報告が、この Knowledge Telling Model に合致するというものである。Knowledge Telling Model では課題に関して連想的に書く内容を考え、それを文章化していくだけなので、連想がとぎれたところで書くことがなくなるわけである。それに対して Knowledge Transforming Model では Content Problem Space での発想がとぎれても、Rhetorical Problem Space とのやりとりによって、さらにアイデアや内容を産出し続けることが可能となっている。例えば、新たなアイデアが出なくなったとしても、今までに考えたアイデアをより具体的に説明するにはどうすればよいかといった問題が Rhetorical Problem Space で取り上げられれば、それを手がかりに Content Problem Space で、そのアイデアに沿った具体例を考えるなどして書き続けることができるのである。

　例えば、McCutchen and Perfetti (1982) は、英語を母語とする小学校4年生が書く文章の特徴として、それぞれの文がトピックとだけ結びついていて、文の間やアイデア間のつながりに欠けていることを挙げている。さらに説得的な文章を書かせても、理由を並べ立てはするが、それが一連の発展した議論にならず、ただの理由の羅列に終わってしまう場合が多いこ

とも指摘している。このような現象も、トピックによる連想で書き連ねていく Knowledge Telling Model の過程によって説明できる。

　さらに Knowledge Telling 型の書き手は、複雑な目標や計画を考えることなく、思いついたことを書き付けるだけなので、課題が与えられてからの書き始めが早いと予想される。このことを裏付けたのが Zbrodoff（1984）である。Zbrodoff は、英語を母語とする成人と子どもを対象として、作文を書くのに与えられた時間と書くべき作文量の違いが、書き出すまでに要する時間にどのように影響するかを調べている。その結果、成人は与えられた時間や、書くべき文章量の増加につれて、書き出しまでの時間も長くなったのに対して、子どもはどういった状況でもほとんど時間をかけずに書き始めるということが明らかになったのである。

　これらの調査や実験などが Scardamalia らのモデルの根拠とされている。Knowledge Telling Model と Knowledge Transforming Model での文章産出過程の違いが、skilled writers と unskilled writers の違いとしてだけでなく、書き手の年齢という発達段階とも併せて考えられている。しかし、年齢が上がれば Knowledge Transforming 型の書き手になるという保証はなく、また年齢が低ければ必ず Knowledge Telling 型の書き手であるというわけでもない。Scardamalia らは Knowledge Telling 型の書き手が Knowledge Transforming 型に移行するには、文章産出の目標や文章の構成などを考える「計画」の段階が不可欠であることを指摘している。

　以上、Hayes and Flower（1980）と Scardamalia and Bereiter（1987）の二つの文章産出モデルをみてきた。これらのモデルはその妥当性が完全に実証されたわけではない。しかし、書き上げられた文章を基に指導するという、これまでのプロダクト中心の指導から、その産出過程にメスを入れて指導するプロセス中心の指導へと道を開いたと言える。従来のプロダクト中心の指導では、文章中の問題点は指摘できても、なぜ学習者がそのように書いてしまったかまではわからない。つまり、出来上がった文章は、さまざまな過程を経て産出されており、文章中の問題点は、いかなる過程での処理が原因で起きてしまったかは把握のしようがない。上でみてきたよ

うに、書く過程をいくつかの下位過程に分けて考えることによって、なぜその学習者はそういった文章を産出してしまったのかという点に迫ることが可能になるのである。

第2節　L2での文章産出過程モデル

　L2においては、Hayes and Flower（1980）や Scardamalia and Bereiter（1987）のような広く認められている文章産出過程モデルはほとんどみられないが、少ない中の一つである Zimmermann（1996）のL2モデルをここではみていく。

　Zimmermann モデルの特徴は、特に文章化過程に焦点を当てていることである。Hayes たちのモデルでは、文章化過程は translating と称されているが、Zimmermann 自身はこの過程に対して、L1との混同を防ぐということで、formulating という言葉を当てている。計画過程によって産出されたアイデアやプランを実際の文章に変換していく文章化過程は、統語規則や語彙などに対する習熟度が異なるL1とL2では、他の過程と較べてもっとも大きく異なったものとなるが（青木 1994）、Hayes らや Scardamalia らのL1モデルではその点はあまり考慮されていない。Zimmermann はライティング研究において十分考慮されてきていないこの formulating を、特に "the heart of the writing process" として取り上げている（Zimmermann 1996:53）。

　Zimmermann によれば、プロトコル等のデータから明らかになった興味深いことの一つは、実際に書かれる前の "tentative formulations" が、書かれたあとの修正よりも多いことであった。この tentative formulations とは、実際に書く前に、イメージやプランに適切に合致した文や句を産出するための頭の中で行う試行錯誤であり、Witte（1987）で言うところの "pretexts" に当たる。つまり、文を作るにあたっては、書いた後よりも、書く前の試行錯誤のほうが多いということであった。

図1.5 L2 Writing Overall Model

```
                    ┌──────────┐
                    │   Plan   │
                    └────┬─────┘
                         ▼
┌─────────┬──────────────────────┐
│         │   ┌──────────┐       │
│         │   │  Global  │       │
│  Plan   │   └────┬─────┘       │
│         │        ▼             │
│         │   ┌──────────┐       │
│         │   │  Local   │       │
│         │   └────┬─────┘       │
└─────────┴────────┼─────────────┘
                   ▼
            ┌──────────────┐          ┌─────────────┐
            │  Formulate   │◀─ ─ ─ ─ ─┤             │
            └──────┬───────┘          │             │
                   ▼                  │             │
            ┌──────────────┐          │             │
         ┌─▶│(Co-art.) Write│         │ L2 Problem │
         │  └──────┬───────┘          │  (Solving) │
         │         ▼                  │             │
         │  ┌──────────────┐          │             │
         │  │   Repair:    │          │             │
         │  ├──────────────┤          │             │
         └──┤    Read      │◀─ ─ ─ ─ ─┤             │
            │  Reformulate │          │             │
            └──────┬───────┘          │             │
                   ▼                  │             │
            ┌──────────────┐          │             │
            │    Review    │◀─ ─ ─ ─ ─┤             │
            └──────────────┘          └─────────────┘
```

Zimmermann（1996:62）

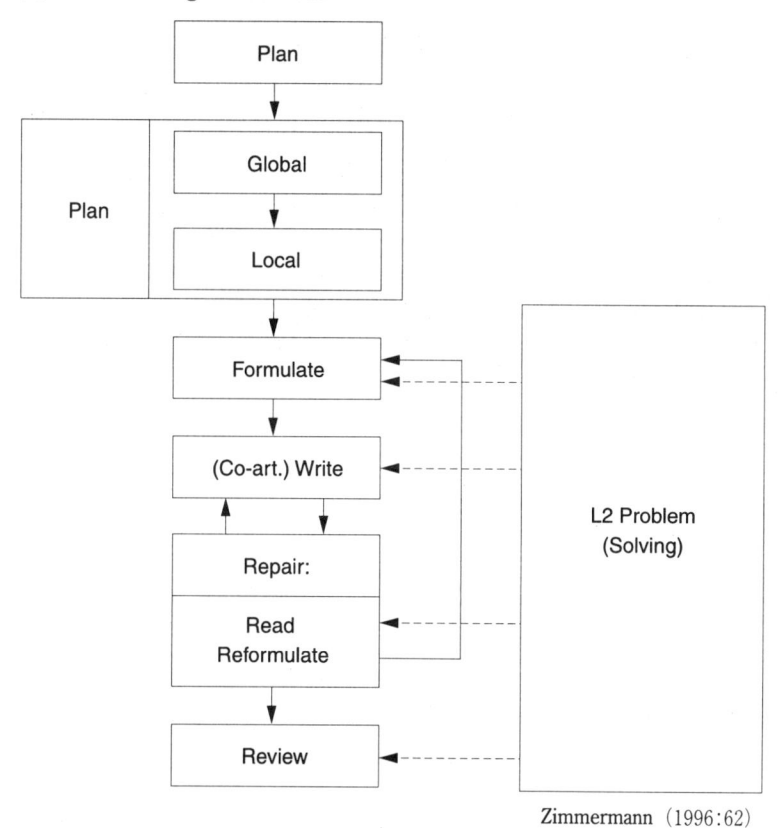

　図1.5は文章産出過程のなかでformulatingの位置を示したものである。単文レベルのformulatingに焦点を当てているので、Hayes and Flower（1980）にあるような Task Environment 等の外部要素などは省かれている。

　図1.6はそのformulating過程だけを取り出して詳細に記述したものである。基本的な流れを述べると、まずL1でのtentative form が産出され、L2 problem solving においてL2でのtentative form に変換される。このtentative form は評価され、そのまま容認される場合もあるが、少し修正

33

第2節　L2での文章産出過程モデル

図1.6　L2 Formulating Model

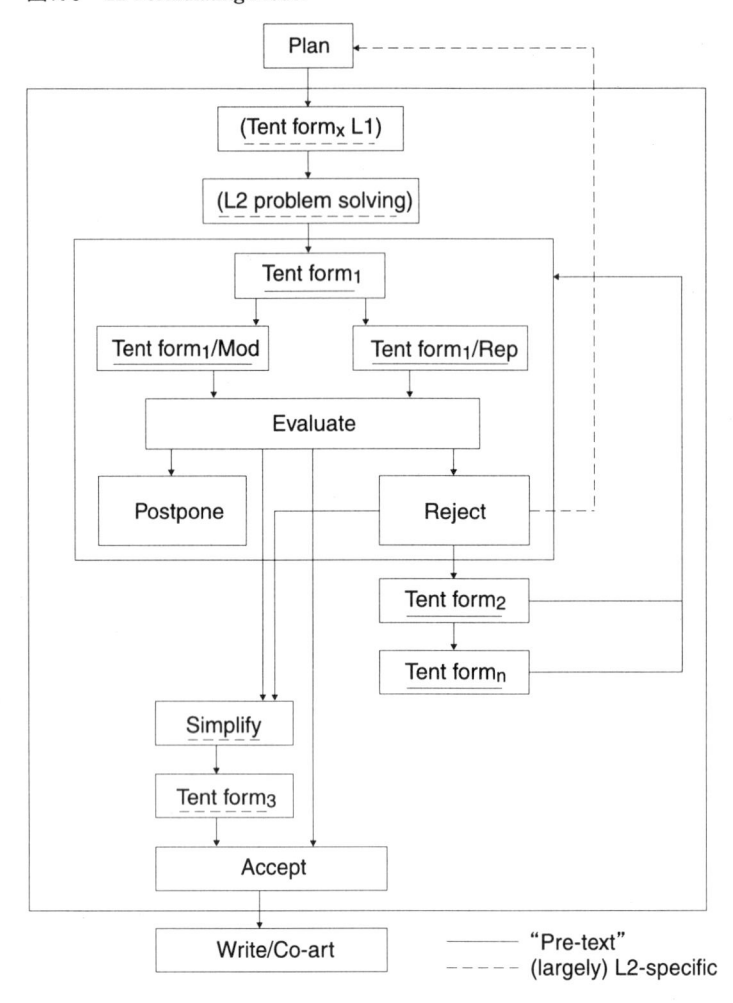

```
                    Plan ◄-------------┐
        ┌────────────┼──────────────┐  │
        │    (Tent form_x L1)       │  │
        │            ↓              │  │
        │   (L2 problem solving)    │  │
        │            ↓              │  │
        │       Tent form_1 ◄───────┼──┤
        │       ↙      ↘            │  │
        │ Tent form_1/Mod  Tent form_1/Rep │
        │       ↘      ↙            │  │
        │       Evaluate            │  │
        │       ↙      ↘            │  │
        │  Postpone    Reject ──────┼──┤
        │    │            ↓         │  │
        │    │        Tent form_2 ──┼──┤
        │    │            ↓         │
        │    │        Tent form_n   │
        │    ↓                      │
        │  Simplify                 │
        │    ↓                      │
        │  Tent form_3              │
        │    ↓                      │
        │  Accept                   │
        └────┼──────────────────────┘
             ↓
        Write/Co-art        ───── "Pre-text"
                            ----- (largely) L2-specific
```

Zimmermann（1996:63）

されるということもある。また、評価の結果、却下された場合、新たな tentative form の形成につながる場合もあるが、単純化して容認する場合もある。問題があるにもかかわらず容認するという、この simplified tentative form は、L2特有のものであり、L1ではあまりみられない。つまり、L2での語彙や統語規則等の知識不足から、プランと多少ずれていても妥協して容認するというL2ライティング特有の過程なのである。

第3節　推敲過程モデル

　書くことは書き直すことであると言われるほど (Murray 1978)、推敲活動は文章を書くことにおいて重要な役割を占めている。また skilled writers と unskilled writers の活動が大きく異なる部分でもある。この第3節では、本研究の直接の研究対象である推敲過程について、Scardamalia and Bereiter (1983)、Hayes et al. (1987)、Hayes (1996) 及び Chenoweth and Hayes (2001) の推敲過程モデルを中心に詳しくみていくことにする。

　意図した内容と、実際に書かれたものとの不一致が、推敲活動を引き起こすきっかけであるとし、推敲メカニズムを最初にモデル化したのが、Scardamalia and Bereiter (1983) の C.D.O. (Compare, Diagnose, Operate) モデルである。推敲活動の引き金がいつ引かれるかについて、彼らは次のように述べている。

　　　作文を書いている間、二つの種類の心的表象が、長期記憶のなかで作られ蓄えられる。それらは、そのときまでに書かれた文章の表象と、書こうと意図していた文章の表象である。C.D.O. プロセスは、これら二つの表象が食い違っていると知覚されることによって発動される。
　　　　　　　　　　　　　　　　　　　(Scardamalia and Bereiter 1983:69)

　つまり、書かれた文章と、書き手あるいは推敲者の頭のなかにある計画やイメージが異なった場合に、推敲活動の引き金が引かれると言う。しかし、推敲活動を説明するには、このモデルでは不十分であると Hayes et al. (1987) は指摘している。まず、推敲者が、たとえ書き手の計画などを

第 3 節　推敲過程モデル

図1.7　C.D.O. モデル

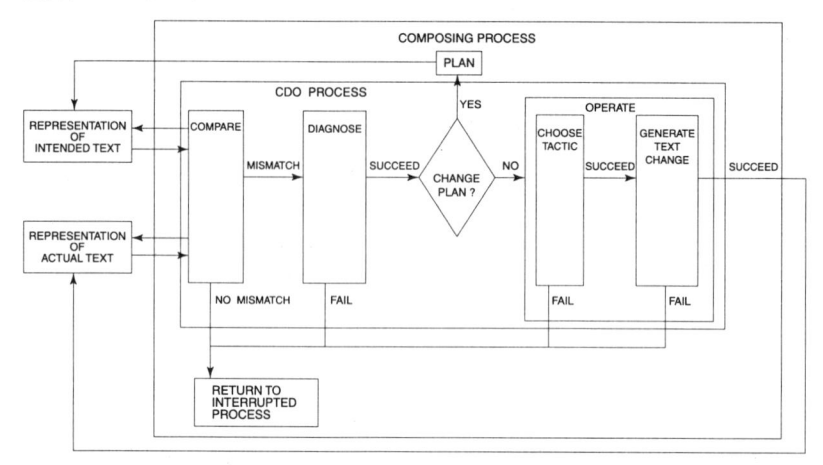

[図：C.D.O.モデルのフローチャート]

Scardamalia and Bereiter（1983:70）

知らなくても、スペリングや文法という普遍的な基準で、文章を推敲する場合がある。また文章の背景にある計画そのものを変えるべきであるということを、文章の方から発見し、そして計画を推敲する場合もあると述べ、Scardamalia らの言う二種類の表象間の一方通行的なやりとりだけで、推敲が行われるわけではないとしている。

3.1　Hayes et al.（1987）の推敲過程モデル

Hayes et al.（1987）は、前述した Hayes and Flower（1980）モデルの Reviewing をより詳細に記述したものと考えられる。第 4 章では推敲活動を活発化するフィードバックについてみていくが、その際に、この Hayes らのモデルをもとにフィードバック効果を検討する。

推敲者の認知処理活動が行われるのはモデルの左の部分である。そして、その活動に影響を与えたり、あるいはその活動から生み出される知識カテゴリーが右の部分である。

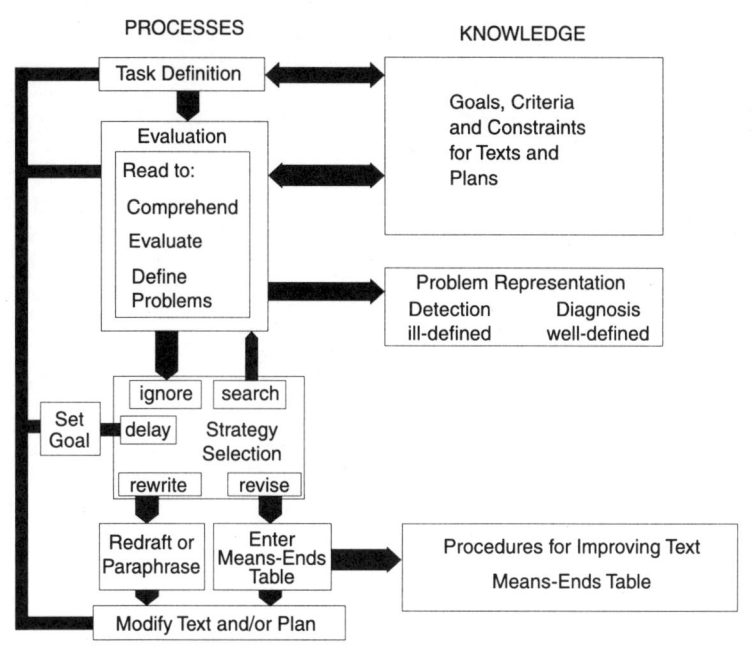

第1章 文章産出過程と下位過程としての推敲過程

図1.8 推敲過程のモデル

```
PROCESSES                          KNOWLEDGE

Task Definition  ⇔     Goals, Criteria
     ↓                  and Constraints
Evaluation       ⇔      for Texts and
Read to:                Plans
 Comprehend
 Evaluate
 Define          →      Problem Representation
 Problems               Detection    Diagnosis
                        ill-defined  well-defined

       ignore  search
Set    delay   Strategy
Goal           Selection
       rewrite revise

Redraft or   Enter       Procedures for Improving Text
Paraphrase   Means-Ends  →    Means-Ends Table
             Table

Modify Text and/or Plan
```

Hayes et al.（1987：185）

Task Definition

　この推敲モデルで最も重要な部分は、Task Definition という推敲の目的、内容、順序などを決定する部分である。推敲の目的とは、例えば授業で書いた作文を、教師に提出するために推敲する、あるいは恩師に宛てた手紙を、失礼がないかどうかチェックするといった何のために推敲するのかということである。そして推敲の内容とは、どのような問題を扱うのかという問題であり、つまり、意味内容に関する問題を推敲するのか、それともスペリングのような表面的なものを訂正するのかということである。また順序とは、global な意味内容に関する問題を推敲してから、句読点など local な問題を修正するのかといった推敲の順序に関することである。

　これらのことを決定する Task Definition は、推敲中にも変更されるこ

とがある。それは、長期記憶に貯えられた推敲に関する概念や目標の変更、そして書き手を取り巻く課題環境的要素である Task Environment によって変化していく。

Hayes らは skilled writers と unskilled writers に同一の文章を推敲させ、Task Definition の違いを調べている。その結果、skilled writers の task definition はまず(1)推敲プランをたてる、(2) global な誤りに気づく、(3)推敲する誤りのリストを作成する、(4)主旨や読み手を考える、といったものであったと報告している。この調査については、skilled revisers と unskilled revisers の違いを検討する次章で詳しく述べる。

Evaluation

Task Definition によって作成された推敲目的やプランに基づいて、推敲者は文章を推敲するが、その目的によって訂正すべき誤りの種類や、向けられる注意の量は異なってくる。例えば、スペリングの誤りをまず徹底的に訂正するといった目的をもって読む場合と、内容に矛盾がないかどうか点検するために読む場合とでは、注意の質や量は異なる。Hayes らは、Thibideau, Just and Carpenter (1982) の読みの重層モデルを参考に、推敲モデルの Evaluation 過程に、(a)内容を理解するために読む、(b)評価するために読む、(c)問題を明確にするために読むという3つの読みを設定した。これらは最も認知負荷の少ない(a)から最も負荷の多い(c)への評価目的の拡大を示している。この Evaluation 過程の対象は二種類考えられている。一つはすでに書いた文章を評価することであり、もう一つは書き手イコール推敲者である場合、まだ書き表していない頭の中にあるものを含めたプランを評価することである。

Problem Representation

Evaluation 過程で発見された問題には、具体的になぜ悪いのか、どう対処すべきかわかりにくい "ill-defined" なものから、主語と動詞の数の不一致など、対処の仕方が明確な "well-defined" なものまで様々みられる。

Problem representation とは、問題それぞれの複雑さに応じて、気づきから診断までのレベルで、頭のなかに作られる問題表象である。(図1.9)。問題がどのように表象されるかは、その問題の性質と推敲者がどのように表象しようとしているか、あるいはできるかに依存している。

図1.9　問題表象の連続体

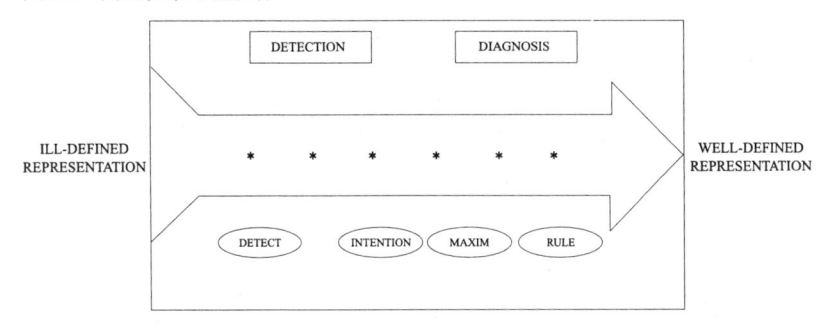

```
                    ┌─────────────┐     ┌─────────────┐
                    │  DETECTION  │     │  DIAGNOSIS  │
                    └─────────────┘     └─────────────┘
ILL-DEFINED                                                    WELL-DEFINED
REPRESENTATION      *    *    *    *    *    *    →           REPRESENTATION

              ( DETECT )  (INTENTION) ( MAXIM )  ( RULE )
```

Hayes et al.（1987:212）

例えば文章の構成といった global な問題は、どの部分が間違っているという具合に完全に診断することはむずかしく、また文法的な誤りなどと比較すると対処の仕方も複雑なものとなる。したがって推敲者の頭の中においても、ぼんやりとしか表象されない場合が多い。また推敲者のプランの中にスペリング・ミスを訂正することしかない場合には、内容の矛盾が文章にあったとしても、それに気づかない場合もある。

問題を見つけることはできても、なにが原因か診断するところまで至らない unskilled writers に較べて、skilled writers は文章を何度も読み返すなどして、より多くの情報を集めるための探索をし、問題を処理できるような診断レベルにまで徐々にその表象を発展させていく。単文レベル以上の複雑な問題に対して、skilled writers は多くの診断をすると Hayes らは指摘している。Unskilled writers との特に大きな違いは、skilled writers は global な問題を見つけると、さらに注意をその問題に注ぎ解決しようとするが、unskilled writers はそういった複雑な問題の処理を避けようとす

る傾向があるということである。

Strategy Selection

　問題の表象に応じて、次にとるべき推敲方略が、(a) Ignore、(b) Delay、(c) Search というように「推敲プロセスそのものをコントロールあるいは変更する方略」と、(d) Rewrite、(e) Revise のように「文章を修正する方略」(Hayes et al. 1987:187) の中から選択される。Ignore は問題を無視してしまうことであるが、その場合、(a)読み手あるいは推敲者にとって、その問題は解決のための努力をするに値するかどうか、(b)解決することが困難かどうかといった二つの基準のうち、どちらかあるいは両方に照らし合わせて使用される。

　Delay という方略は、(a)他の問題の推敲を優先する場合、例えば意味に関する推敲が終わるまで、文法的な誤りについては後回しにするなどの場合、(b)その問題が、処理を必要とするほど重要であるかどうかを決定するのに、さらに情報が必要な場合、(c)その問題に対処するのに適当な方略がその場で思い浮かばない場合など、これら3つのうちいずれかの場合用いられる。

　Search は不完全な問題表象をより鮮明なものにする場合に行われる。これは問題がより "well-defined" になればなるほど、どのように対処すべきかが明らかになるためである。この search には問題に関する知識や経験を長期記憶の中に探しにいく場合と、問題解決に必要な情報収集をするために文章をよく読み直す、あるいはざっと目を通す場合がある。Skilled writers はこの文章探索に優れており、特定の目的をもって文章を読み返すことによって必要な情報を収集し、問題をより明確にすることができる。

　さて文章を実際に手直しする場合の方略は、rewrite と revise に分けられる。Rewrite とは、文章の表現そのものを捨て、新しく書き直すというものであり、さらに redraft と paraphrase に分けられている。Redraft とは主旨だけ残し、最初から書き直すことであり、ときには目標や計画まで変更することもある。Redraft は文章があまりに多くの問題を含んでいて主

図1.10 Unskilled revisers の推敲目的―手段表

ENDS		construct sentences: new material	construct sentences: old material	combine sentences	segment sentences	delete	improve wording	fix grammar	fix spelling
GLOBAL	Text goal not met	■				■			
	audience problem	■							
	faulty emphasis	■				■			
	faulty transition	■							
LOCAL	awkward			■	■				
	choppy			■					
	wordy				■				
	redundant					■			
	word choice						■		
	grammar							■	
	parallelism			■	■			■	
	subject-pronoun agreement							■	
	spelling fault								■

MEANS

Hayes et al.（1987：230）

旨も一貫していないような場合や、推敲者が問題に対処するのに十分な方略をもっていない場合など、一つ一つの問題に対処することを諦めて、新しい文章を作り直すといった場合に用いられる。

　Rewrite のもう一つの方略である paraphrase は、文章の元の意味や内容は残し、別の語や表現を用いて表すものである。Paraphrase を用いる推敲者は、一般に単文ごとの主旨を抽出して文を作り直すとされる。

　Rewrite と対をなす revise は、収集した情報を利用して問題を修正しようとするものであり、元の表現の多くは残される。取るべき具体的な手段はその問題や目的に応じて選ばれるが、その目的と手段を一覧にしたのが図1.10及び1.11である。例えば、ある段落に問題がある場合、その段落を新しく作り直す、あるいは削除するなどの手段が選択され、またある語が

第3節 推敲過程モデル

図1.11 Skilled revisers の推敲目的—手段表

ENDS		construct sentences	new material	old material	modify paragraph	invent paragraph	delete	delay action	search for information	combine sentences	segment sentences	reorder words	use infinitives	fix spelling	improve wording	insert qualifier	choose precise word	choose synonym	fix grammar
GLOBAL	text goal not met		■						■										
	missing information					■			■										
	audience problem				■				■										
	paragraph problem				■	■													
	missing transition					■													
	missing example								■										
	faulty emphasis				■		■												
	faulty transition				■														
LOCAL	wordy						■												
	awkward									■					■				
	choppy									■									
	diction																		
	*ambiguity																■	■	
	*redundancy						■											■	
	grammar																		■
	*subject-pronoun agreement																		
	*dangling modifier									■									
	*parallelism									■									
	*split infinitive												■						
	spelling													■					

Hayes et al.（1987:231）

曖昧であれば形容詞をつける、より適切な語に代えるなどの方略が選択される。Rewrite と revise の方略はまったく対比をなすというものではなく、どれだけ元の文章が残されるかという連続的な違いである。

　Skilled writers と unskilled writers の違いは、問題表象の複雑さが異なるように、問題に対処するための手段選択の幅において、skilled writers のほうが広いのに対して（図1.11）、unskilled writers は選択の幅が狭く、

42

削除する、言葉を代えるなどの、同じタイプの方略を使用する傾向がみられるということである（図1.10）。また skilled writers は状況に応じて rewrite と revise のどちらを選ぶか適切な判断ができ、また必要な時には別の方略に切り替えることもできる。それとは対照的に、unskilled writers は一つの方略にこだわり続ける傾向があるとされている。

ところで skilled writers にも unskilled writers にも共通に特別な推敲をするタイプがあると Hayes らは言う。それは"deleter"と呼ばれるタイプで、問題のある箇所をもっぱら取り除くことによって文章を変えていくのである。削除することは、明確な目的なしに行うと、多くの命題内容も同時に失うことになるので、文章を一貫性のないものにしたり、悪くしてしまう可能性もある。特に unskilled writers の場合は、単に訂正するのが面倒であると思った箇所を削除しがちであると、Hayes らは指摘している。

以上、Hayes らの推敲過程モデルを詳しくみてきた。Rewrite と revise の方略の違いは、原文の表現を残すか否かであるとは言え、具体的な手段等においては、重複がみられるなど、まだ洗練される余地は十分あると言える。しかし、推敲の対象や目的を表象する task definition によって推敲活動が制御される点、書いた文章の評価や問題発見のための evaluation があり、そして問題が well-defined から ill-defined までその複雑さに応じて表象される点、さらにそれらの問題の性質や推敲者のレベルに応じて、具体的な手段が選択されるといった点など、推敲過程の一連の流れは、プロトコルからの情報をもとによくモデル化されている。また推敲活動の過程とともに、skilled writers と unskilled writers の違いも、比較的うまく説明されていると思われる。

3.2 Hayes（1996）

この Hayes（1996）のモデルは、上でみてきた Hayes et al.（1987）を改訂したものである。推敲活動を制御する Control Structure としての Revision Task Schema、実際の推敲処理を行う Fundamental Processes、推敲

第 3 節　推敲過程モデル

図1.12　Hayes（1996）推敲モデル

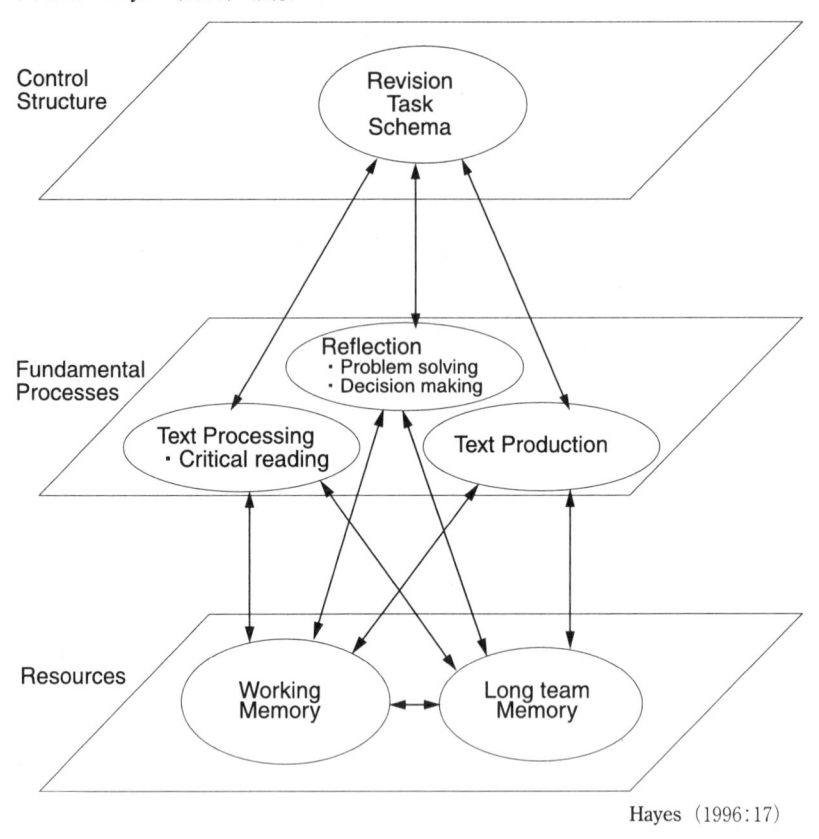

Control Structure
- Revision Task Schema

Fundamental Processes
- Reflection
  ・Problem solving
  ・Decision making
- Text Processing
  ・Critical reading
- Text Production

Resources
- Working Memory
- Long team Memory

Hayes（1996:17）

処理に利用できる Resources としての記憶、といった 3 重構造を明確にし、推敲活動に関わる認知活動を Text Processing、Reflection、Text Production といった基本的認知活動として表し、他の認知活動と汎用性をもたせている。

　推敲活動を制御する Revision Task Schema は Hayes et al.（1987）でみた Task Definition に相当する。つまり、推敲活動の目的、活動手順、文章中のどういった問題に注意を向けるかなどを決定する部分ということである。推敲を行う認知処理過程として、Text Processing、Reflection、そし

て Text Production の3つが想定されているが、これらの下位過程は図1.2で示された Hayes（1996）の下位過程と同じものである。Hayes and Flower（1980）のプロセスモデルと、Hayes et al.（1987）の推敲モデルとは、書くこと全体のモデルと、その下位過程である推敲過程モデルという関係として、そのなかの認知処理も異なった言葉で表されていた。しかし、Hayes（1996）では、全体モデルも推敲過程モデルも、それぞれ task schema は異なっても、基本的に同じ認知処理を経て実行されるという意味で、同じ言葉が用いられている。

　Text Processing は、前モデルの Evaluation や Problem Representation に相当する Critical Reading を行い、文章を理解し、問題を発見する。そして、Problem Solving や Decision Making を含む Reflection は問題を診断したり、また修正のための対処法を考えたりする。Text Production はその対処法を実行し、実際に文章を修正する過程である。

3.3　Chenoweth and Hayes（2001）

　1980年に発表した文章産出過程モデルでは、推敲は Reviewing として Planning および Translating と並列的に扱われていた。しかし、ここでの Reviewing の捉え方には矛盾した部分があったと、後に Hayes 自身が指摘する（Hayes 2004）。Hayes and Flower（1980）のモデルでは、Reviewing には Reading と Editing という下位過程があり、そのうち Editing についてのみ詳細に説明されていた。それによれば、Editing はスペリング誤りなどの間違いが発見されると、Planning など他の過程を中断し、自動的に引き起こされるというものであった。一方で、Reviewing は Editing のような自動的なプロセスではなく、もっと深い反省的なプロセスであるともしており、これら両者の説明は一貫しておらず、また Editing についても確かに自動的に開始される部分があるものの、すべての Editing がそうであるとは限らない。これらの点から、1980年モデルにおける Reviewing の説明は矛盾していたと Hayes は指摘する。さらに推敲活動が開始されるのは、

第 3 節　推敲過程モデル

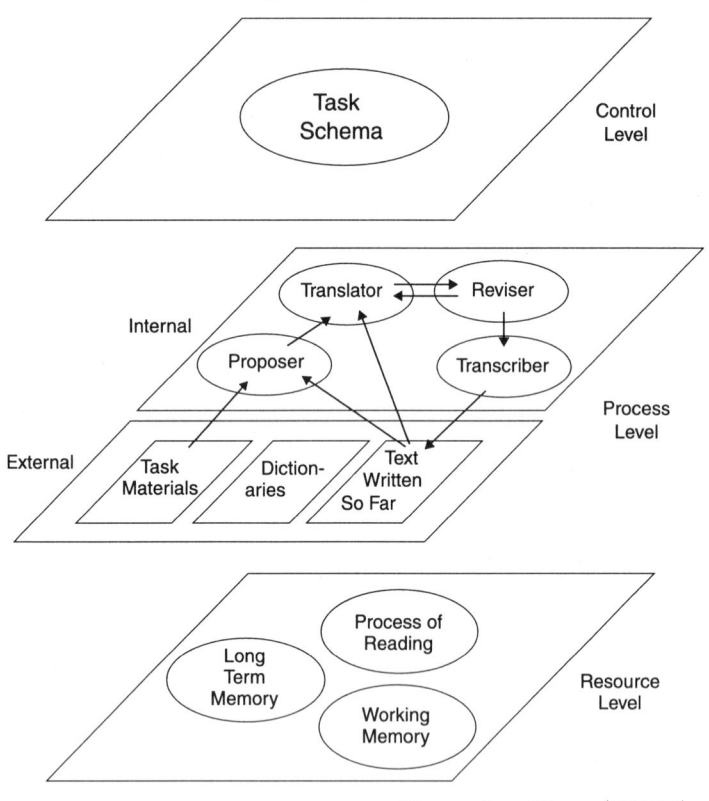

図1.13　Chenoweth and Hayes（2001）モデル

Chenoweth and Hayes（2001:84）

必ずしも書かれたものと書こうとしていたものとの違いがみられた場合だけでなく、新たな発見が書き直しを引き起こす場合も、特に成人の場合には多くみられると言う。また、すでに文章化したものだけでなく、これから書こうとしているプランを修正する場合も推敲活動とするならば、この点については、Scardamalia and Bereiter（1983）の C.D.O. モデルだけでなく、Hayes and Flower（1980）、Hayes et al.（1987）、さらには Hayes（1996）においても十分ではなかったと述べている（Hayes 2004）。

　書かれたものと意図したこととの違いだけでなく、新たな発見により推

敲が引き起こされるケースも含めてモデル化したのが、Chenoweth and Hayes（2001）である。基本的な構造は、Hayes（1996）を基にしている[2]。つまり、文章産出の中心過程が、Task Schema という課題意識が推敲全体を制御するコントロールレベル、実際に文章産出を行うプロセスレベル、そしてそのためのリソースを提供するリソースレベルというように、三層に分かれている。

　まず、一番下に記述されているリソースレベルには Long Term Memory や Working Memory など、他のレベルが必要とするリソースが設定されている。例えば、Long Term Memory は Proposer に呼び出され、語彙や文法知識は Translator に、そして綴り等の知識は Transcriber に利用される。また、Translator はここまで書いた文章を読み返すのに、Process of Reading にも依存しており、そのおかげで適切な数や時制を使用することができる。もちろん、アウトプットを一時的に貯蔵しておくためのバッファーとして、すべての機構が Working Memory を利用する。

　中心プロセスは、Hayes and Flower（1980）、Hayes（1996）と同様、Internal と External、つまり内部と外部に別れており、内部には産出処理を行う中心プロセス、そして外部にはそれに影響を与える外的環境が設定されている。一方、Chenoweth and Hayes（2001）モデルがこれまでのものと異なっているのは、この中心プロセスに Proposer 及び Transcriber を加えたことである。Proposer はアイデアを生み出す前言語的な機構であり、Hayes and Flower（1980）のモデルにあった Planning とその役割が似ている。Translator はその前言語的なアイデアを、適切な語順、文法で一連の

---

[2] Chenoweth and Hayes（2001）のモデルは、文章産出モデルと記されているが、そのもととなった Hayes（1996）では、推敲モデルとされている。一方で、Hayes（1996）の文章産出モデルとは、かなり形が異なっている。しかし、Hayes（1996）推敲モデルも、彼らが記述した文章産出モデルの中心部分に Revision Task Schema、つまり推敲活動を制御する課題意識をコントロール部分に加えたものであり、Chenoweth and Hayes（2001）も同様であることから、Hayes（1996）では、その Revision Task Schema に焦点を当て推敲モデルと呼び、Chenoweth and Hayes（2001）では中心プロセスに焦点を当て、文章産出モデルと呼んだのではないかと推測する。

第3節　推敲過程モデル

言葉に変換する機構であり、これも Hayes and Flower (1980) の Translation と同様と考えてよいだろう。少し異なった定義をされているのが、Reviser である。Hayes and Flower (1980) の Reviewing は書かれた言葉を推敲する役割だけを担っていたが、Reviser は書かれたものだけでなく、書かれる以前の頭の中の言葉や文章も評価する役割をもつとされている。最後の transcriber は調音バッファーにある内容を実際の書き言葉とする役割をもつ。

中心プロセスに影響を与える外的環境には、読み手や、ここまでに産出した文章、また参考とする文章題材があり、さらに辞書やコンピュータなどの道具もある。この外的環境には書き手を取り巻く社会的及び物理的環境を含んでいるという点で、Hayes (1996) モデルとほぼ同様である。

コントロールレベルの Task Schema は、課題目標をもとに、各プロセス間のやりとりを制御する。このプロセス間のやりとりは、少なくとも部分的には自発的にコントロールされるものであり、すべての文章課題、すべての書き手にとって同じものではない。例えば、どんどん自由に書く場合は推敲プロセスをあえて活性化しないということもあり得る。一方で、注意深く書く場合などは徹底的に推敲を行うだろう。さらに、困難な課題を与えられた場合、自信のないＬ２の書き手は、辞書に過度に頼るであろうし、あるいは言いたいことさえ変更するかもしれない。

多くの場合、文章産出はまず Proposer から始まる。課題目標やここまでに書き上げた文章の影響を受けながら、Proposer は前言語的なアイデアを生み出し、それを Translator に引き渡す。Translator はその前言語的なアイデアを処理し、調音バッファーに蓄える。蓄えられた文は Reviser によって評価され、容認されれば Transcriber が実際の文章として書き加える。しかし、バッファーに蓄えられた文が容認されなければ、Proposer あるいは Translator が再び活性化される。

一方で、書き手が進行中の文章を検討している場合は、まず Reviser が活性化される。そして、Reviser が否定的な評価を行った場合、Proposer が別の選択を産出するといった処理が行われる。

Proposer、Translator、Reviser、そして Transcriber のこれら4つのプロセス間のやりとりは、前プロセスからのインプットを単に受け取り処理するような一方通行的なものではない。むしろ、次に待ち構えているプロセスからの影響を受けることがある。例えば、前言語的なアイデアは、いくつもの言葉で言い表されることができるが、その中でもより言語化しやすいものが選択される場合が多い。また、Reviser は Translator のアウトプットを常に監視している。Kaufer et al.（1986）でも、書き手は文章産出を頻繁に推敲エピソードでストップさせ、文法的誤りなどを訂正していた。こういった場合は、文章産出過程は主として Translator と Reviser 間のやりとりに依存していることになる。

すでに書かれた文章だけでなく、まだ書かれる以前の調音バッファーにあるものも含めて、Reviser の処理対象となるという点では、Chenoweth and Hayes（2001）モデルは、これまでのモデルより洗練されてはいる。しかし、新たな発見が推敲活動を引き起こす場合も含めて推敲過程モデルは記述されるべきであり、それが Chenoweth and Hayes（2001）モデルであるという主張については、そのことに関する記述はなく、モデルのどの部分がそれに相当するのか、不明瞭と思われる。

以上、推敲過程モデルをみてきた。後章において、推敲過程モデルに照らし合わせて、skilled revisers や unskilled revisers の違い、また作文に対するフィードバック効果を検討していくが、その場合は、Hayes et al.（1987）を利用する。他の認知活動との共通性を強調した Hayes（1996）や Chenoweth and Hayes（2001）よりも、推敲活動に特化して記述している Hayes et al.（1987）モデルのほうが、推敲過程の説明により適していると判断したからである。

第2章
Skilled revisers と unskilled revisers

　序章で述べたように、本研究の目的は推敲活動を活発化するフィードバックの有効性を検討することである。推敲活動を活発化させるということは、unskilled writers に skilled writers の推敲活動を行わせるということでもある。文章中の誤りや不完全さに対する skilled writers の判断や方略などを、フィードバックといった教育的介入を通じて unskilled writers にできるだけ体得させるということが狙いである。それでは、unskilled writers が目標とすべき skilled writers の推敲活動とはいかなるものであろうか。また unskilled writers と skilled writers とでは、どのように推敲に対する意識、判断、そして方略などが異なるのであろうか。本章では両者の推敲活動の違いを詳しくみていく。以下では、熟達した推敲を行う書き手を skilled revisers、未熟な推敲を行う書き手を unskilled revisers と表す。

第1節　L1での skilled revisers と unskilled revisers

　まずL1での先行研究をみていく。年齢の異なる書き手の推敲活動を調べた Bracewell et al. (1978) は、ある程度の年齢にならないと、文章を良くする有効な推敲活動そのものがみられないとしている。彼らの研究結果では、4年生はほとんど文章を推敲せず、また8年生の推敲は文章をより悪くし、12年生になって初めて有効な推敲が多くなっていた。同じく12年生を調査した Bridwell (1980) も、彼らの推敲した文章は、最初のものより全体的によくなっていたことを報告している。一方、大学1年生を調べた Pianko (1979) のように、書いている時間のわずか9％しか、読み返し

第1節　L1での skilled revisers と unskilled revisers

や推敲に費やさなかったと報告しているものもある。

　また、L1での推敲活動を調べた研究の多くが、skilled revisers には単文レベルを超えた global な意味的推敲が多くみられたのに対し、unskilled revisers の推敲活動は、語や句レベルの local なものに終始していることを報告している。

　例えば、Stallard（1974）は12年生のうち、エッセイテストで高得点の者と低得点の者を比較した結果、語や単文レベルを超えて推敲されているものは、推敲全体のわずか2.5％しかなかったが、それでも高得点の者が語、句、パラグラフすべてのレベルにおいて推敲する量が多い一方で、低得点の者は、単文レベル以上にほとんど注意を払っていなかったことを述べている。

　Beach（1976）も大学1年生と3年生を調査し、推敲を多くする学生は文章を全体的にとらえ、その展開などを考える傾向があるが、対照的に推敲をあまりしない者は、文章の一部分しかみていなかったとしている。また、大学生 unskilled writers の推敲活動を調べた Perl（1979）においても、学習者の推敲は表面的な間違い探しに終始しており、アイデアを組み替えるなどの柔軟性はなかったことが報告されている。

　Sommers（1980）は、書くことの経験が豊かな成人と、一般の大学生を較べた結果、大学生は推敲活動を語句の言い換えをすることと理解しており、語や句のレベルのみに注意が向けられていたとし、それとは対照的にジャーナリストなどの skilled writers は、読み手を意識しながら、目的に合った構成に組みかえるようなダイナミックな活動として、推敲活動をとらえていたと述べている。

　同様に、書くことの経験豊かな大学生やエキスパートと、経験の少ない大学生とを比較した Faigley and Witte（1981）も、前者の推敲が全てのレベルで多く、特にマクロレベルの意味的な推敲が多かったことを報告している。

　さらに、Witte（1983）も大学生に、短い説明文を与えて推敲させ、高得点を与えられた者と、低得点の者とを比較している。その結果、高得点の

者は文章の主旨が明確になるように推敲していたのに対し、低得点の者にはそのような傾向がみられなかったことを報告している。

以上のように、L1での多くの研究が、skilled revisers の推敲が量的にも多く、特に global なレベルでの推敲において unskilled revisers と異なることを報告している。

第2節 Skilled revisers と unskilled revisers の task definition と推敲過程

さてL1での skilled revisers と unskilled revisers の推敲活動の違いについて、Hayes et al.（1987）に基づいてさらに詳しくみていくことにする。前章でみた Hayes et al.（1987）の推敲過程モデルにおいて、Task Definition はモデルの最上部に位置し、推敲活動全体の方向を決定づけるものであった。では、各書き手の task definition の違いは、実際の推敲活動にどのように影響するのであろうか。Hayes たちは英語をL1とする書き手を対象に、skilled revisers と unskilled revisers とでは、task definition がどのように異なるかを調査している。

課題は「女子学生は大学スポーツに参加することをなぜ嫌がるのか」という体育コーチが書いた手紙を、女子新入生向けのハンドアウトに書きかえるというもので、その手紙にはトピック配列の誤りなど global な誤りと、スペリングミスなど local な誤りが含まれていた。被験者は英語を母語とする7名の大学生と7名のプロエディターや作文教師、計14名である。前者は unskilled revisers であり、後者は skilled revisers とされた。

被験者が推敲の指示を読み始めてから、最初の手直しをするまでのプロトコルを収集し、それぞれの task definition を帰納的に調べている。プロトコルコメントはつぎの表2.1のように7種類に分類された。

第2節 Skilled revisers と unskilled revisers の task definition と推敲過程

表2.1 Skilled revisers と unskilled revisers の task definition

Task Definition 活動	skilled	unskilled
1. 手直しする前に手紙全体を読み返す	6/7名	5/7名
2. 与えられた指示以上に詳しい推敲プランや目的を設定する	4	1
3. 手紙の目的や内容の主旨を考える	2	0
4. 読み手のことを考える	2	1
5. 気づいた誤りのリストを考える	2	0
6. Globalな誤り（読み手に関するもの以外）に気づく	5	2
7. 手紙を読んでいる間、あるいは後に批評的コメントをする	5	2
合　計	26	11
％	53.1%	22.4%

Hayes et al.（1987：196）より一部修正

　すべてのカテゴリーで skilled revisers が多いという結果であった。この結果から、skilled revisers の task definition は、(1)推敲プランをたてる、(2) global な誤りに気づく、(3)推敲する誤りのリストを作成する、(4)主旨や読み手を考える、といったものであったと、Hayes らは報告している。まとめると、skilled revisers はゴールを考慮した推敲プランや、誤りのリストを頭の中に作成する。そしてまず global な問題を推敲し、それから local な誤りを訂正すると言える。

　さらに Hayes らは、(a)あらかじめ植え付けられた誤りに気づくかどうか、(b)どのように対処するべきか診断したかどうか、そして(c)実際に修正したかどうかといった推敲過程を、プロトコルコメントなどから調べている（表2.2）。

第 2 章　Skilled revisers と unskilled revisers

表2.2　Skilled revisers と unskilled revisers の問題発見、診断、修正能力

Subjects	1) Detection	2) Diagnosis	3) Fix or Eliminate
Teachers			
JP	18	14	26
SE	9	9	25
BA	20	20	23
DS	18	11	24
Professionals			
DE	9	2	25
HL	14	8	23
HD	18	14	20
Experts Total	106	78	166
% of possible responses	58	43	91
Experienced Students			
CC	8	5	26
JJ	12	4	14
Novice Students			
NG	13	6	13
GB	3	1	12
MM	6	2	21
ML	12	6	16
KC	12	3	15
Students Total	66	27	117
% of possible responses	36	15	64

Hayes et al.（1987:209）より一部修正

　また skilled revisers と unskilled revisers が、全体的な global な誤りと local な誤りに気づく割合は表2.3のとおりであった。

55

第 2 節　Skilled revisers と unskilled revisers の task definition と推敲過程

表2.3　Skilled revisers と unskilled revisers の気づき

	Local	Global	Other	Total
Experts				
Number	54	42	5	101
%	54	42	5	
Novices				
Number	71	13	3	87
%	82	15	3	

Hayes et al.（1987:211）

　表2.2および表2.3から、(a)問題に気づくこと、(b)問題を診断すること、そして (c)実際の修正のいずれにおいても skilled revisers のほうが多く、global な誤りに気づく割合においても圧倒的に多いことがわかる。

　文章の目的等を考えた推敲を行う skilled revisers に対し、unskilled revisers は推敲を全く異なったものとして捉えており、コミュニケーションの目的を考えず、文章内の欠点を探しているだけであると、Hayes らは述べている。さらに、目的やゴールをもって推敲を行わないので、文章に問題が現れる順に推敲していく傾向があることも指摘している。

　上で述べたように、unskilled revisers は推敲を単文レベルに限定しており、全体に関する問題についてはわずかしか修正していなかった。しかしもっとも大きな違いは、一旦こういった問題を発見したあとの処置であると Hayes らは指摘する。Skilled revisers は、それらをより問題解決的に処理していこうとするが、unskilled revisers は問題をそのまま放っておき対処しないか、あるいは単に削除してしまう場合が多いと、Hayes らは述べている。

　それでは、skilled revisers と unskilled revisers とでは、問題を発見してからの診断過程は、具体的にはどのように異なるのであろうか。Hayes たちは、それぞれの診断コメントを検討し、3つのタイプの診断があることを明らかにしている。

第 2 章　Skilled revisers と unskilled revisers

1　Intentional diagnosis と呼ぶもっとも不定型な診断。これは実際に書かれた文章と、頭の中にある意図とを比較することによって出てくる診断である。
2　Rule-based diagnosis と呼ぶもっとも定型的な診断。あらかじめ決まったルールがあり、そのルールは次にとるべき行動も内包している。例えば文法やスペリング・ミスなどに対する診断で、対処についても、発見すればこのように訂正するという決まったパタンがある。
3　Maxim-based diagnosis と呼ぶ一定のガイドラインに従って行う診断。明確なルールというよりは、「こうあるべきである」という基準のようなものに沿った診断で、ほとんどの診断はこれにあたる。例えば「冗漫な言葉を避けること」とか「並行議論を使うこと」といった、ライティングの教科書やまた自身の経験から得たような、書くにあたっての一種の指針である。

表2.4　Skilled revisers と unskilled revisers の診断

Subjects	全診断数	診断タイプ			
		Rule	Maxim	Intentional	単文レベル以上のIntentional
エキスパート	431	32	99	300	95
％割合(n=7)		7.4	23	69.6	31.6
未熟な書き手	214	15	64	135	14
％割合(n=7)		7	29.9	63.1	10.3

Hayes et al.（1987:216）より修正

　表2.4にみられるように、Rule, Maxim, Intentional と分けた場合の比率は skilled revisers と unskilled revisers とではほとんど異ならない。しかし、「単文レベル以上の Intentional」をみると、unskilled revisers は単文や語句のレベルにその推敲が限られており、適用範囲において違いが見られる。このことから、unskilled revisers に global な問題に注意するように指示したとしても、その視野を変えてやらないと意味がないと、Hayes ら

第2節　Skilled revisers と unskilled revisers の task definition と推敲過程

は指摘している。

　以上、Hayes et al. (1987) から、skilled revisers と unskilled revisers の task definition の違い、また問題の発見、診断の違いをみてきた。L1での他の先行研究結果を裏付けるように、skilled revisers と unskilled revisers とでは、推敲に対する意識や取り組みが異なり、特に global な視点での推敲において大きな違いがあるということがわかった。

第3節　L2での skilled revisers と unskilled revisers

　ESL や EFL 作文での skilled revisers と unskilled revisers の推敲活動や推敲過程の違いに焦点を当てた研究は驚くほど少ない。特に1990年代に入ってからは、推敲過程の違いそのものに焦点を当てた研究は皆無に等しい状態である。L2の skilled writers と unskilled writers の違いについても、L1での研究結果が概ね当てはまるということから、それ以上の興味を喚起しなかったのか、研究者はこの問題をほとんど取り上げていない。数少ない中から、本研究に関連の深いものをみていく。

　Zamel (1983) は、6名の上級 ESL 学習者を対象に、観察とインタビューをもとに彼らの推敲活動を調べている。被験者となった6名のうち、書く技能の点から4名が skilled writers、2名が unskilled writers とされた。調査の結果、skilled writers が作文の書き始めでは、ほとんど表面的な修正には注意をとられないのに対し、unskilled writers は最初から、意味に影響しないような語や句の修正にこだわっていたことや、また skilled writers が第2稿で大幅な手直しをする場合があるのとは対照的に、unskilled writers の第2稿はほとんど第1稿を写したものにとどまっていたことなどを報告している。

　Raimes (1985) は大学で ESL 作文コースを受講する unskilled writers の作文活動を調査し、彼らの推敲活動について報告している。それによると、表面的な修正が多かったこと、意味的な修正については、単文レベル

第 2 章　Skilled revisers と unskilled revisers

が多く、そのレベルを超えたものは少ししか見られなかったことなどを明らかにしている。また、62％の推敲が文を書いている間になされたもので、書き終わった後の"clean-up operation"としてなされているわけではなかったと述べている。

　さらに Raimes（1987）は、大学における作文補習コース受講者 4 名と普通コース受講者 4 名の推敲活動を比較している。その結果、いずれの被験者においても、Raimes（1985）同様、多くの推敲が文を書いている間に行われたもので、文と文の間や、また文章全体を読み返している間に行われたものではなかったと述べている。また、内容に関する推敲についても、表面的な推敲についても、普通コースの受講者のほうが多かったことを報告している。

　一方、Brooks（1985）は大学 ESL 作文コースに所属する 5 名の unskilled writers を対象に、彼らのＬ 1 での読み書き経験やＬ 2 でのスピーキング力が、Ｌ 2 での推敲にどのように関係しているかを調べている。その結果、Ｌ 2 でのスピーキング力よりもＬ 1 での読み書き経験のほうが、よりＬ 2 での作文行動に関係していることがわかったとしている。例えば、Ｌ 1 での読み書き経験の少ない書き手は、推敲を単なる語句の修正や追加と考えており、それに対して経験の豊富な者は、Ｌ 2 でも意味的推敲を多く行い、また何稿も書き直したりするなど、より洗練された推敲を行うことを報告している。

　Hall（1990）は、4 名の上級 ESL writers を被験者として、Ｌ 1 とＬ 2 での推敲を、語、句などのレベル、置き換え、削除などのタイプ、意味的、文法的などの目的、これら 3 つの観点から比較している。その結果、この 4 名の推敲活動は、Ｌ 1、Ｌ 2 でほぼ同様であった。例えば、句レベルよりも語レベルでの推敲が多かったこと、推敲タイプでは削除、追加に較べて置き換えが主であったこと、また目的については意味的推敲、文法的推敲、機械的推敲の順であったことなど、すべて一致していたことを述べている。

　また、Sato（1990）は、短期大学や 4 年制の大学などに在籍する日本人

第3節　L2での skilled revisers と unskilled revisers

大学生90名を対象に推敲活動を調べている。調査は、絵を英語で描写する課題を与え、2週間後にそれを推敲させるというものであった。推敲版の評価によって、上位、中位、下位と被験者を分け、様々な角度から第1稿と推敲版との変化を分析比較している。その結果、量的には3者の間に差はみられなかったが、作文を向上させる 'successful revision' の比較においては、下位に対して上位、中位が有意に多いことが明らかになった。つまり、skilled revisers と unskilled revisers を分けるものは、推敲の量ではなく、その質であるということを指摘している。

さて、日本人大学生を被験者としてその推敲活動を調査した青木・本岡 (1989) を詳しくみていきたい。対象となったのは、1年生の必修作文コースに在籍する50名の大学生で、まず「夏休みの出来事」について100語以上の英作文を書き、提出するように指示された（第1稿）。その際、ボールペン等を使用し、書いたものは消さず、消したい場合は線を上から引くように指示された。その1週間後、生徒は前回書いた作文を返却され、見直しをし、修正するように指示された（第2稿）。この調査の目的は、第1稿を書いている間の推敲活動と、書いた1週間後の推敲活動にはどのような違いがあるか、そしてその推敲活動は skilled writers と unskilled writers とではどのように異なるかを調べるというものであった。

日本人英語教師2名が、第1稿を主旨の明確さ、一貫性、語法等について採点し、10名の skilled writers と11名の unskilled writers が抽出された。推敲活動の評価については、Faigley and Witte (1981) の分類が使用された。彼らの分類では、まず修正は surface changes と text-based changes に分けられる。Surface changes は、さらにスペリングや句読法などの修正である formal changes と、原文の意味には影響しないような meaning-preserving changes に分類される。Meaning-preserving changes とは、"You pay two dollars." を "You pay two dollar entrance fee." とするような変更である。

一方、text-based changes は micro-structure changes と macro-structure changes とに分けられる。Micro-structure changes とは、読み手が元の意味を推測できない程度に変える意味的な変更のことで、macro-structure changes とは文章の主旨や要約に影響を与える程の大きな意味的変更である。これらの分類をもとに、被験者の推敲が評価された。

第1稿については、先行研究と同様、skilled writers の推敲は text-based で多く、unskilled writers は surface で多いことが明らかになった。しかし、1週間後の第2稿では、unskilled writers が macro-structure の推敲を多く行っていた。このことについて青木らは、unskilled writers は第1稿では表面的なことに気をとられているが、1週間後に自分の書いたものを見直してみると、マクロ的な不備、つまり一貫性のなさ等に気が付くようになったのではないかとしている。

さらに unskilled writers の第1稿と第2稿を比較した結果、formal changes が減少し、macro-structure changes が増加していた。一方、第2稿では skilled writers はほとんど macro-structure changes を行っていなかった。これは、skilled writers の場合、第1稿においてある程度マクロレベルのことに注意を払いながら書いていたことから、第2稿においては、unskilled writers ほどマクロレベルの推敲を行う必要がなかったからではないかと、青木らは考察している。

ここまで2000年以前の研究をみてきた。上で述べたように、2000年代に入ると、推敲過程に関する研究はほとんどみられなくなり、L2では Kobayashi and Rinnert (2001)、Sze (2002) がわずかに調査を行っている程度である。Kobayashi and Rinnert (2001) からみていく。

Kobayashi らは、ライティング経験のほとんどない大学2年生19名、ライティング経験のある3年生22名、そして英語力、経験ともにある大学院生12名、合計53名の日本人学生を対象として、ライティングの経験、英語力がいかに談話レベルの推敲に影響するかを調査している。

ライティングに関する経験などを訊ねたアンケートと、英語力測定テストを実施した後、曖昧な前方照応などの文間レベルの誤り、トピックセンテンスの欠如などのパラグラフレベルの誤り、序論と結論の不整合などのエッセイレベルの誤りが埋め込まれた文章を推敲させている。その結果、文間レベルやパラグラフレベルの推敲には英語力が影響するが、エッセイ

61

第3節　L2での skilled revisers と unskilled revisers

レベルには影響しないこと、一方でライティングの経験は、特にエッセイレベルの推敲に影響することを報告している。

　Sze（2002）は、香港からバンクーバーに移民としてやってきた11年生のESL学習者1名を対象に、学力不振の生徒がどのように作文推敲を行うかについて調査している。この Chung Yin（仮名）という生徒は、英語力不振のためか、一般教科でも成績が振るわず、教師やクラスメートとも良い関係を保つことができず、またそれを改善する気力も失っている状態であった。

　調査者はまずこの生徒に対し、良い作文とはどういったものかということについて説明し、その後、異なったトピックで二つの作文を書かせた。手順は次の通りであった。トピックに関する新聞記事等を読ませ、その後、調査者と短いディスカッションを行う。生徒は、青ペンで第1稿を書き、書き終わって修正する際には赤ペンを用いる。調査者が内容、構成、文法などについてコメントを与え、それに基づいて再び青ペンで第2稿を書き、その後の修正は赤ペンで行う。これらすべての過程において、調査者が同席し、コメントについて理解できない場合は、調査者自身に聞くこともできた。

　これらの過程で行われた推敲について、Faigley and Witte（1981）の分類を用いて分析した結果、構成や内容に関するものよりも、より表面的な推敲を多くしたこと、自身での推敲よりも、調査者からのコメントに基づいた場合のほうが、より多く推敲しただけでなく、内容や構成に関する推敲が多くなったことを報告している。また、この生徒は通常授業においては、指示されなければ推敲を行うことはなく、推敲は単なる清書であると考えていたことがわかったとしている。

　以上みてきた先行研究をまとめると、L2での推敲活動に関する研究においても、L1と同様の傾向、つまり skilled revisers は意味的、また global レベルでの推敲をより多くし、unskilled revisers は表面的、local レベルに注意をとられる傾向があることがわかった。

第2章 Skilled revisers と unskilled revisers

第4節 英作文力、英文法力、日本語作文力と、英作文推敲との関係

さて、英語を外国語とする学習者の場合、英作文の推敲にはどのような力が関わっているのであろうか。青木（1992）は、文章中の問題に気づくことやそれを修正することと、英語力や英作文力、またL1での作文力との関係を調査している。青木（1992）を詳しく検討してみる。

青木は、日本人大学2年生を対象として、英作文力、英語文法力、日本語作文力と、task definition、global な問題や local な問題に対する気づき、修正、修正の成功との関係を調べる調査を行っている。

調査対象者は英語専攻者20名と非英語専攻者25名の計45名の大学2年生で、まず彼らの基礎データがつぎのような方法で収集された。

(a)英作文力：「高校時代になにをしたか」という題で英作文を書かせ、3名の日本人英語教師が、内容、構成、語法の3つの観点から5段階評価した。

(b)英語文法力：クローズ・テスト50問及び文法テスト75問を実施し、その結果を100点満点に換算し評価した。

(c)日本語作文力：「大学教育の目的」という題で日本語作文を書かせ、日本人英語教師2名が内容、構成、語法の3つの観点から採点し評価した。

これらの基礎データ収集後、一貫性などの global な誤りと、スペリング、文法など local な誤りを含んだ2種類の英語の文章を推敲させている。さらに、事後アンケートを実施し、task definition についての意識や、global、local の誤りに被験者が気づいたか、意識的に直したかどうかを調べている。

推敲させた英語の課題文及び事後アンケートそれぞれ2種類のうち、例としてそのうちの1つを下に転載する。

第4節　英作文力、英文法力、日本語作文力と、英作文推敲との関係

[推敲用英語課題文2]

次の文章の誤りを直し、より良い文章にして新しい用紙に書き直してください。辞書を使ってもかまいません。

The fox came and sit under the tree and looked up at her and said, 'How a beautiful bird I see above me. She have the blackest, brihtest fethers in all the world and sharpest, shiniest beak I ever seen. If her voice is as sweet as her looks she must the Queen of all the bird.' It was an ugly, harsh caw! The cheese came down and, of course, the fox catch it before it touched the ground and ran off, saying 'I see you have a voice, madam, it'a sorry you don't have brains as well!' The crow was a very vain bird and want to show the fox how well she can sing. She forgot about his cheese and opened her sharp, shinning beak to sing the only note she knows. A crow were sitting on the branch of a tree with a pice of cheese in her mouth when a hangry fox saw her and started to think of how he could get the cheese for himself.

　注　beak=くちばし　harsh=不快な　caw=カアカア（カラスの鳴き声）

[事後アンケート　英語課題文2用]

文章2の修正について次の質問に答えてください。成績には関係ありませんから、よく思い出して正確に記入してください。

1　全体を読み通してから、修正し始めましたか？　　　　　　　　はい　いいえ
2　それとも最初から、誤りが現れてくる順番に修正しましたか？　はい　いいえ
3　それともある決まったものだけ、先に修正していこうとしましたか？
　　　　　　　　　　　　　　　　　　　　　　　　　　　　　　　はい　いいえ
4　3で「はい」と答えた方だけ答えてください。それはどのようなものですか？該当するものすべてに〇をつけてください。
　　ア　綴り　イ　文法　ウ　語の使い方　エ　時制　オ　数の一致　カ　話の構成　キ　その他（　　　）
5　途中で修正の仕方を変更することはありましたか？例えば誤りが現れる順に修正していたのを、とりあえず綴りの訂正だけをさきにするとか、小さい誤りを直していたのを話の順序など大きいものを先に直すことに変更するなどのことがありましたか？　　　　　　　　　　　　　　　　　　　　　　　　　　　　はい　いいえ

第 2 章　Skilled revisers と unskilled revisers

6　5で「はい」と答えた方だけ答えてください。修正の仕方をどうして変更しましたか？もし覚えていればその理由を書いてください。
（　　　　　　　　　　　　　　　　　　　　　　　　　　　　　　）
7　上の1、2、3に該当しないような順序で修正しましたか？　　はい　いいえ
8　7で「はい」と答えた方は、具体的にその方法を書いてください。
（　　　　　　　　　　　　　　　　　　　　　　　　　　　　　　）
9　「誤りがあるので修正せよ」と指示されたとき、「誤り」とはどのようなものを最初に想像しましたか？該当するものすべてに○をつけてください。
　　ア　綴り　イ　文法　ウ　語の使い方　エ　時制　オ　数の一致　カ　話の構成
　　キ　その他（　　　　）
10　話の構成の誤り（話の順序が間違っていること）に気づきましたか？
　　　　　　　　　　　　　　　　　　　　　　　　　　　　　　はい　いいえ
　「はい」と答えた方に。その誤りは部分的にでも修正しましたか？
　　　　　　　　　　　　　　　　　　　　　　　　　　　　　　はい　いいえ
　気づいていながら修正しなかった方に。なぜ修正しなかったのですか？
　　ア　正解がわからなかったから　イ　自信がなかったから　ウ　どうしていいかわからなかったから　エ　面倒だったから
　　カ　その他（　　　　　　　　　　　　　）
11　1行目の sit の時制の誤りに気づきましたか？　　　　　はい　いいえ
　「はい」と答えた方に。その誤りは部分的にでも訂正しましたか？
　　　　　　　　　　　　　　　　　　　　　　　　　　　　　　はい　いいえ
　気づいていながら訂正しなかった方に。なぜ訂正しなかったのですか？
　　ア　正解がわからなかったから　イ　自信がなかったから　ウ　どうしていいかわからなかったから　エ　面倒だったから　カ　その他（　　　　　　　　）
12　1行目の How が What の誤りであると気づきましたか？　　はい　いいえ
　　（項目11～26まで下線部の質問は同じなので省略）
13　2行目の have は has の誤りであると気づきましたか？　　はい　いいえ
14　2行目の brihtest の綴りの誤りに気づきましたか？　　　　はい　いいえ
15　2行目の fethers の綴りの誤りに気づきましたか？　　　　はい　いいえ
16　3行目の I と ever の間に have が抜けていることに気づきましたか？
　　　　　　　　　　　　　　　　　　　　　　　　　　　　　　はい　いいえ
17　3行目の must と the Queen の間に be が抜けていることに気づきましたか？
　　　　　　　　　　　　　　　　　　　　　　　　　　　　　　はい　いいえ
18　5行目の catch の時制の誤りに気づきましたか？　　　　はい　いいえ
19　6行目の sorry は pity の誤りであることに気づきましたか？　はい　いいえ
20　7行目の want の時制の誤りに気づきましたか？　　　　はい　いいえ

65

第4節　英作文力、英文法力、日本語作文力と、英作文推敲との関係

21　7行目の can の時制の誤りに気づきましたか？　　　　はい　いいえ
22　7行目の his cheese は her cheese の誤りであることに気づきましたか？
　　　　　　　　　　　　　　　　　　　　　　　　　　　　はい　いいえ
23　8行目の knows の時制の誤りに気づきましたか？　　　 はい　いいえ
24　8行目の were は主語と数が一致していないことに気づきましたか？
　　　　　　　　　　　　　　　　　　　　　　　　　　　　はい　いいえ
25　9行目の pice の綴りの誤りに気づきましたか？　　　　はい　いいえ
26　9行目の hangry の綴りの誤りに気づきましたか？　　　はい　いいえ
27　文章がひとかたまりになっていましたが、書き直しのとき段落に分けるべきであると気づきましたか？　　　　　　　　　　　　　　　　　はい　いいえ
28　原文が書いてある用紙に修正を書き込んだあと、新しい用紙に書き直しましたか？　　　　　　　　　　　　　　　　　　　　　　　　　はい　いいえ
29　すべて修正し終わり、新しい用紙に書き直したあと、もう一度書き直したものを読み返しましたか？　　　　　　　　　　　　　　　　　はい　いいえ
　　「いいえ」と答えた方に。どうして読み返さなかったのですか？
　　ア　読み返さなくても自信があったから　イ　面倒だったから　ウ　もう見るのも嫌だったから　エ　その他（　　　　　　　　）

　Task definition に関する質問項目は英語課題文1、2ともに共通で、項目1、2、3、4、5、6、7，8、9、28、29の11項目である。これらの項目は、推敲に関して一定の計画を推敲者が持っているか、global な誤りに対する推敲意識をもっているか、また前章の Hayes et al. (1987) らのモデルでみた problem representation と task definition との交互作用、つまり実際の問題に応じて task definition を変更しているか、さらに主旨や読み手を考えて読み直しをするかといった点について訊ねたものである。
　Task definition に関する質問項目においては Hayes et al. (1987) の skilled writers を基準としてポイントを与えている。例えば、項目1では「はい」の場合が、項目2では「いいえ」の場合が、1ポイントとなる。また、項目4では「構成」を選択するか、「その他」で global な誤りを書いた者に1ポイントを与えている。文章中の global や local な誤りについては、それらに気づいたかどうか（気づき率）、次に意識、無意識に関係なく修正したかどうか（修正率）、最後にその修正が成功しているかどう

第 2 章　Skilled revisers と unskilled revisers

か（成功率）の 3 つの点から得点化された。このようにして収集されたデータ項目間の相関が調べられた（表2.11）。

表2.9　基礎データ

項目（配点）		平均	SD
英作文	内容（15点）	9.2	1.95
	構成（15点）	8.2	1.90
	語法（15点）	8.2	1.97
	合計（45点）	25.6	5.31
日本語作文	内容（10点）	4.1	1.27
	構成（10点）	3.6	1.37
	語法（10点）	5.2	1.15
	合計（30点）	12.8	3.23
文法テスト（100点）		52.0	12.31

表2.10　文章推敲及びアンケート

項目（配点）		平均	SD
Task Definition（11点）		4.0	3.03
Global な誤り	気づき（4点）	1.3	1.11
	修正　（4点）	0.2	0.56
	成功　（4点）	0.1	0.50
Local な誤り	気づき（4点）	13.8	3.58
	修正　（4点）	14.1	4.35
	成功　（4点）	11.9	4.35

　表2.11をみると、英作文力（内容、構成、語法）と、文法テスト及び local な誤りの「気づき」「修正」「成功」のすべてとの間に有意な相関がみられる。この結果から、英作文力は英文法力と大きく関係していることがわかる。第 2 言語で書くことと linguistic competence とはあまり関係がないという Raimes（1985）とは反対の結果となった。つまり、日本人大学生の英語で書く力は、その文法的能力に大きく左右されていることがわかり、Hirose and Sasaki（1994）と同様の結果となった。

67

第 4 節　英作文力、英文法力、日本語作文力と、英作文推敲との関係

表2.11　全項目間の相関

	英文内容	英文構成	英文語法	英文合計	日文内容	日文構成	日文語法	日文合計	文法テスト	TD	Global気づき	Global修正	Global成功	Local気づき	Local修正	Local成功
英文内容	—															
英文構成	.84**	—														
英文語法	.69**	.73**	—													
英文合計	.92**	.93**	.88**	—												
日文内容	-.07	-.10	-.18	-.13	—											
日文構成	.05	.15	.04	.09	.69**	—										
日文語法	.24	.25	.36**	.31*	.49**	.58**	—									
日文合計	.08	.11	.08	.10	.86**	.90**	.80**	—								
文法テスト	.30*	.39**	.64**	.49**	-.06	-.02	.22	.05	—							
TD	.26	.24	.14	.24	.06	.07	.01	.06	.25	—						
Global気づき	.10	.15	-.07	.07	.17	.11	-.06	.09	-.02	.35*	—					
Global修正	.12	.30*	.28	.25	-.13	.07	-.06	-.04	.17	.17	.21	—				
Global成功	.02	.21	.21	.16	-.09	.02	-.12	-.07	.28	.24	.24	.86**	—			
Local気づき	.35*	.40**	.44**	.43**	.01	.04	.14	.07	.59**	.23	.17	.15	.14	—		
Local修正	.41**	.39**	.52**	.49**	-.01	.05	.17	.08	.62**	.08	.08	.12	.10	.80**	—	
Local成功	.41**	.41**	.55**	.50**	-.11	-.02	.20	.02	.68**	.10	.05	.17	.15	.80**	.96**	—

* $p<.05$, ** $p<.01$

第 2 章　Skilled revisers と unskilled revisers

　また、文法テストと相関の高い英作文力は、global な誤りの「気づき」より、「修正」との相関が高くなっていることがわかる。つまり、英作文力の高さと global な誤りの「気づき」とは関係があるとは言えないが、一旦 global な誤りが発見されれば、英作文力の高い者ほどそれを直すことができるということになる。これは global な誤りに気づくには、文法力はあまり関係ないが、実際に修正できるには、ある程度の文法力が不可欠であることを示唆している。

　また、task definition と global 誤りの「気づき」との間に有意な相関がみられる。つまり、最初の手直しをする前に、全文を読み通したり、また推敲の概念に単文レベル以上の誤りの修正が含まれる者は、global な誤りに気づきやすいということがわかった。しかし、global な誤りに気づくことが、そのまますぐ修正できることにはつながっておらず、修正や成功とは相関が高くない。言い換えれば global な誤りを発見できることが、すぐにその誤りに対処できることを意味しているわけではないということになる。その理由として、上でも述べたように global 誤りの修正と英作文力、及び global 誤りの修正成功と英語文法力の間に相関傾向がみられることから、発見した global な誤りを訂正するには、ある程度の文法力が必要とされるのであろう。しかし、一旦修正した場合には、その成功率は非常に高いことが、修正率と成功率の相関の高さからわかる。

　Global レベルの推敲について明らかになった点をもう一度整理すると、誤りを発見するには task definition の中に、全体をみるような意識をもっていることが必要であり、文法力は影響しない。しかし、一旦発見した後の global 誤りの修正には、ある程度の文法力が不可欠となるということである。

　また、気づき、修正、そして成功といった一連の推敲の流れに関して、global な誤りと local な誤りの場合は大きく異なっている。つまり、global な誤りについては気づきと修正とは結びついていなかったが、local な誤りについてはそれぞれ気づき、修正、成功間の相関は非常に高く、発見されれば、それは修正され、また成功とも密接につながっていたのである。

第4節　英作文力、英文法力、日本語作文力と、英作文推敲との関係

Bartlett (1981) や Scardamalia and Bereiter (1983)、そして Hayes (2004) は、誤りを"detect"する能力と"fix"する能力とは別物であるというように考えているが、青木 (1992) の結果は、誤りが global な場合と local な場合とでは異なっているというものであった。確かに global な誤りの場合は、気づくことと対処できることは別であるが、local な誤りの場合は密接に関連していることを、この調査結果は示している。

以上、skilled revisers と unskilled revisers の推敲活動の違いをみてきた。両者の間の大きな違いは、skilled revisers の推敲が量的に多いということ以上に、その視野が異なっているという点である。つまり、skilled revisers は global な視点での意味的な推敲を多く行うが、unskilled revisers にはそういった推敲があまりみられない。そして、この global な視点での推敲には、文章全体をみるような適切な task definition や、問題を発見した後にそれを修正できる英語力が大きく関係していることがわかった。

第3章
推敲活動を促す補助とフィードバック
──フィードバック研究における問題の所在──

　この章では、推敲活動を促すフィードバックの効果を先行研究を通じてみていくが、その前に推敲活動に対する教育的介入や補助ツールを、その方法や与え手などの点から分類整理しておく。その上で、本論が研究対象とする読み手からのフィードバックというものを明確にし、Hayes et al.（1987）の推敲過程モデルに照らし合わせながら、それらに関する先行研究を批判的に検討し、その問題点を指摘する。

第1節　推敲活動を促す教育的介入及び補助ツールの分類

　推敲活動に対する教育的介入や補助ツールは、次の二つの点から、4つの形態に分類される。
　(1)書かれた文章に基づいているか否か
　(2)読み手が存在するか否か
この二つの基準で介入を分類すると、つぎのようになる。

表3.1　作文に対する教育的介入の分類

	書き手自身によるもの	読み手からのもの
書かれた文章に基づかない （定型的介入）	例　チェックリスト 　　推敲カード	例　定型的な教師コメント
書かれた文章に基づく （非定型的介入）	例　TSA	例　教師コメント 　　ピア・フィードバック

　一つ目の基準は、介入や補助が実際に書かれた文章に基づいているかということである。基づく場合は、介入すべきあるいは補助を与えるべき特

第1節　推敲活動を促す教育的介入及び補助ツールの分類

定の文章が存在しており、その文章を対象に介入や補助が与えられるというものである。この場合、与えられる介入や補助は、その文章の内容や出来具合により変化することとなる。

　反対に、対象となる文章と関係なく、介入や補助が与えられるという場合がある。それは、不特定の文章に対する、ガイドラインのような一定で変化しない介入や補助というものである。

　もう一つの分類基準は、介入や補助が読み手という他者からのものか否かということである。教師であれ、他の学習者であれ、他者が文章を読んで補助を与えるということは、他者の目を通した見方を書き手が与えられるということを意味する。読み手をもつことの利点は、文章について、他者の理解に関する情報を得ることができるということである。

　一方、書き手自身が自分の文章を読み返して推敲を行うという場合にも、利点がないわけではない。それは書き手だけが、書こうとしていたプランを把握しており、実際に書かれたものとずれがないか照合できるということである。書く目的や意図、そしてプランなどはもともと書き手の頭の中にあり、他者である読み手からすれば、それらは書かれたものから想像するか、あるいは書き手に教えてもらうしか方法がない。しかし、書き手自身はたとえ漠然としたプランであっても、書いたものがそれを十分に表現しているか、満足できるものかといった照合ができるのである。

　これら二つの基準から作文に対する介入や補助を分類した場合、それぞれに該当する例は、表3.1のようになる。まず、書かれた文章に基づかず、かつ読み手からのものではない補助は、推敲チェックリストや推敲プロンプトといったものである。つまり、どういった文章にも適用できるような定型的な補助を基に、書き手自身が推敲を行うということになる。また、書かれた文章に基づくが、読み手からのものではない補助は、topical structure analysis のような文章分析ツールを利用して、書き手が推敲を行うケースである。

　一方、書かれた文章に基づき読み手が介入を行うというものには、教師からのフィードバックや学習者同士でコメントを与え合うピア・フィード

第3章 推敲活動を促す補助とフィードバック

バックが相当する。最後のカテゴリーである、書かれた文章に基づかず読み手が介入するというものは、意味的にやや矛盾するが、教師からのゴムスタンプで押すような定型コメントが、これに相当する。必ずしも文章を読まずに介入するわけではないが、個々の文章に合わせてコメントを作っているというわけでもない場合である。しかし、それほど一般的ではないと思われるので、以降の検討では除外する。

　推敲活動に対する介入や補助が、書かれた文章に基づいているか、また他者からのものかという違いは、それらの性質を根本的に異なるものにし、また受け手にも異なった働きかけを行うと考えられる。したがって、本章ではまずこれらの二つの基準により介入や補助を分類し、推敲プロンプト、文章分析ツールなどについては、それぞれ先行研究を概観する。そして、本論文の直接的な研究対象である教師からのフィードバックやピア・フィードバックについては、先行研究を概観するだけでなく、推敲過程モデルに照らし合わせ、批判的に再検討する。

第2節　推敲補助　──書き手の推敲を支援するもの──

　本節では、推敲補助をもとに、書き手自身が推敲を行うケースをみていく。

2.1　推敲プロンプト　──書かれた文章に基づかないもの──

　ここでは、推敲活動を促したり補助するプロンプトやカードといったものによる効果を先行研究をもとにみていく。
　Daiute and Kruidenier（1985）は、英語をＬ１とする11年生から16年生を対象に、推敲プロンプト機能付きのワープロ上での推敲活動を調査している。推敲プロンプトとは、生徒が文章を推敲する際、必要に応じて呼び出せる補助ツールで、例えば生徒が"point"を選択すると、"Does this para-

73

第 2 節　推敲補助

graph state a clear point?" という推敲プロンプトが現れるようになっている。

　Daiute らは、1月から6月の数ヶ月にわたって実験群には推敲プロンプトの出るワープロを、統制群には単なるワープロを使用させ、1月、4月に書かせた草稿と推敲版を比較している。その結果、実験群の生徒が有意に多く推敲するようになっただけでなく、この年齢の学習者があまりみせないような、文章の要旨を変化させる "macro-structure changes"（Faigley and Witte 1981）が、有意に多くなったことを報告している。

　Bereiter and Scardamalia（1987）は、彼らが提示した C. D. O.（Compare, Diagnose, Operate）推敲モデルを基に、問題の発見、診断、そして対処のそれぞれのレベルで "procedural facilitation"（以下、PF）を導入し、小学生が skilled revisers と同様の推敲活動をとるか、その効果を調べた実験を報告している。

　Bereiter らは、4、6、8年の小学生90名を対象に C. D. O. サイクルにみられる認知活動を紙片に書いたものを与え、推敲させている。Compare（問題発見）の段階では、"People won't see why this is important." といった、文章中の問題に気づくためのフレーズが11個、生徒に与えられている。そして、問題を発見した後、その問題に対処するための "I'd better leave this part out." といったフレーズも6個与えられている。生徒は2つのグループに分けられ、"on line" グループは作文を1文書くごとにこれらのフレーズを適用して評価と修正を行う。"Evaluation after" グループは書き終えた後、これらのフレーズを1文ごとに適用して作文を推敲する。また、生徒達は適用するフレーズを選ぶごとに、なぜ選んだかを説明することを求められ、それらは選んだフレーズの種類とともに記録された。

　その結果、National Assessment of Educational Progress（1977）で示されている小学生の平均よりも、この実験に参加した生徒たちが多くの修正を行ったこと、また文章を悪くする修正よりも、良くする修正のほうが多かったことが明らかになった。しかし、"Evaluation after" グループが最初に書いた第1稿と比較したところ、"Evaluation after" グループ、"on line" グ

第3章　推敲活動を促す補助とフィードバック

ループ双方の推敲版は質的には向上していなかったのである。

　作文を良くする修正が多かったにもかかわらず、全体的には向上していなかったという矛盾した結果についてBereiterらは、生徒が "I'm getting away from the main point." といったようなglobalな問題に対するフレーズをほとんど使用せず、localな問題に対してのフレーズを多用していたこと、作文を良くする修正が統計的には有意に多かったが、実質は1作文につき1修正ほど良い修正が多かったに過ぎず、全体的な質に影響するほどではなかったことをその理由として挙げている。

　つぎに一つ一つの作文に対し、同じプロセスをプロライターに行わせ、選んだフレーズを被験者の小学生が選んだものと比較したところ、問題発見のためのフレーズについては、ほとんど同じものを選んでいた。しかし、フレーズを選んだ理由についての説明を、プロライターのそれと比較すると、4、6年生の説明はプロライターとの一致度が低く、8年生でなんとか適切と言える程度であったことがわかった。小学生とプロライターの説明を詳細に較べてみると、小学生の説明は語句などの表層的なレベルにとどまっており、プロライターのように意味的、また文章全体のレベルにまでは至っていないこと、そして問題に気づいた後に、その気づきを深めることなく、すぐに投げ出してしまい、次の問題に移ってしまうという傾向がみられたのである。また、修正フレーズの選択について評価したところ、発見した問題に対し適切な修正フレーズを選ぶ率は、4年生から8年生への段階で大きく向上することが明らかになった。

　このようにPFがそれほど効果的でなかった理由として、Bereiterらは、問題の発見から修正に至るプロセスは、実際に解決されるまで繰り返される再帰的プロセスであるにもかかわらず、それらの要素が組み込まれていなかったこと、そしてまたこれらのプロセスは本来、問題を発見した後に、自発的に書き手から起こされるものであるのに対して、この実験では機械的に毎回適用させようとしたことなどを挙げている。

　上記の実験結果から、問題の発見では子供たちは比較的優れていたが、その原因に対する診断のレベルで skilled revisers とは異なっていること

75

第2節　推敲補助

が明らかになった。次に、Clare Brett が "honors thesis" として行った、特に診断レベルに焦点を当て PF 効果を調べた実験をみてみることにする。この実験は、Bereiter and Scardamalia（1987）の中で紹介されているものである。

　この実験には6年生20名と12年生16名が参加し、半数ずつ統制群と実験群に分けられた。両群ともに、1時間の間に様々なレベルの問題を含んだエッセイ5つを推敲するように求められた。5つのエッセイは、被験者以外の6年生が書いたもの4つ、残りの1つは被験者自身が書いたものであり、またそれぞれの推敲順は順番による影響を避けるようランダムに配置されていたが、最後だけは両方ともに同じエッセイを推敲するように設定されていた。統制群はエッセイを読んで、気づいた問題にマーカーを引いたあと、その問題に対する説明を求められた。一方、実験群は診断を促す PF のフレーズが一つ一つ当てはまるか否かを検討し、当てはまる場合には文章全体に対してか、それとも部分的にかを判断するように求められた。上記の Bereiter らの実験における PF フレーズは一般的な理解について検討するもの、例えば "People may not understand this." といったものであったが、この Brett の実験では "Choppy – Ideas aren't connected to each other very well." というように、より具体的な診断フレーズを与えられていた。最後のエッセイを推敲する際には、実験群もフレーズなしで推敲するように求められ、フレーズを使った学習が転移するか否かが調査された。実際の修正については実験時間の関係上行わせず、これらの診断に基づいてどういった修正を行うかだけを報告させた。

　効果の分析として、プロエディターに同じエッセイを診断するよう求め、2名の評価者が、被験者の判断とプロエディターの判断との一致度を判定した。その結果、実験群とプロエディターとの一致度が有意に高いことがわかった。そして、実験群も診断フレーズを使用しなかった5つ目のエッセイについては、再び実験群の一致度が高かったが、そのほとんどは12年生によるものであり、学習転移については12年生にのみみられたのである。また、報告させた修正方法について、その修正が作文を良くするかどうか

で採点したところ、特に6年生で実験群に優位性がみられたが、5つめのエッセイによる学習転移についてはやはり12年生のみにみられた。

つぎに Bereiter らは、C. D. O. モデルの最後の段階、つまり Operate(対処)の段階に PF を適用した実験として、Ellen Cohen の "honors thesis" を紹介している。6年生21名が、まず以下で述べるような指導に先立ち、エッセイを書き、それを推敲するよう求められた。9日間の指導後、生徒たちは再び自分たちが書いたエッセイのオリジナルを推敲するように指示された。指導の効果は、オリジナルエッセイ、最初に推敲した推敲1版、指導後に推敲した推敲2版を比較することによって調べられた。

9日間の指導は、まず上の Brett で使用された診断フレーズを、どのように実際の文章に適用するか、そして発見した文章中の問題に対してどのように対処するかを学習するというものであった。具体的には、教師が OHP を使って、ある診断フレーズと、その診断フレーズが当てはまるような誤りを含んだテキストを提示する。生徒はどのようにその診断フレーズを適用するか、そして問題に対してどのように対処するかを話し合う。教師は生徒が提案した対処法や教師自身が提案したものを、そのテキストに当てはめ、その対処の効果を生徒と話し合う。また、生徒はそれぞれ短いエッセイを毎日書き、自分自身のテキストに診断フレーズを当てはめ、推敲練習を行うと同時に、最後の3回のセッションは、教師に代わって生徒たち自身が OHP で診断フレーズを当てはめ、対処法の適用をデモンストレーションした。

これらの指導後、オリジナルエッセイ、推敲1版、推敲2版がランダムに並べられた計63個のエッセイを2名の評価者が採点したところ、推敲1版はオリジナルと差がみられなかったが、推敲2版は、オリジナルエッセイや推敲1版に対して有意に優れているという結果となった。また、推敲1版に対して、推敲2版では global な推敲が有意に増加していることも明らかになったのである。

第2節　推敲補助

　以上みてきた一連の推敲プロンプト研究はＬ１のものであった。一方、Ｌ２ライティングにおいて、プロンプト効果を調査したものはほとんど見当たらない。その数少ない一つが Cumming and So（1996）である。彼らの調査をみてみよう。Cumming らは20名の成人 ESL 学習者を対象に、Bereiter and Scardamalia（1987）の PF を利用させ、個人チューターとのやりとりを調査している。Cumming らはＬ２での skilled writers が行う推敲活動を、この PF の考えに沿って、次の５つの cue で表現している。

　　Word:　　これは正しい表現か？
　　Rules:　　このことについて文法やスペリングを知っているか？
　　Fit:　　　この箇所は他の箇所と合致しているか？
　　Goals:　　読み手はこれを理解するか？自分は読み手になにを伝えたいか？
　　L1/L2:　　これは母語ではなんと言うか？英語で意味は通じるか？

　これらの PF を使った場合と使わなかった場合において、いかにチューターと学習者とのやりとりが異なるかを調査している。その結果、いずれにおいても、生徒よりもチューターが問題発見、解決のためのやりとり、そして解決活動に関して主導的な役割を果たしたこと、また PF を使用した場合も、チューターと学習者のやりとりの７割程度が Word と Rule、つまりマイクロレベルの推敲に関してであり、Goal, Fit といった意味レベルあるいはマクロレベルの PF については、その使用が２割程度であったことを報告している。PF が作文を向上させたかどうかということについては調査されていないが、Cumming らは、チューターと学習者との間に、推敲のための共通の用語と、それに伴う一連の活動を共有させることができたことが、この PF のメリットであったとしている。

　推敲に特化したプロンプトではないが、内容に意識を集中して書くように指示した場合と何も指示せず普通に書かせた場合とでは、どのように推敲が異なるかをみたものに青木・本岡（1991）がある。日本人の大学1年生134名に英作文を書かせ（作文１）、その中から skilled writers 20名、un-skilled writers 15名を抽出して調査を行っている。これらの被験者に再び

英作文を書かせ（作文2）、指示を受けた実験群と受けない統制群の作文中の推敲活動を、Faigley and Witte（1981）の推敲分類枠組みを用いて調べている。作文1と作文2の推敲活動を分析した結果、skilled writers の場合も unskilled writers の場合も、実験群と統制群との間に有意な差はみられなかった。つまり、もともと熟達した推敲過程をみせる skilled writers の推敲に変化がみられなかっただけでなく、表面的な問題に意識がとられがちな unskilled writers についても、その指示はなんら推敲の変化をもたらさなかったのである。しかし、同じ作文を内容や言語使用の観点から分析した Aoki and Motooka（1990）では、実験群の作文は skilled writers、unskilled writers ともに内容の向上がみられ、unskilled writers については言語使用の点でも評価が高くなっていた。これらの結果から青木らは、指示を受けた書き手は、注意をより明確に mental outline を作成することに向けた可能性や、また推敲の種類を global と local に分類しただけの Faigley らの枠組みでは、その変化を捉え切れなかった可能性を指摘している。

2.2 文章分析ツール ――書かれた文章に基づくもの――

　書き手が作文を読み返し、頭のなかにあるプランと書かれたものとのギャップに基づき推敲を行うというのが、書き手による一般的な推敲であるが、ここではそのギャップを発見するための補助ツールを使った推敲をみていく。上でも述べたように、自分自身が書いた文章を推敲する場合、文や語句が意図したものと合っているか否かは自分がもっともよくわかるところであり、そういう意味では推敲するのに有利である（Hayes et al. 1987:206）。しかし、Bartlett（1981）も指摘するように、意図を知っているということ自体が、欠陥に対して目隠ししてしまう恐れもある。ここでみる Topical Structure Analysis（TSA）とは、書き手自身が気づきにくい文章の流れを客観的に把握するツールである。
　TSA は、Lautamatti が1987年に文章の coherence を図示するために考え

た分析ツールである。文章の coherence を分析する方法は他にもいくつかあるが (Clark and Haviland 1977; McCagg 1990; Bardovi-Harlig 1990; etc.)、Lautamatti の TSA が作文教育の場では最も広く利用されている。その理由は、McCagg (1990) は作文の分析よりテキスト理解の研究に適した分析方法であり、Clark and Haviland (1977)、Bardovi-Harlig (1990) は文と文のつながり、つまり比較的 local な coherence に焦点を当てたもので、作文全体の coherence 分析という意味では TSA がもっとも有効だからである。TSA は local だけでなく、global な coherence、つまり各文のサブトピック同士のつながりだけでなく、文章全体のトピックとの関係も分析対象としている。さらに、分析方法が比較的容易であるという点も、作文教育現場で広く利用されている要因であろう。

　TSA では topical structure と topical progression という2つのタイプのテキスト構造を分析する。前者の分析は、文の主語、トピック、つまりその文がなにについて書かれているかという文の主題、そして文頭の語である initial sentence element (ISE)、これら3者の一致の度合いをみるものであり、テキストの読みやすさ、単純さ等の分析に役立つ。

　後者の topical progression は文トピックの意味的つながりをみるものである。Lautamatti は、3つのタイプの topical progression を説明している。Parallel progression、sequential progression、そして extended parallel progression である。Parallel progression とは、同じ文トピックの連続を意味する。つまり、続く文トピックが、その直前の文トピックと意味的に同一という構造である。Sequential progression は、続く文のトピックが直前のものと意味的に異なるというものであり、extended parallel progression は、sequential progression のあと、文トピックが直前のものとではなく、いくつか遡った前の文のそれと意味的に同一のものを指すという構造である。TSA ではこれら3つのタイプの topical progression を図式化し、そのつながりを分析する (図3.1)。TSA ダイアグラムの縦の数字は文の番号を表し、横の番号は topical depth、つまり sequential progression により、どれほど深く話題が展開しているかという指標である。

図3.1 TSA ダイアグラム

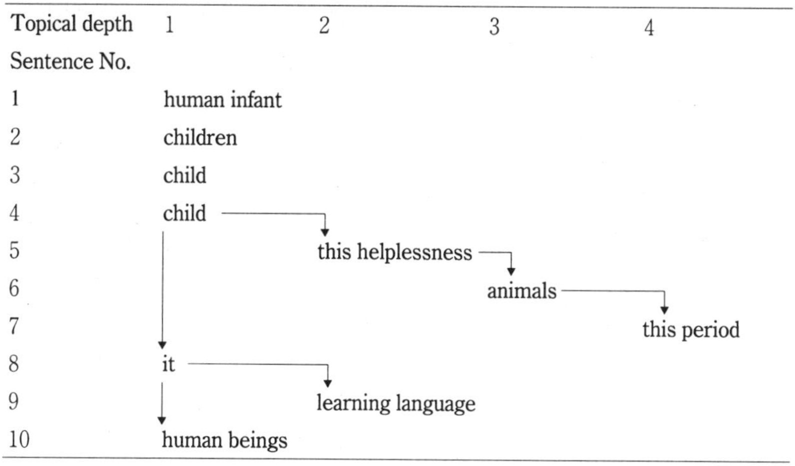

Topical depth	1	2	3	4
Sentence No.				
1	human infant			
2	children			
3	child			
4	child ──────┐			
5		this helplessness ─┐		
6			animals ─────┐	
7				this period
8	it ────────┐			
9		learning language		
10	human beings			

Lautamatti (1987:99)

　すべての作文が目指すべき理想的な topical progression があるというわけではなく、TSA ダイアグラムにより、parallel progression があまりに続くと話が単調に、あるいは余剰的なものになっているのではないか、sequential progression が続くと話が本筋から離れているのではないか、そして extended parallel progression がなければ、話がもとの本筋にもどっていないのではないか、といったことを客観的に発見する助けになるというものである。

　この TSA は上でも述べたように、作文教育において広く利用されている。例えば、Cerniglia, Medsker and Connor (1990) は、STAR (Studying Topical Analysis to Revise) と呼ばれる TSA の方法を学習するためのコンピュータ・ソフトウェアを開発している。これはコンピュータ画面上にテキストを表示し、TSA を段階的に学習させるプログラムである。ただし、表示されて分析対象となるテキストは、あらかじめ STAR で用意されたものであり、実際に書き手自身が書いたものや任意のテキストを分析することはできない。Cerniglia たちは、STAR での学習後、学習者たちが自分たちの書いた文章の coherence をより客観的に分析できるようになったと

81

第 2 節　推敲補助

報告している。

　青木（1997）は、任意のテキストをコンピュータに読み込んで、文トピックと progression パタンを指定するだけで、自動的に TSA ダイアグラムを描き、また各 progression の割合などを計算してくれる Coherence Analyzer（COAN）というコンピュータ・ソフトウェアを開発している。COAN はまた、ダイアグラム上でトピックを移動させることによって、そのトピックをもつ原文もそれに従って移動するといった推敲機能も搭載している。そして、日本人大学生48名を対象に、COAN を使った TSA 推敲と、COAN を使わないワープロ上での TSA 推敲をさせたところ、COAN を使ったグループが文の組み替えを有意に多く行い、また新たな文を付け足すようになったことを報告している。

　また、TSA を推敲指導のなかに取り入れた Connor and Farmer（1990）は、TSA の訓練後、学習者たちは文トピックを文章全体のメイントピックに結びつけることができるようになり、各文トピックがより適切に展開されるようになって、書くものの焦点がより明確になったことを報告している。そして、TSA は初稿段階、つまり、文章の大きな変更が可能な段階に導入するのが最も適していると述べている。

　さて、青木（1998b）はこの TSA を利用した推敲と、ライティング教科書にみられるような推敲チェックリストを利用した推敲とを比較してその効果を調べている。作文基礎コースを受講する日本人大学生38名を対象に、まず「コンピュータを教育にいかに利用するか」というテーマで作文を書かせ、その 1 週間後にそれぞれの作文を推敲するよう指示をした。その際、A クラス（20名）はライティング教科書のチェックリスト（White and Arndt 1991:118）を渡され、global レベルの推敲方法を30分間指導された。B クラス（18名）は TSA の方法、つまりトピックの見つけ方、各 progression のパタン、ダイアグラムの書き方などを30分間にわたって指導された。

　効果の分析は質的、量的の 2 つの観点から行われた。質的分析は第 1 稿と推敲版を内容および構成の点から日本人英語教師 2 名が採点し、また第 1 稿と推敲版をそれぞれ組み合わせ、内容や構成の向上の度合いを10段階

評価で採点している。量的分析は推敲版で追加、削除、あるいは移動されたT-unit数をカウントすることによって行われた。比較はクラス間だけでなく、第1稿の得点から分けられた上位群、下位群の間でも行われた。

まず質的分析では、第1稿においては有意に近いほどAクラスの得点が優れていたが、推敲版では有意ではないものの、得点が逆転しBクラスが上位となった。さらに推敲による向上の度合いでも、内容、構成ともにBクラスが有意に向上していた。T-unitによる量的分析では、その増加量や削除量では差はみられなかったものの、移動量についてはBクラスが有意に多いことが明らかになった。さらに上位群、下位群という点からみると、量的にも質的にも上位群ではさほど差はみられなかったが、下位群では質的にもBクラスが優位となり、そしてT-unitの移動量や削除量については圧倒的にBクラスが多く、作文の構成を変化させていることがわかった。

これらの結果から青木は、TSAを利用した推敲は、チェックリストを使った推敲よりも、特に下位群に有効に働いたことを指摘し、その理由として、チェックリストによる推敲では、問題の発見、診断、対処というつながりが出来にくいのに対し、TSAでは有機的につながった一連の推敲方略となりやすいことを指摘している。例えば、チェックリストを利用して、「書き手の意図は明確か」という項目に従って問題を発見しても、なぜ明確でないのか、またどのように対処すればよいのか、この項目からは手がかりは得られず、他のチェック項目にあたらなければならない。また「アイデアの並べ替えは必要か」といったチェック項目からは、その修正を行うにあたって、適用すべき問題はどこなのか、そして並べ替えがふさわしい対処方法なのかといった判断についてはわからないままである。つまり、問題の発見、診断、対処のためのチェック項目間に、有効な推敲のためのつながりがみられないのである。

一方、TSAによる推敲は、ダイアグラム上のトピックの流れを追うことにより、coherenceの欠陥を発見することができ、また具体的にどの箇所が話の流れを断ち切っているのかといったことも診断できる。さらに、問題のトピックを削除する、あるいは移動するといった修正により、判断

のつながった一連の推敲活動に発展する。これらの違いが、チェックリストによる推敲と、TSAによる推敲の違いを生み出した原因であると青木は説明している。

第3節　フィードバック ――読み手からの支援――

　作文授業では純粋な意味での読み手を得ることはあまりなく、一般的に教師かクラスメートが読み手となる場合がほとんどである。本節でいう「読み手」も、作文授業における教師及びクラスメートを意味する。
　ここでは、教師やクラスメートからのフィードバックによる効果をみていく。まず、教師からのフィードバックを調査した研究を概観し、つぎにクラスメート同士でコメントしあうピア・フィードバック、そして教師からのフィードバックとピア・フィードバックの比較という順にみていく。

3.1　教師からのフィードバック

　Cumming and So (1996) では、教師からのフィードバックを、授業による長期的な関係に基づいた上で教師と学習者が検討し合う conferencing、学習者と教師がほとんど面識がなく、ライティング・センターなどで一時的なアドバイスをもらう tutoring といった具合に分類しているが、分類して概観できるほどそれぞれの先行研究が多いわけではない。したがって、フィードバックを与えた環境については、それぞれの研究を紹介する際に述べるにとどめたい。
　Ferris (1997) は大学で10年以上にわたってESLの作文コースを教えている教師と、その学生47名を被験者にして、作文に対するフィードバックについて調査している。学生47名は米国で高校を卒業し、永住しているESL学習者である。調査は3回の作文における第1稿と、教師のフィードバック後の第2稿、併せて247個の作文を分析するというものであった。

第3章　推敲活動を促す補助とフィードバック

　教師のフィードバックは、作文の余白や最後に書き込むタイプのものである。分析視点は、まず教師からのフィードバックの種類、そして実際の推敲にそれらのフィードバックが取り入れられたか否かというものであった。教師のコメントは1）情報を求める、2）質問する、3）情報を与える、4）褒める、5）文法についてコメントするといった、コメントの仕方に関する分類と、フィードバックが実際の文章に触れた具体的なものか、あるいは一般的なものかといった、作文との関わり具合に関する分類の二つの視点によって分析された。また、それらのフィードバックに対する学生の推敲は、0：変化なし、1：マイナス効果、2：マイナス・プラス混合効果、3：プラス効果というように分類された。
　その結果、情報を求めるフィードバックや質問するようなコメントについては、約40％から60％程度がプラス効果の推敲を引き起こしたが、教師が情報を与えるようなコメント、具体的に言えば教師が作文を読んで理解できたか否かや、作文を書くための資料について学生が見落とした点などを指摘するようなコメントについては、28％程度しかプラス効果を及ぼさなかった。また、いずれのフィードバックについても、25％程度はまったく推敲に取り入れられず、なんの変化ももたらさなかった。
　文法的な誤りについてのコメントは、内容に関するコメントよりかなり高い確率で、推敲に取り入れられ、プラス効果を生んでいる。ただ、取り入れられた場合は成功しているが、何の変化ももたらさなかったコメントも20％程度みられた。また、コメントが作文に則して具体的か否かという点からみると、具体的なフィードバックのほうがプラス効果をもたらしやすく、それに反して、一般的で具体性のないフィードバックはいかなる変化ももたらさない場合が多いことがわかった。
　教師からのフィードバックと学習者の推敲との関係を、コメントの形式、コメントの直接さ、方略の明示、そして問題のタイプの点から分析し、それに学習者個人の学習背景や教師とのやりとりなどを加味して総合的に分析したものが、Conrad and Goldstein (1999) である。被験者はベトナム人のTranh、イラン人のZohre、そしてフィリピン人のMarigraceで、米国

第3節　フィードバック

の大学で科学を専攻する大学生である。3名ともに6年間米国に住み、永住権をもっている。英語を話す力は全員ともに高く、書く力もほぼ同等であった。収集されたデータは、2つのエッセイ課題に対し、学生の作文、教師のコメント、そして教師と学生のやりとりを書き起こしたものである。

　まずConradらは学生の推敲が成功したもの、不成功に終わったもの、無視されたものというカテゴリーで教師からのコメントを分類した。その結果、陳述的なコメントのほうが質問的なコメントよりも、Yes/No質問コメントのほうがWH質問コメントよりも、直接的コメントのほうが間接的コメントよりも、そして方略を明示したコメントのほうが明示していないコメントよりも、学生の推敲とより結びついているようであった。しかし、推敲すべき問題を種類別に分類したところ、推敲の成功、不成功はすべて問題の種類によることが明らかになったのである。つまり、フィードバックコメントが陳述的であろうと、質問文的であろうと、方略が明示されていようとなかろうと、コメントされた問題の種類が、推敲の成功不成功をすべて左右していることがわかった。

　具体的に述べると、例を付け足したり、意見をより深く吟味分析し明確にするといった、作文を発展させることを求めるフィードバックに対しては、成功する率が圧倒的に低いことが明らかになった。一方、一貫性、段落化、語彙選択などに関するフィードバックに対しては、推敲はほとんどの場合、成功していることがわかった。このように、一見するとフィードバック・コメントのあり方が推敲の成否に影響しているように見えたが、実は推敲するようフィードバックが求めた問題の種類に、成否のほとんどが左右されていることが明らかになったのである。

　Hyland (1998) は、ニュージーランドで大学や大学院に入学を希望する6名のESL学習者を被験者として、教師のフィードバックと推敲との関係をみている。それによれば、ほとんどの学習者は教師からのフィードバックに基づいて忠実に推敲を行っていた。文法についてのものなど、すべてのフィードバックの意味を学習者が理解していたわけではなかったが、それでも忠実にフィードバックに従い推敲を行っていたのである。しかし、

その中の日本人学生だけは、教師からのフィードバックをほとんど利用していなかった。彼女は初級から中級レベルの学習者であり、作文では自己表現がもっとも大切と考えていた。そして、作文を書く前にまったく計画を練らない彼女にとっては、第1稿はブレインストーミングの延長のような計画を意味し、それに対する教師からのフィードバックはほとんどの場合、真剣に考慮されることがなかったのである。

一方、大学院入学を希望するタイからの学習者は上級レベルであったが、彼女は母国では文法に自信があった。しかし、ESLクラスでは文法的な誤りに対して徹底してフィードバックされ、それは彼女自身が望んだ文法についてのフィードバックではあったが、徐々に自信を失くし、教師のフィードバックに従い忠実に推敲しながらも、作文に対しての情熱を失ってしまった。

励ますようなコメントを欲する者、褒めるようなコメントに対しては懐疑心を抱き、欠点を指摘するコメントだけを欲する者と、学習者によって「役に立つ」とするコメントが異なることを Hyland は指摘している。また、作文そのものに対する意識が、教師からのコメントを取り入れることや、推敲の成否に影響していることがわかる。この Hyland の調査は、推敲に対する問題意識が異なると、フィードバックが利用されないという可能性を示唆している。また、特に文法など、比較的 well-defined な誤りで、その対処法まで明確に示されている場合は、学習者はその理由がわからなくてもフィードバックに従って推敲を行う場合があり、理解の伴わない推敲がみられることも示している。

推敲活動を促す補助である PF の使用に関して、Cumming and So（1996）を先に紹介したが、ここでは教師フィードバックという点から、再び Cumming らの研究を取り上げる。教師と学習者が一対一で指導を行う tutoring でのやりとりについて、Cumming らは調べている。彼らは tutoring と conferencing の違いについて、tutoring は学習者と教師は別段面識があるわけでなく、北米の大学によくみられるようなライティング指導センターなどで一度会って指導を受けるといったもので、それに対して con-

第3節　フィードバック

ferencing は教師と学習者が授業で長期の関係を築いており、その中で定期的に指導されるものであるとしている。

さて、Cumming らは日本語、広東語、北京語を母語とする、それぞれ8名、6名、6名の計20名の ESL 学習者を対象に、チューターとの一対一の推敲指導でのやりとりを分析している。チューターは英語あるいは学習者と同じ言語を母語とする7名の大学院生と1名の教授である。学習者はあらかじめ書いておいた作文をチューターのところに持ち込み、指導を受ける。指導内容は文法を訂正するというもの（以下、GC）を1回、5種類の PF プロンプトを利用して行うもの（以下、PF）を3回実施した。5種類の PF プロンプトとは Word（表現が適当か？）、Rules（文法やスペリングは正しいか？）、Fit（他の部分と整合性があるか？）、Goals（読み手に理解されるか？）、L1/L2（母語で何というか、英語で通じるか？）といったものである。またセッションは英語と各学習者の母語で行われた。したがって、指導はその形態（GC・PF）×指導言語（英語・母語）の組み合わせで計4回行われた。セッションでのやりとりの分析は、(a)問題発見、(b)問題についての話し合い、(c)問題解決が、それぞれチューター、学習者、いずれの主導で行われたかという視点で行われている。

その結果、GC においても、PF においても、またいずれの使用言語においても、すべてのやりとりのパタンはほとんど同じであった。つまり、問題発見については、68％から75％、話し合いは55％から65％、そして解決については55％から70％がチューター主導で行われたという結果であった。

また PF 使用の割合についても、それぞれの割合はほぼ等しく、使用言語が英語の場合と母語の場合では、Word がそれぞれ35％、29％、Rule が43％、41％、Goal が10％、11％、Fit が8％、8％、そして L1/L2 が5％、9％であった。やりとりを詳しくみてみると、対話を通じて学習者から問題解決的行動を引き出そうとするチューターと、簡単に答えを与えてしまうチューターが存在し、チューターによってかなり指導に差があることがわかった。また Cumming らは他の先行研究結果と比較し、PF を使用した

場合には、GoalsとFit、つまりglobalな誤りを扱う割合が若干増えていることを報告している。ただ、Cummingらの研究は、フィードバックがどれほど書き手に受け入れられたか、またどのようにプロダクトが向上したかという点については分析を行っていない。

　Fathman and Whalley（1990）は、主にアジア、ヒスパニック系のESL大学生72名を対象に、教師フィードバックの効果を調査している。まず、8枚の絵からなるストーリーを英語で書かせ、数日後に、教師からのコメントをつけて返却し、書き直すよう求めた。被験者は4つのグループに分けられ、グループ1はまったくフィードバックを与えられず、単に書き直しをする者、グループ2は文法フィードバックだけを与えられる者、グループ3は内容に関するフィードバックだけを与えられる者、グループ4は文法、内容の両方にわたってフィードバックを与えられる者というようになっていた。文法に関するフィードバックでは、誤りのある箇所は教えられるが、どういった誤りであるかという情報や、また正しい形は与えられない。また、内容に関するフィードバックは、実際の文章に則した具体的なものではなく、作文の上に"Good description."といった評価に関するものや、"Add details."といった一般的な指示を与えられるというものであった。

　これらのフィードバックに基づいて書き直された作文を2名の評価者がESL Composition Profile（Jacobs et al. 1981）に従って採点した。その結果、内容についてグループごとにみると、まったくフィードバックのなかったグループも含め、いずれのグループも向上していた。また、被験者ごとに詳細にみると、文法フィードバックを与えられたグループは、全員が文法において向上していたが、内容フィードバックを与えられたグループでは、全員が向上していたわけではなかった。これらの結果からFathmanらは、内容については、フィードバック効果というよりは書き直しによる向上であり、文法についてのみフィードバック効果があったとしている。

　Saito（1994）は3名のベテランESL教師とESLライティングコースに所属する39名の大学生を対象に、教師が与えるフィードバックのタイプ、

第3節　フィードバック

学生が求めるフィードバック、フィードバックに対する学生の反応について調査している。

　Saito は、各教師のクラスで書かれた複数の作文と、それに対する教師のフィードバックを回収して分析するとともに、コース終了時に学生にアンケートを実施し、教師のフィードバックやそれぞれの作文授業に対する印象を分析した。その結果、内容や構成に焦点を当てたフィードバックを与える教師や、表面的な誤りに訂正を与える教師など、フィードバックは教師によって異なっていた。また、学生が求めるフィードバックについては、教師からのコメントや、教師との話し合いについては評価が高かったが、それぞれの教師が授業に導入しているピア・フィードバックについては否定的な評価であった。さらに、フィードバックに対する学生の反応も、それぞれの教師の態度によって異なり、修正個所について単に記憶にとどめるだけで、あえて修正しない学生もかなり見受けられたのである。

　Ashwell（2000）は教師からのフィードバックの順序効果について調べている。学習者の作文に対して、まず内容に関するフィードバックを与えてから、つぎに文法など形式に関するフィードバックを与えるべきであると、プロセスライティングでは一般的に信じられているが、その効果を実際に検証したものはみられないことを Ashwell は指摘し、順序を変えてフィードバックを与える実験を行っている。

　対象となったのは、日本人大学生50名で Ashwell 自身が教えるライティングクラスの学生である。学生達は4グループに分けられ、内容フィードバック、形式フィードバックの順に与えられるグループ、逆に形式、内容と与えられるグループ、内容と形式の両方含んだものを2回与えられるグループ、そして統制群としてフィードバックを与えられないグループの4つが設定された。形式に対するフィードバックは、主として誤り箇所に下線を引いて知らせるというものであったが、複雑な場合は書き換え例などを示している。内容に対するフィードバックは、作文の余白に書き込むタイプと最後に書き込むタイプとがあった。

　その結果、形式についてはフィードバックを与えられた3グループが有

意に向上しており、その3グループ間には差はみられなかった。しかし、内容フィードバックについては、いずれのグループにも差はみられず、フィードバックをまったく与えられなかったグループも同程度の向上をみせた。

　Ashwell は、内容フィードバックに学生がどのように対応したかについて、フィードバックに基づく推敲版の変化から調べている。その結果、与えられた内容フィードバックの70％程度が対応されており、決して無視されたわけではなかったが、フィードバックに頼らず学生自身で行った意味的推敲も多くみられた。これらの結果から、Ashwell はフィードバックを与える順序には意味がないこと、形式フィードバックは効果があるが、内容についてはフィードバックの有無にかかわらず、書き直すことによって向上することを結論としている。

　さて、これまで教師フィードバックによる効果やフィードバックに対する学習者の反応をみてきた。しかし、フィードバックの成否以前に、教師からのコメントそのものが理解できなかったとする研究もいくつかみられる。

　Cohen（1991）はサンパウロの大学で、作文を EFL として教える教師と、L1であるポルトガル語で教える教師のそれぞれのクラスから、上級、中級、初級レベルの大学生3名ずつを選び、教師の与えるフィードバックと学生の反応を調査している。

　EFL 教師は内容や構成に焦点を当てコメントしているが、文章に問題があることは示唆しても、具体的にどういった問題かを教えたり、また正しい修正を与えたりはあまりしていなかった。一方、L1教師は語彙と構成に焦点を当てており、問題の存在やまたその原因は頻繁に示唆したが、正解を与えるということは決してしなかった。そして、EFL の3名の学生は、彼らの教師からのコメントのうち、平均で約50％もその意味が理解できず、具体的にどのように対処すべきかわからなかったコメントも約50％あった。また、L1においても理解できないコメントが平均で50％、対処法がわからないコメントもやはり約50％もみうけられた。また、これら

第3節　フィードバック

調査対象とした6名が所属するEFLクラスの13名、L1クラスの19名に、教師フィードバックに対する対応についてアンケートを行ったところ、いずれのクラスにおいても半数以上の者が教師フィードバックに対してなんら対応しないと答えたのである。

Ferris（1995）は、カリフォルニア州立大学サクラメント校において、155人の移民ESL学習者を対象に、作文教師からのフィードバックについてアンケート調査をしている。彼らが受講する作文コースの教育方針は、早い段階の作文については、内容や構成についてコメントし、文法的なコメントは最終稿に与えて、何度も書き直しをさせるというものであった。これらのクラスにアンケートを実施した結果、学生は最終稿よりも、早い段階の原稿に施されたコメントに対してより注意を払うこと、またいずれの段階の原稿においても、教師は文法、構成、内容、機械的な誤りの順にフィードバックしていると学生達は捉えており、学生達自身の注意も文法、構成の順に多く払われているということであった。また、早い段階での教師からのフィードバックに対しては、学生は教師に質問したり、文法書を開いたりして、なんらかの対応をしようと努力するが、半数以上の者が教師からのコメントを理解できなかった場合があったことも報告している。

3.2　ピア・フィードバック

Chaudron（1984）は、ピア・フィードバックの有効性をつぎのようにまとめている。1）教師の時間が節約され、より重要な指導に向けることができるようになる、2）教師や上級者からのフィードバックに較べて、学習者のレベルと興味により合致しており有効である、3）多くのピア・フィードバックは、教師一人のフィードバックよりも、より読み手意識を身につけさせることができる、4）書くことに対する学習者の態度が、協力的なピアによって強化される、5）他人の原稿を批判的に読むことによって、書くことや推敲について深く学習することができる。

1）にあるように、作文クラスにおいてピア・フィードバックを利用す

る現実的な理由は、その経済性である。一人の教師が作文クラス全体に、常時コメントを与え続けることは大変な作業である。読み手としてのフィードバックを学習者同士にさせることによって、教師の作業量が軽減され、教師でなければできない指導に時間を割くことができる。2）の意味は、同じレベルの学習者同士からの指摘のほうが、教師からのコメントよりも、より切実に響き影響力があるということである。3）は、評価者とみなされがちな教師よりも、学習者同士のほうがより純粋な読み手として認識され、結果として読み手意識をもたせることができるということであり、4）は、他の学習者から作文を誉められたり、刺激を受けたりすることによって、書くことにより興味をもつことにつながるということを述べている。最後に5）は、同レベルの者の作文を読むことによって、自身も同じような間違いをしているのではないか、またどういうように直せばよいかなど、自分自身の書いたものを客観的にみることができるようになるということである。

　ピア・フィードバックにも、書き上がった作文にコメントを与え合う形や、また2名以上のグループでお互いに読み手と書き手を交代しコメントする形式など、その方法にいくつかバリエーションがある。しかし、前項の教師フィードバックの場合と同様、それぞれに分類してみていくほど先行研究が豊富ではなく、また複数の形式が利用されている場合が多いので、フィードバックの形式や環境については、それぞれの先行研究を概観する際に触れるにとどめる。

　さて、Stanley（1992）はピア・フィードバックの欠点は、学習者同士がお互いに効果的なコミュニケーションをもてないことであるとし、ピア・フィードバックの方法に関してコーチングを行った上で、フィードバックの変化及びフィードバック後のプロダクトを分析している。

　被験者はハワイ大学1年生作文コース受講者で、TOEFL平均スコアは実験群、統制群それぞれ550点程度であり、合衆国居住平均年数はそれぞれ5.2年と5.8年、年齢は18才から22才からで、主にアジアからの留学生で構成されていた。

第3節　フィードバック

　ピア・フィードバックのコーチングについては、15週間にわたる作文コース中の最初の4週間において、約7時間がそれにあてられた。コーチングは、エッセイのジャンルに親しませることと、効果的なコメントを与えられるようにすることの二つの目的をもって行われた。学生達は、この作文コースの前履修者の書いたエッセイの第1原稿から最終原稿までを見ながら、論理的飛躍のあるところや、意味の不明確なところを指摘する訓練を受け、最終原稿では書き手の推敲の跡をみつけるよう求められた。さらに、文章中の誤りに対する気づきをどのように伝えるかについても、ロールプレイを用いた訓練を受けた。一方、比較対照のための統制群はピア・フィードバックのコーチングを受けなかった。

　フィードバック方法は、実験群、統制群ともに書き上げられたプロダクトに対して、複数の読み手が書き手にコメントを与えるというものであった。Stanley は評価者、つまり読み手のコメントを次の7つにコード化している。

- Pointing： 意味の不明確なところを指摘すること。
- Advising： 推敲する方法（例「具体例を挙げる」）をアドバイスすること。
- Collaborating： Advising 以上のもので、具体的に文章をお互いに作りあうこと。
- Announcing： 意味の確認や、感想（例「結論がない」）を述べること。
- Reacting： 一般的な評価（例「良い」、「悪い」）を行うこと。
- Eliciting： 書き手や他の読み手から、言いたいことやコメントを引き出すこと。
- Questioning： 書き手に意味などを質問すること。

　さらに、書き手のコメントも次の4つに分類された。

- Responding： 評価者に答えること。
- Eliciting： 評価者に具体的アドバイスを求めること。
- Announcing： 書き手が自分の作文の意図を伝えること。

Clarifying： 評価者の理解を促進するために、詳しく説明すること。

　これらのコードを使って、コーチングを受けた者と受けていない者のコメントを分析した結果、読み手としても、書き手としても、すべてのコードにおいて、コーチングを受けた学生のほうが多くのコメントをしていた。また各コメントをタイプでみると、コーチングを受けていない学生は、reacting がかなり多く、単に「良い」とか「悪い」とだけ述べる率が高いということがわかった。
　また、与えられたコメントが、書き手の推敲に取り入れられたかどうかをみたところ、コーチングを受けた学生のコメントがより多く受け入れられていることが明らかになった。タイプ別には、Pointing、Advising、Collaborating、Questioning の順で、より書き手に取り入れられるコメントとなっていた。それに対して、コーチングを受けていない者は、タイプ別では、Pointing、Collaborating、Advising、Reacting という順で書き手に受け入れられていたものの、その数は圧倒的に少なかった。Stanley は、こういったピア・フィードバックの効果を生み出すには、事前訓練に相当な時間をかける必要があることを指摘している。
　つぎに Mangelsdorf and Schlumberger（1992）をみてみる。彼らの目的は、他者の作文を推敲する際に、読み手がとるスタンスを調べること、そのスタンスと作文力との関係を明らかにすること、そしてそのスタンスと作文推敲に対する認識との関係を探ることの3つであった。調査の対象者となったのは、アリゾナ大学の留学生1年生作文コースに属する29カ国から来ている60名である。
　彼らは、以前このコースに所属していた学生が書いた作文を与えられ、推敲のためのアドバイスを手紙形式で書くように求められた。また自宅課題として、他人の作文をどのように評価したか自己分析するように指示された。まず、Mangelsdorf らは読み手がとるスタンスとそのコメントについて、つぎのような分析コードを作った。
　スタンスについては、Interpretive（読み手が自分の解釈を押しつけたり、

あるいはそれに基づいて書き直したりすること)、Prescriptive（形式的な規範を押しつけること、意味より形式を重視し、どちらかと言えばあら探しをするようなことで、また気づいた順にコメントする直線的な処理が特徴)、Collaborative（書き手の立場に立って意図を表すことを助けること）の３つである。

　つぎに内容に関するコメントについては、No comment（内容に関してなんらコメントがないこと)、Generic comment（内容に関するコメントがあっても直接テキストへの言及がないこと)、Critical evaluation（コメントが評価的であること)、Critical evaluation with suggestions（評価的コメントとほぼ同数の提案コメントがあること)、そして最後に Critical evaluation with extended suggestions（評価的コメント以上の数の提案コメントがあること）の５つである。さらに、構成などに関してコメントがあったか否かという点についても分析を行っている。

　これらのコードを使って、書き手宛てに推敲をアドバイスした手紙を分析した結果、一つの手紙に様々なスタンスが混在するが、60の推敲手紙文のうち、Prescriptiveが45％と最も支配的なスタンスであった。内容コメントについての内訳は Critical evaluation with suggestions が40％、Generic comment が22％、Critical evaluation が22％、そしてその他となった。また、書き手の目的などを含む作文全体のテーマについて、約半分の52％が言及しており、構成に関するコメントでは67％が言及、また語法に関する言及は81％となっていた。

　60レター中、次に多かったスタンスは Collaborative で、32％みられた。内容コメントについては、その19レターのうち、Critical evaluation with suggestions が79％を占めていた。またテーマに関しては、19レター中、約95％が言及しており、構成に関しては74％が言及、語法に関しては68％の言及となっていた。

　最も少なかったのが、Interpretiveなスタンスで、全60レター中、23％であった。内容コメントはそのうち、Critical evaluation with extended suggestions が50％、Critical evaluation with suggestions が36％であり、テーマに関しては14レター中、約79％が言及しており、構成に関しては14％が

第3章 推敲活動を促す補助とフィードバック

言及、語法に関する言及は29％となっていた。

さらに、それぞれのスタンスをとった者と、そのコースでの成績の関係をみてみると、Collaborative スタンスをとった者は、Interpretive スタンスの者や Prescriptive スタンスの者より成績がよく、特に Interpretive スタンスの者に対しては有意に成績が良かったことがわかった。

ただし、つけ加えると、実際の書き手にこれらの手紙が渡されたわけではなく、書き手がこれらのフィードバックをどのように捉えるかについては調査されていない。

これらの結果から、多くの者が、問題の気づき程度の浅いレベルにとどまる Prescriptive スタンスをとる一方で、作文力のある者は、一歩踏み込み、単なる作文の評価だけでなく、具体的な修正方法にまで言及するコメントを多くし、しかも、作文の目的や構成といった global な視点のコメントをすることがわかった。つまり、コメントのタイプは読み手のレベルに大きく左右されることが明らかになったのである。

また、Nelson and Murphy（1993）は、10週間の中級 ESL ライティング・コースを履修するチリ、コロンビア、ペルー、台湾からの4名の大学生を対象に、ピア・フィードバックの効果を調査している。このライティング・コースでは、次のような指導手順がとられた。まず、学生は自分の作文のコピーをグループになった者に渡し、次に「書き手の目的はなにか？」といったガイドに従い、他の学生の作文にコメントを書く。このとき、教師も同じように学生の作文にコメントを書くが、教師は主に文法、スペリング、句読法に注意し、学生同士ではこういったものにはコメントしないように指導される。この後、ピア・フィードバック・セッションを行い、学生は各自、自分のコメントを相手に説明し、それぞれがもらったコメントをもとに作文を書き直す。調査対象となったデータは、上記4名の6週間に渡る初稿、最終稿、そしてピア・フィードバック・セッションの記録テープである。

まず、記録テープで示されたやりとりに基づいた修正が、推敲版にみられるかどうかについて5段階で評価を行い、その後、ピアからのコメント

第3節 フィードバック

がより採用された作文とそうでない作文の違いについて、ピア間のやりとりがどのように異なるかを調べた。その結果、ピアからのコメントを採用するかどうかについては、被験者間でも被験者内でもばらつきがあり、明確な傾向は見出せなかった。一方で、より受け入れられたコメントの場合は、ピアとのやりとりが協力的であり、受け入れられなかったものはあまりやりとりがなく、どちらかと言えば、書き手が防衛的なスタンスをとっている場合が多いという傾向が伺えた。

さて、ピア・フィードバック方法についての訓練が、学習者の推敲にどのように影響するかをみたのが Berg (1999) である。被験者は、米国東海岸の大学で11週間程度にわたって行われた英語集中コースの受講生46名で、いずれの被験者も米国滞在が3ヶ月未満であり、ピア・フィードバックの経験はなかった。レベルによって上位クラスと下位クラスに分けられており、上位クラスは TOEFL で約425点程度の者、下位クラスは約375点程度の者であった。データは最初の作文課題において収集された。まず下位群が個人的な思い出について1パラグラフ程度の作文、上位群が自分の意見を述べる短いエッセイを書き、それに対してペアになった学生が口頭でフィードバックを与え、第2稿を書き上げるというものである。

ピア・フィードバックに対する訓練は相当に詳細なものであった。学生達は、フィードバックにおける質問の仕方や、具体的な指摘の仕方、そして表面的なことよりも意味レベルに関する指摘をすることなど、単に問題点を指摘するだけでなく、できるだけ具体的に対処法を話し合うことを訓練された。それに対して、訓練を受けないクラスはピア・フィードバックの意義などの説明を受けただけであった。

推敲の分析には Faigley and Witte (1981) の分類、質の向上の分析には ETS (Educational Testing Service) の TWE (Test of Written English) スコアリング・システムが用いられた。その結果、ピア・フィードバックについて訓練を受けた学生が、有意に意味レベルの推敲数および作文の質において優っていた。つまり、上位群、下位群にかかわらず訓練を受けた者がより多くの意味レベルの推敲を行い、そして質的にも作文を向上させていたの

である。

　Villamil and Guerrero（1998）は、物語文や説得文といった修辞的に異なるタイプの文章において、ピア・フィードバックの利用がどのように異なるかを調査している。プエルトリコの大学において ESL ライティングコースを履修する、スペイン語母語話者14名を被験者として、4週間に渡って授業内で推敲全般やピア・フィードバックに対するモデリングを与えた上で、ペアになった者のうち、より修正が必要な作文を対象として共同で推敲を行わせた。

　推敲中のやりとりに関する記録、推敲前の第1稿、推敲後の第2稿を調べた結果、物語文と説得文のいずれにおいても、平均で74％ものピアからのアドバイスが推敲版に取り入れられており、推敲版における修正の55％を占めていた。一方で、文章タイプの違いによって推敲される対象が異なっており、物語文では文法（31％）、内容（27％）、語彙（24％）、機械的な誤り（15％）、構成（3％）となっていたのに対し、説得文では文法（38％）、語彙（22％）、機械的な誤り（18％）、内容（17％）、構成（5％）となっていた。これらの結果から、Villamil らはピア・フィードバックでのやりとりの多くが受け手に採用されること、物語文では特に文法や内容に、説得文では文法に注意が向けられること、またいずれにおいても文法が最も注意を向けられ、構成はあまり意識されないことを結論としている。

　ピア・フィードバックにおけるやりとりに焦点を当て、いかに Vygotsky の言う zone of proximal development（Vygotsky 1978）での知識の橋渡しがみられるかを検証しているものに、Guerrero and Villamil（2000）がある。大学 ESL ライティング・コースに籍を置く2名のスペイン語母語話者を対象に、クラス内で書かせた作文をもとに共同で推敲を行わせている。2名が書いた作文のうち、より修正を必要とするものを推敲の題材とし、その間のやりとりを書き起こしたものを詳細に分析している。

　その結果、多くの推敲エピソードにおいて、読み手から書き手への一方的な知識の流れが見られたが、徐々に書き手が自身の意見を示したり、共同で判断を行ったりする様子も伺えた。しかし、推敲エピソードの起こっ

た16回のうち、すべてが語法や句読法の修正などであり、より複雑なマクロレベルでの推敲はみられず、また、誤ったアドバイスを受け入れるなど、ピア・フィードバックを原因とした退行現象がみられる場合もあったことを報告している。

3.3 教師からのフィードバックとピアフィードバックの比較

つぎに、教師フィードバックとピア・フィードバックを比較した研究をみていく。Chaudron（1984）は ESL 大学生31名を対象に、教師とピアからのフィードバック効果を比較している。教師からのフィードバックは、学生の書いた作文について、文法や構成などの点で問題のある箇所にコメントを書き込むというものであった。ただし、正解やモデルは与えない。一方、ピア・フィードバックは、一連の簡単な質問項目に従って文法的な誤りに印をつけ、作文の良い点、悪い点について短いエッセイを書くというものであった。初稿、推敲版のすべての作文がシャッフルされ、2名の教師が ESL Composition Profile（Jacobs et al. 1981）に従って採点を行った。その結果、教師フィードバック、ピア・フィードバックのいずれにおいても、初稿と推敲版の間に向上はみられず、教師とピア・フィードバックの間にも差はなかった。そしてその原因として Chaudron は、推敲版の向上については個人差が大きく見られたことを指摘している。

つぎに Hedgcock and Lefkowitz（1992）をみてみよう。彼らの研究目的は、1）教師からのフィードバックを受けた学習者よりも、ピア・フィードバックを受けた学習者のほうが、より一貫性があり、文法的に誤りのない作文を書くか、2）ピア・フィードバック・グループは、表面的誤りを訂正することができるか、ということを調べることであった。被験者はミシガン州立大学の30名の英語母語話者で、フランス語強化コースに在籍する学生達であった。

統制群、実験群ともに2つのエッセイを書き、実験群は3名ずつのグループに分けられ、それぞれの作文コピーを手に持ち、自分の作文を声に出し

て読む。2回セッションがあり、最初は内容や構成に対してフィードバックし、2回目は機械的な面に注意してフィードバックを行う。一方、統制群は教師からフィードバックを与えられる。こうして推敲された2つのエッセイの最終稿を4名の教師が評価した。

エッセイ1と2を併せたものを実験群と統制群で比較した結果、すべての点で両者の間に差がなかった。しかし、エッセイ2の得点からエッセイ1の得点を引き、その間の伸びを比較すると、全体では差はないものの、内容、構成、語彙の点で実験群が有意に上回り、文法の点で統制群が有意に上回っていた。つまり、内容や構成などの global な問題に関する推敲については、ピア・フィードバックが有効であり、文法など local なものについては教師フィードバックに効果がみられたということであった。

ドイツの大学で英語ライティング・コースに在籍する中級から上級学習者を対象に、Caulk（1994）は教師が与えるコメントとピアが与えるコメントを比較している。28個の作文において、どれほどのピア・コメントが教師の目からみて有効であるか、またどれほどのピア・コメントが教師からのものと重なっているかといった観点から分析を行っている。

その結果、89％ものピア・コメントが有効と判断され、また60％は教師が言及しなかったものであったものの、3名のクラスメートからコメントされた作文においても、教師のコメントの40％しかカバーしておらず、ピア・コメントは教師コメントに取って代わることはできないことを報告している。

つぎに Paulus（1999）をみてみる。被験者はアメリカの大学の初級作文コースに在籍する1年生から3年生の ESL 学習者11名であり、そのうち7名が日本人学習者であった。事前にフィードバック方法について指導を受けた上で、学生はまず作文を書き、それに対してペアになった者がフィードバック用紙にコメントを書き、それを基にしてお互いの作文についてディスカッションを行った。ディスカッションの後、学生は第2稿を書き上げ、それを教師に提出する。それに対して、教師は直接原稿にコメントを書き込むか、長い場合はタイプしてコメントを与え、学生はそのコメン

第3節　フィードバック

トに基づき、第3稿を仕上げるというものであった。分析は書かれたコメントやプロダクトだけでなく、クラスメートからのフィードバックに基づいて第2稿を書いているときと、教師からのフィードバックに基づいて第3稿を仕上げているときのプロトコルも分析の対象とされた。

　その結果、第2稿にはクラスメートからのフィードバックを取り入れたものが多く、第3稿には教師からのフィードバックを取り入れて推敲した部分が多くみられた。しかし、全体でみると意味レベルの推敲については、教師からのコメントに基づいたものが多かった。表面的な推敲については、教師からでもクラスメートからでもない、自分自身の判断で推敲したものが多く見られた。より具体的に述べると、推敲全体では教師からのフィードバックに基づくものが34.3%、クラスメートからのフィードバックに基づくものが13.9%、そして自分自身で推敲したものが51.8%であった。そして意味レベルについて言えば、教師からのフィードバックに基づくものが、クラスメートからのものの倍以上を占めたのである。これらの結果について Paulus は、学習者同士のフィードバックも教師からのフィードバックも同様に効果があると結論づけている。

　しかし、教師のフィードバックは第2稿に対して行われたもので、すでにクラスメートからのフィードバックに基づいて推敲済みの原稿であった。それにもかかわらず、より多くの推敲を教師からのフィードバックに基づいて学生が行ったということから、教師のフィードバックを考慮する度合いが大きいことがわかる。もし、実験手順において、教師からのフィードバックを学生同士のそれより先に与えていたとすれば、クラスメートからのフィードバックに基づく推敲がかなり減っていたことが推測される。

　さて、ピア・フィードバックと教師フィードバックのコメント採用率を比較したのが、Connor and Asenavage（1994）である。被験者は大学の ESL 1年生作文クラスに所属する8名の学習者で、それぞれ4名ずつのグループに分けられた。フィードバックについては、教師のモデリングに続いて練習が行われ、また "peer review sheet" に基づいてフィードバックすることが求められた。このシートはそれほど詳細なものではなく、どう

いった点に注意して作文をみるべきかについてのリストであった。

　手順は、一人が声を出して作文を読み、他の学生が口頭でコメントするというものである。まず、このセッションに1時間ほどかける。そして書き直して再び他の者にアドバイスを求めるが、これには20分程度かける。それに加えて教師がコメントを与え、最終稿を書き上げるというものである。

　これらのフィードバックの結果、第2稿ではピア・フィードバックは4％から12％しか利用されておらず、残りは自分自身によるものか、あるいはライティング・センターのチューターなどからのフィードバックに基づくものであった。最終稿でもピア・フィードバックの採用率は1％から6％であったが、教師コメントの採用率は57％から64％であった。ただし、教師コメントに基づいた推敲はほとんどlocalレベルのものであった。全体でみると5％がピア・フィードバック、35％が教師コメント、60％が学生自身やライティング・センターのチューターからのコメントによるものであった。Connorたちの結果は、ピア・フィードバックはそれほど推敲にインパクトを与えておらず、また教師コメントもlocalな問題に限って採用されているというものであった。このように、Connorたちは調査中、被験者がライティング・センターで指導を受けることを統制しておらず、結果的に学生自身やライティング・センターでの指導に基づく推敲が多くなっていた。

　次にTsui and Ng（2000）をみてみる。対象は英語を教育言語としている香港の高校2、3年生27名である。まず、生徒が書いたものにピア・フィードバックが与えられた。ピア・フィードバックは、コメント用紙に書いたものを基にして、3名から4名のグループ・ディスカッションを行うというものである。その後、書き直された第2稿に対して、教師が特に内容や構成に焦点を当てフィードバックを行う。書き直された第3稿に再び教師が、今度は文法を中心にフィードバックを与え、生徒はそれを基に最終稿を書き上げる。

　結果の分析は、教師やピアからのフィードバックについて訊ねるアン

第3節　フィードバック

ケートと、コメントの取り入れ方が異なった6名に対するインタビューによって行われており、推敲版の評価などはなされていない。アンケートの結果からは、教師コメントのほうがクラスメートからのそれよりも役に立つ、またクラスメートの書いた作文を読むことのほうが、彼らからのコメントをもらうことよりも役に立つと生徒が考えていることがわかった。そして、いずれからのコメントを推敲により利用したかという問いについては、クラスメートからのものよりも、教師からのものを多く利用したとして、その間には有意差がみられた。

　また、教師、クラスメートの両方からのコメントを多く取り入れた2名、教師コメントを多く取り入れた2名、いずれからのものもあまり利用しなかった2名の計6名に対してインタビューを行っている。その結果、両方のコメントを活かした者は、教師コメントに対しては信頼性があるとし、ピア・フィードバックについては読み手意識を与えてくれ、お互いに学ぶことができると考えていた。そして、クラスメートとのグループ・ディスカッションのおかげで、お互いにわかりにくいコメントの意味を話し合うことができ、具体的なアドバイスとすることができたとしている。一方、教師コメントだけを取り入れ、ピア・コメントをあまり重視しなかった者は、教師のコメントは信頼できるが、クラスメートからのものは、問題を発見するには役立つが、それ以上の推敲にはあまり助けにならないと考えていた。そして、教師、クラスメートのいずれからのコメントも重視しなかった者たちは、そもそも他の生徒からのコメントを信頼していなかった。彼らはクラスメートからのコメントは具体的でなく、「もう少し発展させるように」というコメントをもらっても、具体的にどの箇所をどのように発展させるべきか理解できないので役に立たないとしていた。それに対して、教師からのコメントは、具体的に発展させる箇所を指摘し、しかも問題の性質を明らかにしてくれるという点で役に立つが、自分自身が同意できるコメントのみ取り入れるようにしていたのである。

　さて、ピア・フィードバックがいかに読み手意識をもたせるのに有効であるとしても、そもそも受け手の側にアドバイスを聞く態度や、それから

学ぶ態度がなければ、いかなるフィードバックも実を結ばないことは自明である。ESL の学習者がピア・フィードバックをどのように捉えているのかを調べた Zhang（1995）をみてみよう。

Zhang の調査目的は、ESL の生徒が、ピア・フィードバック、教師からのフィードバック、そして自分自身による推敲のいずれを好むかを検証することであった。Ｌ１ライティングでは、ピア・フィードバックが好ましいと思われており（Chaudron 1984）、それが検証もされずに ESL の環境にも当てはまると考えられているということが、Zhang の研究動機であった。

アンケート回答者はアメリカの私立のカレッジと州立大学に所属している81名の ESL 学習者である。アンケートに先だって、まず4名の ESL 教師から、通常行っているライティング授業について聞き取り調査を行った。それによると、教師のフィードバックは、誤りを指摘したり、選択的に誤りを訂正したり、またアイデアの発展や構成のための刺激を与えるというものであった。そしてピア・フィードバックについては、チェックリストを与え、それに従って行うよう指示していた。そして、学生自身による推敲は授業外に行われており、ほとんど観察されていなかった。

さて、これらの学生達に対して、1）最終稿を書く前のフィードバックとして、教師からのフィードバックとピア・フィードバック、あるいは自分自身の推敲のいずれを好むか、2）ピア・フィードバックと自身の推敲ではどちらを好むかについてアンケートを行った。

その結果、質問1）については94％の学生が教師からのフィードバックを好み、質問2）に対しては、61％がピア・フィードバック、そして35％が自分自身での推敲を選んだ。しかし、ピア・フィードバックと自身による推敲との違いは有意ではなかった。また、この結果は学生の性別、民族性、学力差、そして英語圏での滞在期間にまったく関係がなかった。Zhang はこの調査から、Ｌ１の場合と ESL の場合とでは、フィードバックの受け手の好みに違いがあるということが明らかになったとしている。

さて、Zhang の調査ではフィードバックの好みと民族性との間に関係はみられなかったが、文化の違いによって、フィードバックに対する意識に

第3節　フィードバック

差がみられるという指摘もある。Carson and Nelson（1996）は中国人学生が、ラテン系の学生と比較して、ピア・フィードバックに対して、いかに反応が異なるかを報告している。Carsonらは6週間にわたってピア・フィードバック・グループをビデオ記録し、そしてそのビデオをみせながら、グループのメンバーをインタビューしている。その結果、ラテン系の学生と比較して、中国人学生は書き手を傷つけることを恐れ、コメントをしない傾向があることがわかった。このように文化が違うことで、ピア・フィードバックもかなり異なったものとなることがわかったのである。

第4節　フィードバック研究における問題の所在

　第3節において、L2でのフィードバック研究のうち、本研究に関連したものを概観した。このように先行研究結果をみてみると、教師やピアからのフィードバックの効果というものが明確にはみえてこない。フィードバックはある場合は推敲に利用され（Ferris 1997; Hyland 1998; Stanley 1992; Paulus 1999; etc.）、ある場合は受け入れられなかった（Cohen 1991; Ferris 1995; etc.）。また、推敲後のプロダクトについても、ある場合は向上し（Berg 1999; Hedgcock and Lefkowitz 1992; etc.）、ある場合はまったく変化がないという報告がなされていた（Chaudron 1984; Fathman and Whalley 1990; etc.）。このように結果がまったく一定しておらず、フィードバック効果というものが明確ではない。

　本節では、これらの先行研究について、データ収集方法やフィードバックの具体性という二つの観点から再検討する。そして、その検討結果を、推敲過程モデルに照らし合わせ、先行研究の再解釈を行う。

4.1　先行研究のデータ収集方法と有効なフィードバックの傾向

　上で述べた先行研究をそのデータ収集方法からみてみると、ほとんどす

第3章　推敲活動を促す補助とフィードバック

べてがプロダクト主体、つまり書かれた作文から分析を行っており、推敲の過程、つまりプロセスに焦点を当てたものは皆無であることがわかる。例えば、Chaudron (1984)、Fathman and Whalley (1990)、Hedgcock and Lefkowitz (1992)、Berg (1999) は、初稿とフィードバック後の推敲版の違いを holistic な評価で分析しており、また、Stanley (1992) や Connor and Asenavage (1994)、Ferris (1997) は、フィードバック後の推敲版におけるコメント採用率からその効果をみている。また、Ashwell (2000) は初稿と推敲版の holistic な評価とコメントの採用率の両方から効果を測定している。つまり、これらの研究では、フィードバックの効果をその書かれた作文、つまりプロダクトの変化や質的向上からのみ調べており、フィードバックによる推敲プロセスの変化には言及していない。

一方、Conrad and Goldstein (1999) や Cumming and So (1996) は学習者と教師のやりとりを、Guerrero and Villamil (2000)、Nelson and Murphy (1993) は学習者同士のやりとりをみている。しかし、Conrad らの研究はわずかに3名の被験者、また Guerrero らはわずか2名1ペアのやりとり、Nelson らは4名のやりとりを対象としているだけであり、またこれらの研究は、学習者と教師の話し合いや学習者同士の話し合いに焦点を当てており、学習者個々の内的プロセスに焦点を当てたものではない。

唯一、例外的なものが Paulus (1999) で、プロダクトだけでなく、書き直し中のプロトコルも収集していた。しかし、プロトコルについては、それぞれの推敲が、教師やピアのコメントから引き起こされたものか、あるいは学習者自身が行ったものか、推敲のソースを確認することに利用しているだけで、推敲プロセスをみるためのものではなく、また被験者も11名とそれほど多くなかった。このように、フィードバック効果をみた研究は、ほとんどすべてがプロダクトに焦点を当てており、推敲プロセスをみているものは皆無であることがわかる。

つぎに、フィードバックの効果の点から先行研究をみてみる。フィードバックが学習者の推敲に有効であったという研究を詳しくみてみると、ある傾向が浮かび上がる。それは、コメントが「具体的」であればあるほど、

第4節　フィードバック研究における問題の所在

受け手に採用され、プロダクトの向上に結びつく傾向があるということである。逆に言えば、コメントが「具体的」でなければ、受け手に理解もされず、有効な推敲を引き起こさないということになる。詳細にみていこう。

　Tsui and Ng（2000）では、教師とピアからのコメントがどれほど利用されたかを調べているが、ピアからのコメントを利用しなかった生徒は、その理由として、アドバイスが具体的でなかったことを挙げている。「もう少し作文を発展させたほうがよい」というコメントをピアからもらった生徒は、具体的に文章のどこを発展させるべきか言及がなく、また教師のように問題点を明確にしてくれることもなかったと述べていた。Ferris（1995）では、半数程度の学生が、教師からのコメントが理解できないとしていたが、その最大の理由は、具体的な推敲例が挙げられていないということであった。また、Ferris（1997）において2割から3割程度みられた、なんら学習者の推敲につながらなかったフィードバック・タイプも、詳しく結果をみてみると、教師の側が作文をどのように理解したかといった、比較的漠然としたコメントが書き手に処理されなかったことがわかる。また、多くのコメントが理解されず、処理もされなかったCohen（1991）でも、EFL大学生にフィードバックを与えた教師は、文章中の問題の存在だけを指摘しており、英語を母語とする大学生にフィードバックを与えた教師も、問題の存在やまた原因等は教えるが、具体的な対処については言及しなかったということである。さらにフィードバック後の推敲版で向上がみられなかったChaudron（1984）では、詳細にみると、教師からのフィードバックも、学習者からのものもそれほど具体的ではなかったことがわかる。教師はフィードバックの中で正解やモデルは示さないようにしており、また学生はあらかじめ決められた、大まかな質問項目に従って原稿に印を入れたり、短いコメントを書いていた。さらにAshwell（2000）においても、フィードバックは文に即して余白に書き込むものよりも、作文の最後に与えるもののほうが圧倒的に多く、"This isn't very good!"といった漠然としたコメントが多くみられたのである。

　このように、フィードバック・コメントが書き手にそれほど採用されず、

第3章　推敲活動を促す補助とフィードバック

また質の向上もみられなかったとする研究の場合、コメントが「具体的」でなかったということが、その調査や実験方法から推測できる。

　反対にフィードバックが効果を挙げたという研究を検討してみよう。Conrad and Goldstein（1999）では、最終的には、処理する問題によって推敲の成否は分かれたとしているが、それでも、直接的なコメントや推敲方法まで指示したコメントのほうが、より効果的な推敲につながったことを報告している。ピアからのコメントの多くが採用されたとする Paulus（1999）でも、学生同士のフィードバックは、相当に内容の濃いものであった。一つにはディスカッションに先立ち、"Peer Review Form" という用紙に記入しておく必要があり、この用紙にはコメントをかなり具体的に書くことが求められていた。そしてそれに基づいてディスカッションを行うため、受け手がコメント用紙に書かれたフィードバックでわからない、あるいは納得できないものがあっても、ディスカッションで多くの場合解決できたのである。これほどの細やかなやりとりを交わしたあとでは、ピア・フィードバックが書き手の推敲に活かされるのも理解できる。Tsui and Ng（2000）においても、理解できなかったピア・フィードバックを、グループ・ディスカッションを通じて、より具体的なアドバイスにすることができ、推敲に役立てることができたと、調査に参加した生徒が報告している。この生徒は、もしこういったお互いのコメントについて話し合う機会がなければ、クラスメートは自分の作文を単に理解できなかったということだけで、具体的にどのように改善すべきかわからなかったであろうと述べていたのである。

　また、ピア・フィードバック群が意味レベルで向上したと報告している Hedgcock and Lefkowitz（1992）では、2回のピア・フィードバック・セッションにおいて、学習者はそれぞれフィードバック用のガイドラインを教師から渡されており、そのガイドラインに従って具体的にコメントするようになっていた。

　Hedgcock and Lefkowitz（1992）のように、事前にフィードバック方法等について詳細な指導を与えられると、フィードバック・コメントの採用率

109

第4節　フィードバック研究における問題の所在

が上がり、質が向上するという傾向が他の研究からも伺える。例えば、フィードバックの事前訓練の効果について調査した Stanley（1992）と Berg（1999）も、訓練を受けた学習者のピア・フィードバックは成功したことを同様に報告している。フィードバック方法についての事前訓練というのは、コメントすべき問題、その順序、そしてコメント方法などについて、教師のモデリングを通じて、また教師が用意したフィードバック・シートなどに基づいて練習を行うものである。そして、こういった事前訓練の共通点は、漠然としたコメントしか与えない学習者に、できるだけ文章に則した具体的なフィードバックを行うよう訓練を施すというものである。

このように、フィードバックによる効果がみられた研究や、教師やピアからのフィードバックが受け入れられたとする研究と、そうでなかった研究を詳細に検討してみると、コメントが「具体的」であれば書き手に受け入れられ、そして推敲後のプロダクトも向上するが、反対に「具体的」でなければ書き手に受け入れられず、何の反応も引き起こさないという傾向がみえてくるのである。

4.2　先行研究結果の再解釈

適切な推敲ができるためには、文章中の問題にまず気づくこと、そしてその原因について診断できること、さらに適切な対処法を考えられることの3つが有機的につながっている必要があることを、Hayes et al.（1987）の推敲過程モデルでみた。また、問題に気づく能力、診断できる能力、そして対処する能力の3つは、それぞれ別の能力であり、必ずしも一体で共起するわけではないことも、前章の skilled revisers と unskilled revisers の比較においてみた（Scardamalia and Bereiter 1983; 青木 1992）。

これらのことを考慮に入れ、「具体的」なフィードバックが受け入れられ、「具体的」でないものは受け入れられなかったという先行研究の意味を考えてみる。コメントが具体的ということには、二つの意味がある。一つは、コメントが実際の作文中の文章に言及しているか否かという点であ

第3章 推敲活動を促す補助とフィードバック

る。つまり、単に「具体例が足りない」といったコメントではなく、文中のどの箇所に対して具体例を足したほうが良いというように、コメントが本文に言及しているという意味で具体的ということである。

　二つ目は、文中の問題について、どれだけ詳しく踏み込んでコメントしているかという点である。ただ「文章のつながりが悪い」とコメントするだけではなく、なぜ悪いと感じるか、そして改善のためにはどうすれば良いかといった点にまで触れているかどうかということである。つまり、単に気づきをコメントするだけでなく、原因の診断にまで踏み込み、さらに対処法まで指示しているかという意味での具体性である。

　ここで述べたような「具体的」フィードバックを与えられた場合、書き手がフィードバックに沿った推敲を行うことは、「具体的」でないフィードバックをもらった場合と比較して圧倒的に容易である。逆に言えば、「具体的」なコメントを与えられた書き手にとっては、たとえその意図が理解できなくても、対処法さえ指示あるいは示唆されていれば、コメント通りの修正を行うことはある程度可能ということになる。たとえば、Hyland (1998) の6名のESL学習者は、すべてのフィードバックを理解していたわけではなかったが、それでも忠実に教師からのフィードバックに基づいて推敲を行っており、また Tsui and Ng (2000) でも、同様の傾向がみられた。

　「具体的」フィードバックを与えられた場合、そのコメントに従って推敲を行うことがどのように容易なのか、推敲過程モデルに基づいてもう少し検討してみよう。文章中の問題に対して、その場所を示し、なぜ問題があるのか、あるいはどのように修正すればよいかを指示した「具体的」なコメントを与えられた場合、学習者は推敲に必要な処理、つまり問題の発見、原因の診断、そして対応方法を考えることのほとんどすべてを免除され、あとはその対応を行うだけの英語力を有しているかどうかということになる。たとえば、ある箇所が余計で削除したほうがよいというコメントを与えられたとしよう。コメントの受け手にとって、主体的に判断することなく、そのアドバイスに従って該当箇所を削除することはいたって容易

111

第4節　フィードバック研究における問題の所在

である。あるいは、この箇所は例を出してもう少し具体的に述べたほうがよいというコメントを与えられた場合はどうであろうか。この場合も、問題の発見や診断、そして対処方法まではまったく受け手が処理する必要はない。ただ、必要な具体例を考え、それを英語で表現するというハードルだけが残る。

一方、「具体的」でないフィードバックを与えられた場合、たとえば「話の流れが悪い」といったコメントが与えられた場合、どの箇所が流れていないのかという問題の発見、そしてなぜそうなのかという問題の診断、そしてどのようにすればよいのかという対処方法、これらすべてについてコメントの受け手は処理しなければならない。また、たとえ問題のある箇所を示され、発見はできたとしても、さらに診断、対応に向けて理解を深めていく必要がある。しかし、青木（1992）でも示されていたように、問題を発見できることと、診断できること、また実際に対処できることは別の能力であり、発見できることが診断できることを保証しないし、また診断できることが対応できることも約束しない。

このように考えると、先行研究において「具体的」なフィードバックが、より書き手に受け入れられ、プロダクトが向上したということが、必ずしも書き手の推敲判断や推敲能力が向上したことを保証しないことがわかる。またコメントを与えられても、それにどう対処して良いかわからないとした者が多く存在するという事実は、「具体的」でない気づきレベルのコメントを与えられても、それに基づいて診断まで深め、自身で対処することのできない書き手が多く存在することも示唆する。

さらに「具体的」でないコメントを与えられた場合、そのフィードバック効果において個人差が大きかったという結果（Chaudron 1984）は、「具体的」でないコメントに基づいて適切な対応ができるか否かは、書き手がもともと有している推敲力や英語力と関係していることを推測させる。

以上、先行研究を「具体性」という鍵概念から、推敲過程モデルを通して再分析を行い、フィードバックが書き手の推敲能力や判断に対して本質

第3章　推敲活動を促す補助とフィードバック

的な影響を与えておらず、書き手は単に「具体的」なフィードバックに従って推敲している場合が多くあるのではないか、という点を指摘した。言い換えれば、具体的フィードバックを与えられても、それに盲目的に従うだけで、適切な推敲活動を主体的に行っていない学習者が相当数存在するのではないか、ということである。

また、具体的でないフィードバックを与えられた場合、推敲過程モデルに照らし合わせると、学習者自身が診断、対処と深めていく必要があり、その過程はフィードバックなしで学習者自身が推敲を行う過程とある程度類似する。したがって、具体的でないフィードバックの処理については、学習者がもともと有している推敲力や英語力に大きく影響されることが予想される。そのことから、フィードバックを与えられた結果、たとえ最終的にプロダクトの適切な修正に結びつかず、表面的には変化がない場合でも、フィードバックの内的な処理が学習者によって異なっていることが推測できる。

つまり、これまでの先行研究には、結果を解釈するにあたって大きな限界があり、フィードバックが効果的であった、あるいはなかったという点について、本質的に明らかにしていないのではないかという疑義が生じるのである。

これらのことは、従来のフィードバック研究において、重要な視点が抜け落ちていることを意味する。それは、コメントの採用率やプロダクトの向上だけでフィードバック効果を測定するプロダクト志向の分析の欠陥である。プロダクト志向の分析では、フィードバックを受けた書き手の内面をみることができない。フィードバックによって書き手の推敲能力が本質的に変化するかどうかを明らかにするためには、書き手の内面、つまり推敲過程をみるプロセス志向の分析が不可欠である。

このプロダクト志向のフィードバック分析の欠陥を明らかにし、「具体性」という概念を軸に、フィードバックが書き手にどのように処理され、またそれは書き手のもつ英語力や推敲力とどのように関係しているのかを明らかにすることが、本研究における調査、実験の目的となる。

113

第4章
フィードバックの具体性と推敲過程

　第3章では作文フィードバックに関する研究を批判的に検討してきた。その結果、先行研究のほとんどがプロダクト主体にフィードバックの効果を検証していることが明らかになった。また「具体的」なフィードバックが書き手の推敲により利用され、作文の質を向上させているという傾向も把握できた。
　しかし、これらの結果を問題の気づき、診断、対処という推敲過程の各段階や、それらの各過程が他の過程と必ずしも共起しないという事実と照らし合わせて再解釈すると、具体的でないフィードバックは受け手にあまり利用されず、表面的には作文になんら変化を及ぼさないように見えるが、学習者の英語力や推敲力のレベルによって、その内的処理が異なっている可能性があること、一方、具体的なフィードバックについては、学習者によく吟味されず、単にそのまま採用されている場合があり、問題に対する理解を深めることには結びついていない可能性があることが示唆された。つまり、フィードバックが具体的である場合に限って、書き手により採用されることや、また、そのことによりプロダクトが質的に向上することが、すべての書き手によって適切な推敲プロセスがとられていることを必ずしも示していないのではないか、また、具体的でないフィードバックも、学習者のレベルによっては、なんらかの効果を及ぼしているのではないかという疑問が残ったのである。
　本章では、第3章での先行研究の検討から示唆されたフィードバック効果の鍵概念、つまりコメントの具体性を軸に、フィードバックの効果をプロダクトとプロセスの点から実験を通して検証していく。そのことがひいては、これまでのプロダクト主体の先行研究の欠点を明らかにすることにもつながると考える。

第 1 節　実験の狙い

第 1 節　実験の狙い

　フィードバックが書き手にどのように処理されるのかを、プロダクト、プロセスの両方の観点からみていく。特に、先行研究の検討から示唆された、具体性という点を軸にフィードバックを分け、書き手に利用される程度がどのように異なるか、またそれらが推敲過程においてどのように処理されていくか、また最終的に推敲の成否に結びつくか、さらに、フィードバックの処理が、学習者の英語力や推敲力の高低によってどのように異なるかといった点をさまざまな角度からみていく。

　フィードバックの具体性を定義するに当たっては、第 3 章第 4 節で述べたように二つの点を基準とする。一つは text specific か否かである。つまり、生徒の作文の最初や最後に「例が足りない」というように一般的なアドバイスとして書かれているのではなく、実際の文章のどこに例を足せばよいかというように、書かれた文章に則したフィードバックであるかどうかということである。

　二つ目はフィードバックがどれほど踏み込んで与えられているかという点である。つまり、単に「文章の流れが悪い」というような気づきレベルのコメントから、文章のどの箇所が流れを悪くしているのかといった診断レベル、そして流れを良くするには並べ替える、あるいはその箇所を削除するなどの対処法にまで触れているかどうかという点である。

　フィードバックの具体性に関する定義を図示すると、次のようになる。

図4.1　フィードバックの具体性

	非具体的 ←――――――――→ 具体的
Text Specificity	文章に即していない ←――――→ 文章に即した
コメントレベル	気づき ←―――→ 診断 ←―――→ 対処法

このように具体性を捉えた上で、まず、具体的なフィードバックはそうでないものに較べて[1]、より適切な修正に結びつくという、先行研究の検討結果から示唆された第1の傾向を、プロダクトの観点から検証する。

次に、フィードバックが、受け手の推敲過程の中でどのように処理されていくかをみる。そして、先行研究結果や推敲過程モデルに基づいた理論的検討から示唆される点として、具体的でないフィードバックの処理が英語力や推敲力によって異なる可能性について検証する。

さらに一方で、具体的なフィードバックが受け手にどのように捉えられるのか、特に具体的なフィードバックが、受け手に深く吟味、検討されることなく、そのまま利用されており、推敲活動の向上に寄与していない可能性をプロセスの点からみていく。

以上の点からフィードバック効果を検証していくが、今まで述べてきたように、フィードバックによるプロダクト、プロセスの変化は、学習者の英語力や推敲力と大きく関係していることが予想される。しかし、これまでの先行研究ではこういった推敲力や英語力とフィードバックの利用との関係はまったくと言ってよいほど調査されておらず、特にプロセスとの関連という点に着目した研究は皆無である。

本実験ではプロセスに焦点を当てながらも、できる限り多くの被験者を対象とすることとした。したがって、推敲中の think aloud プロトコルをとるという方法ではなく、推敲後すぐに事後アンケートに記入させるという方法を採用した。この方法により、多くの被験者を対象とすることができ、被験者をその英語力や推敲力の違いからいくつかのグループに分けてフィードバックの影響をみることが可能となった。

実験参加者

4年制公立大学国際学部1年生93名、3年生20名、4年制私立女子大学文学部英文学科2年生36名の計149名を対象とした。次節で述べるように、

---

[1] 今後、具体的なフィードバックに対して、そうでないものを非具体的なフィードバックと呼ぶことにする。

第1節　実験の狙い

基礎データ収集調査として、英語力を独自のクローズテストで測定しているが、両大学での筆者自身の教授経験から、前者は TOEIC (Test of English for International Communication) で500点程度、後者で400点程度が参加者の平均的英語力である。当初、参加者は163名であったが、基礎調査、本調査ともに参加した者だけを分析対象とした結果、最終的には149名となった。

第2節　実験方法

2.1　基礎調査

　実験は平成13年6月及び7月の2ヶ月間に行った。いずれの参加者グループについても、2週間の調査期間を設定し、第1週が英語力と英語での推敲力について、基礎データを収集するための調査、第2週がフィードバックを与え英文を推敲させる本実験という順序で実施した。
　基礎データとする英語力については、クローズテスト70問 (Appendix 2 参照) を与え45分で解答させた。英語推敲力については local、global 両方の誤りを含む英文 (Appendix 1 参照) を推敲させた。ただし、local な誤りの推敲成績については被験者の分類に利用しなかった。序章で述べたように、本研究は特に global な視点での推敲、つまり内容や構成等の推敲を対象としており、local な視点での推敲を対象としていないということと、また local 誤りの推敲は英語力の有無と密接に結びついており (青木 1992)、英語力という点についてはすでにクローズテストで測定していたからである。にもかかわらず、local な誤りを英語推敲力測定テストに入れた理由は、英文の誤りを推敲するという活動をより自然なものにするためであり、また万が一クローズテストで英語力が十分に弁別されなかった際に利用しようと考えたからであった。
　また、推敲力については母語である日本語でではなく、英作文を推敲さ

せることによって調査している。その理由は、学習者のＬ１での推敲力が、どのようにＬ２作文でのフィードバック処理に関係しているかを調べることが本研究の目的ではなく、Ｌ２での推敲力とＬ２作文でのフィードバック処理との関係をみることが目的であったからである。また、青木(1992)では、文章に埋め込まれた誤りの推敲について、日本語作文力はそれほど大きく影響していなかった。つまり、日本語の力が英作文推敲に顕れるには距離があり、能力があっても英語力が不足している場合は顕在化しない場合があると考えられた。これらの理由から、推敲力については、日本語作文ではなく、英作文で測定することにした。

したがって、ここで述べる英作文推敲力には英語力もある程度含まれることになるが、それとは別にクローズテストにより英語力も測定し、参加者の弁別に利用している。その理由は、フィードバックの処理に純粋に英語力のみが影響しているのか、それとも英語力も含んだ推敲力が影響しているのかを調査したかったことによる。

英語推敲力テストにおけるglobalな誤りの採点については、無反応を０点、不適切な反応を１点、適切な反応を２点として、２名の日本人英語教師が採点した。ランダムに30名のスコアを抽出し評点の相関をとったところ、.89であり、スコアとしてその平均値をとった。以上の結果を基礎データとし、英語推敲力および英語力の高い者から順に参加者を並べ、本実験のために均等に上位、下位に分けた。そして、英語力の上位、下位、英語推敲力の上位、下位の組合せで、４つの群を設定した。

2.2 実験

本実験では、基礎データで分けた４つの群に、異なったタイプのフィードバックを与えた。一つは具体的なフィードバックを与えるグループである（以下、コメント群とする）。具体的なフィードバックとは、誤りの存在、場所および対処法を明示したコメントである（Appendix 7、9）。もう１つのグループには、具体的でない推敲の補助を与えた（Appendix 3、5）。フィー

第2節　実験方法

ドバックが具体的でないということは、先の具体性の議論に従えば、文章中の誤りの場所を特定せず、またその原因を述べたり、対処法を詳しく指示したりしない気づきレベルのコメントとなる。ここではコメントではなく、リストという形で与えることにより、さらに誤りの存在自体も明確にしないものとした。

　その理由は、課題英文が比較的短いものであり、具体性のない一般的なコメントであっても、誤りが存在していることを明言すると、どこに適用すべきかが明らかになってしまい、場所を特定した具体的なコメントとなってしまう恐れがあったからである。具体性を軸に実験を行うということから、一方を上でみた具体性スケールで最小のもの、つまり実際の文章に言及していないものにする必要があった。そして、課題英文を短いものとした理由は、二種類の異なった英文を使用したかったことによる。推敲の成否は、その文章自体を読んで理解できるということを前提とするので、もし長い英文を1つ使用して、その英文を被験者が読めない場合、調査が成立しない可能性があった。それで、異なるトピックの短い英文を二種類使用し、そのリスクを分散することとした。長い英文を二種類使用するということは、時間的制約上、不可能であったからである。

　そして、誤りの存在自体を明確にしなかった理由の二つ目は、誤り自体に気づくかどうか、推敲過程における気づきの段階から調査したかったということによる。具体的でないフィードバックを与えられた場合、コメントの意味を理解できず、誤りを見つけることすら出来ない学習者が多く存在した（Tsui and Ng 2000; Ferris 1997; Cohen 1991; etc.）。つまり、非具体的なフィードバックに対して、受け手はまず誤りに対する存在の確定や場所の特定から始める必要がある。そういった意味で、問題のある箇所が一目瞭然で、探す必要がない課題は、漠然とした一般的フィードバックを与えられた場合と異なったものとなる恐れがあった。さらに、英文を与えられ、その英文に誤りがあるというコメントを与えられると、無理やりにでも誤りを見つけようとする可能性があった。自分自身の作文を推敲する際、無理やり誤りを見つけるということは一般的にあり得ず、フィードバック

第 4 章　フィードバックの具体性と推敲過程

を与えられて行う自然な推敲とはかけ離れる恐れがあったのである。

　したがって、これらの点を考慮し、被験者に与えた非具体的フィードバックは、White and Arndt（1991）を参考に、埋め込まれた誤りの気づきに利用するチェックリストの形で与えた（以下、リスト群とする）。

　推敲用の題材として、まず global、local それぞれの誤りを埋め込んだ2種類の英文、A、Bを用意した（Appendix 3、5、7、9参照）。埋め込まれた誤りはコメント群、リスト群とも同様のものであったが、コメント群に対しては、さらに、英文中に存在しない誤りを修正するよう指示する偽のコメントが英文Aに2つ、Bに1つ与えられている。具体的なコメントであれば、その適否を深く検討することなく、被験者が受け入れるかどうかをみるためのものである。

　英文Aに埋め込まれた誤りは global 3種類、local 6種類、英文Bでは global 4種類、local 5種類である。採点については基礎調査と同様、無反応を0点、不適切な反応を1点、適切反応を2点として採点した。ただし、偽コメントについては、なにも反応しない無反応が適切な反応であるので、偽コメントに従った誤反応を0点、偽コメントには単純には従わなかったが不適切な反応をしたものを1点、偽コメントに従わない無反応及び偽コメントを参考にしながらも適切な反応をした場合を2点として採点した。基礎調査と同様、2名の日本人英語教師が採点したが、本実験については採点が異なった箇所はすべて話し合いで一致させた。後にフィードバックに対する反応の連鎖を分析するため、0.5といった中途半端なスコアを避けるためであった。

　また、修正されたものが文法的に適格かどうかについては採点しなかった。その理由は、例えば文をそのまま移動することが適切な反応というケースなどでは、英語力やもともとの推敲能力の低い被験者は、そのままなにも手を加えず文を移動させるが、一方で、能力の高い被験者は、文を変形して移動するといったような複雑な推敲をする場合があり、かえって文法的に間違う可能性が高くなる。したがって、文法の適格性の評価は今回の実験においては、正しく推敲能力を反映しないと判断した。また、基礎調

121

第2節　実験方法

査時と同様、local な誤りについては本研究の調査対象ではないので、分析を行わなかった。分析対象としないにもかかわらず、local な誤りを英文に組み込んだ理由は、調査英文をより未完成のものらしくみせるためであった。

被験者は英文 A、B を推敲した後、すぐにそれぞれの英文に対応したアンケートに記入した（Appendix 4、6、8、10 参照）。英文に対応したアンケートとは、リスト群については、埋め込まれた誤りに対して気づいたか（気づき）、問題の原因を特定できたか（診断）、そしてその誤りに対して対応したか（対処）という推敲過程に基づいた点や、問題の気づきや診断にどのリストが役立ったかといった点について訊ねたものである。コメント群については、それぞれのコメントがどの程度適切であると感じたかについて、その理由とともに回答させ、また対応した場合はその対応方法についても記入させた。

また、推敲過程について気づき、診断、対応と別々に調べるだけでなく、それぞれの回答と実際の修正とを組み合わせ、気づき－診断－対応－修正の適切さといったように、反応の連鎖も分析することとした。この反応連鎖の分析により、それぞれのコメントが受け手のなかでどのように処理されていったか、プロセスについてより深く知ることができると考えた。また、Hayes et al.（1987）でみた推敲に対する task definition、つまり推敲課題をどのように捉えているかについて訊ねる項目も、英文 A、B の両アンケートに加えた。同じ task definition の質問を両方のアンケートにつけた理由は、英文によって取り組みが異なる場合を想定したからである。

仮説

本実験の仮説は次のとおりである。
1. 具体的なフィードバックを与えられるほうが、チェックリスト（非具体的なフィードバック）を与えられるよりも、適切な修正に結びつく。
2. 具体的なフィードバックを与えられるほうが、チェックリスト（非具体的なフィードバック）を与えられるよりも、推敲活動を生起させる。

3. 具体的なフィードバックによる適切な修正は、適切な推敲プロセスを保証しない。
4. フィードバックの適切な処理には英語力、推敲力が影響する。具体的なフィードバックの場合は、特に誤りに対する対応や修正の点で、チェックリスト（非具体的フィードバック）の場合は誤りに対する気づき、診断、対応、修正のすべての過程に影響する。

仮説の1及び2は、先行研究にみられた傾向をプロダクト、プロセス両方の点から確認することを目的としている。一方、仮説の3は、具体的なフィードバックを与えることや、具体的なフィードバックに基づいた適切な修正が、適切な推敲活動に必ずしも結びついていない可能性を検証するために設定された。つまり、仮説1と2で証明される先行研究結果による示唆が、適切な推敲活動の学習にとって必ずしも望ましい方向でないことを証明するためのものである。また、仮説の4はフィードバックの処理に英語力や推敲力が関係していることを証明するためのものである。特に、この仮説の4は、第3章第4節のフィードバックの具体性と推敲過程との議論から、具体的なフィードバックの場合と非具体的なフィードバックの場合というように、二つの下位仮説に分けて設定された。

第3節　基礎調査結果

3.1　基礎調査結果

表4.1　被験者の英語力と英文推敲能力

	Cloze（満点：70）	英文推敲（満点：14）
平均（SD）	30.47（9.27）	2.12（3.45）

英文推敲課題による得点がほとんどばらつかず、低いレベルで固まっているという結果であった。つまり、英文推敲力については上位の者が少な

第3節 基礎調査結果

いうことになった。この結果を考慮し、グループ分けについては、各グループ人数が極端に少なくならないように、クローズテスト、英文推敲力ともに、平均より上下で各2グループに分け、前述したように2×2の4群とした。

さらにこれらの群を、等質になるようにリスト群とコメント群に分けた。各群のクローズテスト及び英文推敲力の平均値、標準偏差は表4.3のとおりである。各群間の等質性や異質性の確認のため、これらすべての群間に

表4.2　被験者分類表

第1群（英語力上位・英文推敲力上位）	：23名
第2群（英語力上位・英文推敲力下位）	：45名
第3群（英語力下位・英文推敲力上位）	：20名
第4群（英語力下位・英文推敲力下位）	：61名

表4.3　群別クローズ、英文推敲力平均値

		N	平均値	標準偏差
CLOZE	リスト第1群	13	41.69	7.16
	リスト第2群	20	38.05	5.95
	リスト第3群	11	23.82	5.08
	リスト第4群	34	23.12	5.85
	コメント第1群	10	39.00	4.62
	コメント第2群	25	37.12	5.43
	コメント第3群	9	24.11	4.88
	コメント第4群	27	24.22	4.74
推敲力	リスト第1群	13	6.62	2.69
	リスト第2群	20	.00	.00
	リスト第3群	11	7.55	2.81
	リスト第4群	34	.18	.52
	コメント第1群	10	7.70	3.13
	コメント第2群	25	.08	.28
	コメント第3群	9	6.11	1.96
	コメント第4群	27	.26	.66

第4章　フィードバックの具体性と推敲過程

表4.4　クローズテスト　群間多重比較表　Bonferroni

		リスト 第2群	リスト 第3群	リスト 第4群	コメント 第1群	コメント 第2群	コメント 第3群	コメント 第4群
リスト	第1群	3.64	17.87**	18.57**	2.69	4.57	17.58**	17.47**
	第2群		14.23**	14.93**	-.95	.93	13.94**	13.83**
	第3群			.70	-15.18**	-13.30**	-.29	-.40
	第4群				-15.88**	-14.00**	-.99	-1.10
コメント	第1群					1.88	14.89**	14.78**
	第2群						13.01**	12.90**
	第3群							-.11
	第4群							

** $p < .01$

注．多重比較には各グループの分散が等質の場合は Bonferroni、そうでない場合は Tamhane を使用している。

表4.5　英文推敲力　群間多重比較表　Tamhane

		リスト 第2群	リスト 第3群	リスト 第4群	コメント 第1群	コメント 第2群	コメント 第3群	コメント 第4群
リスト	第1群	6.62**	-.93	6.44*	-1.08	6.54**	.50	6.36**
	第2群		-7.55**	-.18	-7.70**	-.08	-6.11**	-.26
	第3群			7.37**	-.15	7.47**	1.43	7.29**
	第4群				-7.52**	.01	-5.93**	-.08
コメント	第1群					7.62**	1.59	7.44**
	第2群						-6.03**	-.18
	第3群							5.85**
	第4群							

** $p < .01$

ついて多重比較を行った結果（表4.4、4.5）、クローズテスト得点、英文推敲力のいずれにおいても、それぞれの群が適切に配置されていることが確認された。

　さて、アンケートでは、A、Bそれぞれの英文を推敲するに際してのTD（task definition）についても訊ねている（Appendix 4、6、8、10参照）。各群を設定するにあたっては、クローズテストで測定した英語力、英文を推

第3節　基礎調査結果

敲させることによって測定した英文推敲力によって分類しているが、TDに対するアンケート結果も用い、各群の特徴をより明確にしておきたい。

　TD の各項目は、回答傾向が類似していることが考えられる。そこで、TD を主成分分析し、その上でそれぞれの主成分得点において群ごとにどのような違いがあるかをみておくこととした。

表4.6　TD 主成分分析

		マクロ意識	修正順序	読み通し	共通性
英文 A	TD1	.506	.545	−	.601
	TD2	−	−	.951	.930
	TD3	−	.927	−	.892
	TD4	.859	−	−	.786
英文 B	TD1	.651	−	−	.657
	TD2	−	−	.940	.930
	TD3	−	.909	−	.870
	TD4	.846	−	−	.751
説明分散		27.93	26.82	25.46	

負荷量は.400以下を省略した。

　主成分を算出するに当たっては、固有値1以上のものだけを採用した。TD については、3つの主成分が抽出され、各項目への負荷量から、第1主成分を global な誤りを意識していたか、そして英文の主張等について意識していたかという「マクロ意識」、第2主成分を global な誤りに対処してから local な誤りに対処したかという「修正順序」、そして第3主成分を修正前に全文を読み通したかという「読み通し」と名付けた。

　「マクロ意識」、「修正順序」、「読み通し」、いずれの主成分得点においても推敲力が上位の第1群、第3群が高い（図4.2）。基礎調査による実際の英文推敲結果からだけではなく、推敲に対する task definition の点でも、推敲上位群と下位群との間には差があることが確認されたことになる。つまり、推敲能力の高い第1群、第3群は課題に対する意識や取り組みの点でも、skilled revisers の特徴をより有していることがわかった。

第4章　フィードバックの具体性と推敲過程

表4.7　TD 主成分得点　平均値

	第1群 (N=23)	第2群 (N=45)	第3群 (N=20)	第4群 (N=61)
マクロ意識	.60 (.85)	-.05 (1.04)	.28 (.88)	-.28 (.96)
修正順序	.39 (1.12)	-.11 (.83)	.45 (.92)	-.21 (1.02)
読み通し	.31 (.55)	-.14 (1.06)	.34 (.59)	-.12 (1.15)

図4.2　TD 主成分表

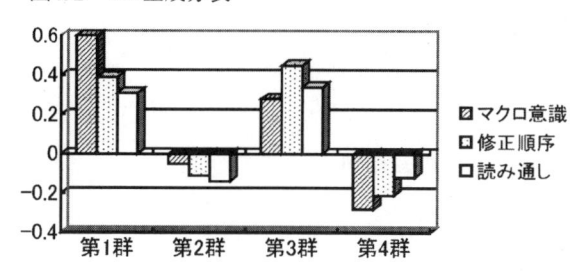

表4.8　TD 主成分得点　分散分析

		平方和	自由度	平均平方	F 値	有意確率
マクロ意識	グループ間	15.00	3	5.00	5.45	.00
	グループ内	133.00	145	.92		
	合計	148.00	148			
修正順序	グループ間	10.94	3	3.65	3.86	.01
	グループ内	137.06	145	.95		
	合計	148.00	148			
読み通し	グループ間	6.37	3	2.12	2.18	.09
	グループ内	141.63	145	.98		
	合計	148.00	148			

TD 主成分得点　多重比較

表4.9　マクロ意識　Bonferroni

	2群	3群	4群
1群	.65	.32	.89**
2群		-.33	.24
3群			.56

** $p < .01$

表4.10　修正順序　Bonferroni

	2群	3群	4群
1群	.50	-.06	.60
2群		-.57	.10
3群			.67

第3節　基礎調査結果

表4.11　読み通し Tamhane

	2群	3群	4群
1群	.45	-.03	.44
2群		-.48	-.02
3群			.46

第4節　実験結果

4.1　フィードバックの具体性と修正の成否

　まず、フィードバックの具体性と修正の成否との関係をみてみる。リスト群、コメント群がそれぞれの誤りに対応したか、またその修正は適切であったか、という点から分析を行った。ただし、コメント群の反応については、英文中に存在する誤りに対するフィードバック（以下、真コメント）についてのみ分析対象とした。英文中に存在しない誤りに対するフィードバック（以下、偽コメント）については期待される反応が異なるため、この分析の対象としていない。

　それぞれの誤りに対応したか否かという点について、アンケート回答では、リスト群とコメント群は大きく異なっていることがわかる。リスト群が平均で2.11、つまり「ほとんど対応しなかった」程度であるのに対し、コメント群は3.90で「少し対応した」となっている（図4.3）。また、実際の修正においても、リスト群は平均が.51と誤りに対してほとんど無反応

表4.12　リスト群とコメント群の対応と修正の成否

	対応 Av. (SD)	修正成否 Av. (SD)
リスト群　(N=78)	2.11 (.85)	.51 (.43)
コメント群　(N=71)	3.90 (.72)	1.33 (.44)
t値 (df)	-13.99** (146)	-11.51** (147)

** $p < .01$

128

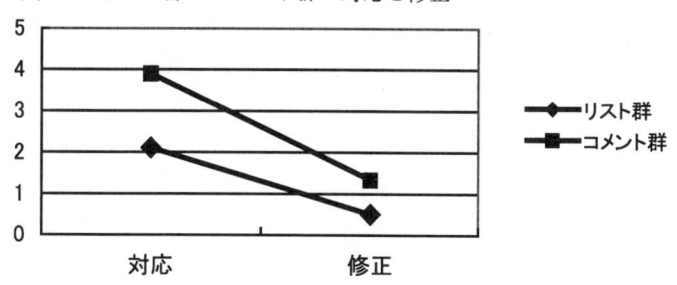

図4.3　リスト群とコメント群の対応と修正

であるが、コメント群は1.33となんらかの対応処理をしていることがわかる（図4.3）。

つぎにフィードバックの具体性と、英語力、英語推敲力で分類した群との関係をみてみる。

対応についてはいずれの群においても、コメント群が圧倒的に多く対応していることがわかる（図4.4）。リストの各群とコメントの各群を比較した結果、英語力、推敲力で大きく異なるリスト第1群とコメント第4群との間を除いて、いずれもコメント群がリスト群よりも有意に多く対応していることがわかった（表4.15）。

言い換えれば、具体的なフィードバックを与えられることで、ほとんどの者がなんらかの推敲を行うことができる一方で、ある程度の英語力や推敲力がなければ、それを生かせない場合もあるということである。

表4.13　英語力、英語推敲力別リスト群、コメント群の対応

フィードバック	英語力、推敲力	Av.	(SD)
リスト群	第1群（英語上・推敲上）N=13	2.92	(1.07)
	第2群（英語上・推敲下）N=20	2.10	(.76)
	第3群（英語下・推敲上）N=11	2.18	(.56)
	第4群（英語下・推敲下）N=34	1.77	(.68)
コメント群	第1群（英語上・推敲上）N=10	4.09	(.61)
	第2群（英語上・推敲下）N=25	3.93	(.71)
	第3群（英語下・推敲上）N=9	4.24	(.71)
	第4群（英語下・推敲下）N=27	3.70	(.74)

第4節　実験結果

表4.14　対応　分散分析表

	平方和	自由度	平均平方	F 値	有意確率
F 種類	91.024	1	91.024	167.064	.000
英語力	2.442	1	2.442	4.483	.036
推敲力	6.889	1	6.889	12.643	.001
F 種類 * 英語力	1.841	1	1.841	3.379	.068
F 種類 * 推敲力	.551	1	.551	1.011	.316
英語力 * 推敲力	.002	1	.002	.004	.950
F 種類 * 英語力 * 推敲力	1.179	1	1.179	2.164	.144
誤差	76.823	141	.545		
総和	1520.714	148			

※ F 種類はリスト・コメント、英語力は上位・下位、推敲力も上位・下位と、それぞれ2水準の独立変数である。

表4.15　対応　多重比較表　Bonferroni

	リ2群	リ3群	リ4群	コ1群	コ2群	コ3群	コ4群
リスト第1群	.82	.74	1.15**	-1.16**	-1.01**	-1.32**	-.78
リスト第2群		-.08	.33	-1.99**	-1.83**	-2.14**	-1.60**
リスト第3群			.41	-1.90**	-1.75**	-2.06**	-1.52**
リスト第4群				-2.31**	-2.16**	-2.47**	-1.93**
コメント第1群					.15	-.15	.38
コメント第2群						-.31	.23
コメント第3群							.53
コメント第4群							

** $p < .01$　* $p < .05$

図4.4　対応　フィードバック別群間比較

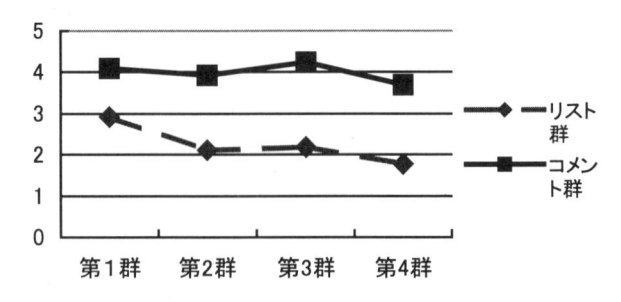

第4章　フィードバックの具体性と推敲過程

表4.16　英語力、英語推敲力別リスト群、コメント群の修正

フィードバック	英語力、推敲力	平均	標準偏差
リスト群	第1群（英語上・推敲上）N=13	.96	(.54)
	第2群（英語上・推敲下）N=20	.49	(.35)
	第3群（英語下・推敲上）N=11	.71	(.32)
	第4群（英語下・推敲下）N=34	.28	(.28)
コメント群	第1群（英語上・推敲上）N=10	1.59	(.20)
	第2群（英語上・推敲下）N=25	1.41	(.41)
	第3群（英語下・推敲上）N=9	1.46	(.35)
	第4群（英語下・推敲下）N=27	1.11	(.46)

表4.17　修正　分散分析表

	平方和	自由度	平均平方	F値	有意確率
F種類	18.165	1	18.165	125.885	.000
英語力	1.460	1	1.460	10.117	.002
推敲力	3.791	1	3.791	26.274	.000
F種類＊英語力	.001	1	.001	.006	.937
F種類＊推敲力	.252	1	.252	1.745	.189
英語力＊推敲力	.042	1	.042	.290	.591
F種類＊英語力＊推敲力	.083	1	.083	.574	.450
誤差	20.346	141	.144		
総和	172.551	148			

表4.18　修正　多重比較表　Tamhane

	リ2群	リ3群	リ4群	コ1群	コ2群	コ3群	コ4群
リスト第1群	.46	.24	.67*	-.63*	-.45	-.50	-.15
リスト第2群		-.22	.21	-1.09**	-.92**	-.97**	-.61**
リスト第3群			.43*	-.87**	-.70**	-.75**	-.39
リスト第4群				-1.30**	-1.13**	-1.18**	-.82**
コメント第1群					.17	.12	.48**
コメント第2群						-.05	.31
コメント第3群							.35
コメント第4群							

** $p < .01$　* $p < .05$

131

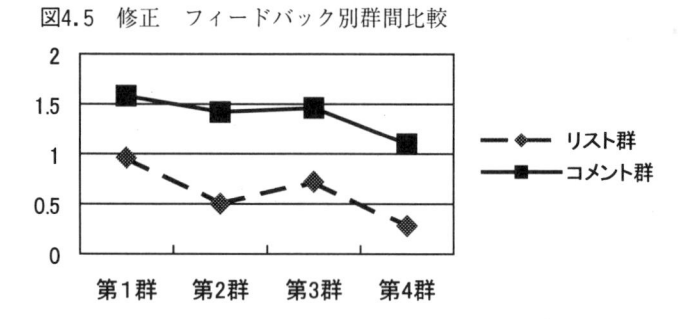

第 4 節　実験結果

図4.5　修正　フィードバック別群間比較

実際の修正においてもコメントをもとにしたグループのほうがリストのグループよりかなり平均値が高く、より適切に修正していることがわかる（図4.5）。

リスト群とコメント群の各群を多重比較した結果、リスト第 1 群とコメント第 2 群、第 3 群、第 4 群、リスト第 3 群とコメント第 4 群との間を除いて、その差はすべて有意であった。つまり、推敲力の高いリスト第 1 群とリスト第 3 群の場合は、ある程度活発に推敲を行ったが、その他の群についてはコメント群の修正適切度が圧倒的に高いという結果であった（表4.18）。

以上、具体的なコメントを与えられた場合のほうが、リストをもとに推敲する場合より、誤りに対する対応や修正の点で、成功する確率が高いことが確認された。

4.2　チェックリスト（具体的でないフィードバック）による推敲

上では具体的なフィードバックとそうでないフィードバックによる推敲を比較してきたが、ここでは具体的でないフィードバック、つまりリスト群による推敲をより詳しく分析していく。

4.2.1　問題に対する気づき、診断、対応

英文 A、B の推敲後に記入をもとめたアンケート回答から、各誤りに対する気づき、診断、そして対応について各群の比較を行う。

第4章　フィードバックの具体性と推敲過程

表4.19　リスト群による気づき、診断、対応

英語力、推敲力	気づき（SD）	診断（SD）	対応（SD）
第1群（英語上・推敲上）N=13	3.87（.86）	3.53（1.01）	2.92（1.07）
第2群（英語上・推敲下）N=20	3.19（.62）	2.86（.63）	2.10（.76）
第3群（英語下・推敲上）N=11	3.30（.77）	3.29（.77）	2.18（.56）
第4群（英語下・推敲下）N=34	2.71（.76）	2.38（.65）	1.77（.68）

表4.20　リスト群による気づき　英語力・推敲力2元配置分散分析

	平方和	自由度	平均平方	F値	有意確率
英語力	4.453	1	4.453	8.090	.006
推敲力	6.577	1	6.577	11.949	.001
英語力＊推敲力	.032	1	.032	.059	.809
誤差	40.733	74	.550		
総和	806.857	77			

表4.21　リスト群による診断　英語力・推敲力2元配置分散分析

	平方和	自由度	平均平方	F値	有意確率
英語力	2.143	1	2.143	3.998	.049
推敲力	9.979	1	9.979	18.618	.000
英語力＊推敲力	.242	1	.242	.451	.504
誤差	39.663	74	.536		
総和	676.551	77			

表4.22　リスト群による対応　英語力・推敲力2元配置分散分析

	平方和	自由度	平均平方	F値	有意確率
英語力	4.615	1	4.615	7.923	.006
推敲力	6.137	1	6.137	10.537	.002
英語力＊推敲力	.694	1	.694	1.192	.278
誤差	43.099	74	.582		
総和	401.633	78			

第4節　実験結果

多重比較表

表4.23　気づき　Bonferroni

気づき	2群	3群	4群
第1群	.68	.56	1.16**
第2群		－.11	.48
第3群			.59

** $p < .01$

表4.24　診断　Tamhane

診断	2群	3群	4群
第1群	.66	.24	1.15**
第2群		－.42	.49
第3群			.91**

** $p < .01$

表4.25　対応　Tamhane

対応	2群	3群	4群
第1群	.82	.74	1.15**
第2群		－.08	.33
第3群			.41

** $p < .01$

図4.6　リスト群　気づき、診断、対応

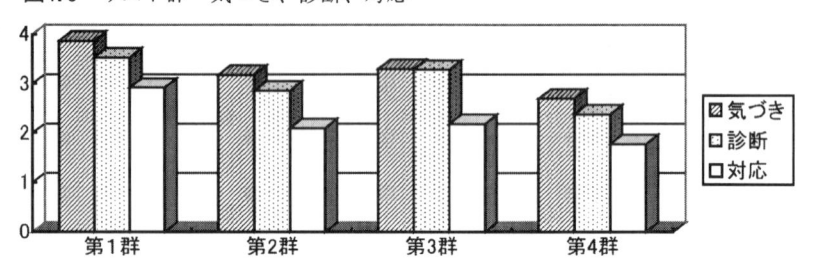

　全体の傾向として、いずれの群においても気づき、診断、対応の順に数値が下がっていくのがみてとれる（図4.6）。つまり、問題に気づいても診断や対応にまで深めていくことがより困難であることが、このことからわかる。また、気づき、診断、対応のいずれにおいても、英語力、推敲力が有意に影響していることがわかった（表4.20～4.22）。

　いずれの段階においても第1群が活発であり、それに対して第4群が不活発となっている。さらに、第2群より第3群のほうが気づき、診断、対応のいずれにおいても高いことから、特に英語推敲力が大きく影響してい

ることがわかる。

4.2.2 修正

誤りに対する実際の修正について、群別に詳しくみてみよう。

表4.26 リスト群　修正

英語力、推敲力	修正（SD）
第1群（英語上・推敲上）N=13	.95（.54）
第2群（英語上・推敲下）N=20	.49（.35）
第3群（英語下・推敲上）N=11	.71（.32）
第4群（英語下・推敲下）N=34	.28（.28）

表4.27 リスト群による修正　英語力・推敲力2元配置分散分析

	平方和	自由度	平均平方	F値	有意確率
英語力	.830	1	.830	6.536	.013
推敲力	3.247	1	3.247	25.555	.000
英語力＊推敲力	.004	1	.004	.029	.864
誤差	9.402	74	.127		
総和	34.449	77			

表4.28 修正
多重比較表 Tamhane

気づき	2群	3群	4群
第1群	.46	.24	.67**
第2群		-.22	.21
第3群			.43**

** $p < .01$　* $p < .05$

図4.7 リスト群　修正

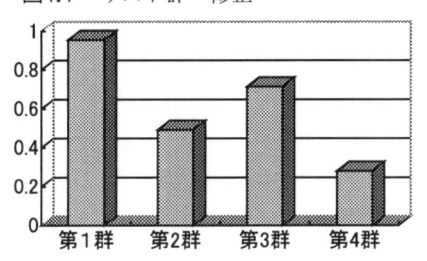

実際の修正においても、英語力、推敲力に主効果がみられ、これらの要素が修正の成否に大きく影響していることがわかった（表4.27）。グループ間の比較をみると、英語力、推敲力ともに下位の第4群が第1群、第3群より、その修正適切度が有意に低い。また、気づき、診断、対応の結果

第4節　実験結果

と同様、第3群、つまり英語力より推敲力が優れている群のほうが第2群、第4群と較べて修正がより適切であった（表4.28、図4.7）。

4.2.3　チェックリストの活用

さて、これらのリスト群は、与えられたチェックリストを参考にして推敲を行っているのだろうか。先行研究では、具体的でないフィードバックを与えられた場合、それらを理解できずに利用できない学習者が多く存在した（Ferris 1995；1997；Cohen 1991；Chaudron 1984；Tsui and Ng 2000；etc.）。チェックリストのような、文章に即していない補助を利用できるかどうか、そして、その利用が適切な推敲に結びつくか、これらのことに関して各群の間で比較を行う。推敲後に実施したアンケートでは、誤りを発見するに際してこれらのリストを参考にしたかどうかを訊ねている（Appendix 4、6）。まずリストを参考にしたか、あるいはリストに頼らず自分

表4.29　誤り発見とリスト利用

		利用有	自身で発見	利用無	合　計
第1群	度数	42	23	26	91
	期待度数	24	18	49	91
	標準化残差	3.67	1.18	-3.29	
第2群	度数	42	20	78	140
	期待度数	36.92	27.69	75.38	140
	標準化残差	.84	-1.46	.30	
第3群	度数	18	24	35	77
	期待度数	20.31	15.23	41.46	77
	標準化残差	-.51	2.25	-1.00	
第4群	度数	42	41	155	238
	期待度数	62.77	47.08	128.15	238
	標準化残差	-2.62	-.89	2.37	
合計	度数	144	108	294	546
	期待度数	144	108	294	546

x^2乗値　48.21（自由度6）　有意確率　.000

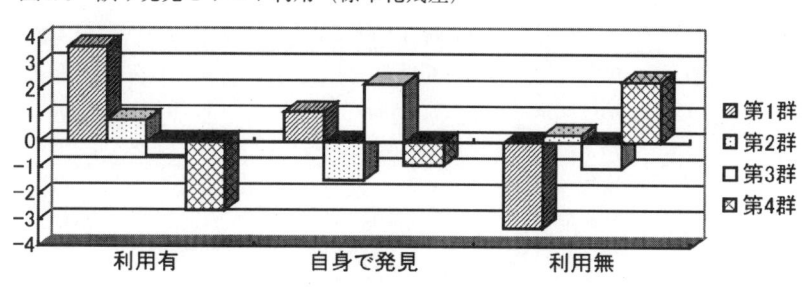

図4.8 誤り発見とリスト利用（標準化残差）

自身で誤りに気づいたかということについて群別にみてみよう。

x^2乗検定の結果、群間に有意な差があることが明らかになった（表4.29）。残差分析から、第1群の特徴としてはリストの利用が高いこと、第2群は自身で誤りをみつけるということがやや少ないこと、第3群は反対に自身での発見が多いこと、そして第4群はリストを利用することがかなり少ないこと、こういった特徴がわかった（図4.8）。そして、やはりチェックリスト、つまり非具体的なフィードバックの場合、それらを利用できるかどうかは、もともとの推敲力や英語力によるところが大きく、そういった力のない学習者は、非具体的なフィードバックを利用しない、あるいはできない可能性が高いことが、このことから明らかとなった。

さて、チェックリストを利用したとしても、実際に存在する誤りに適した形で利用できているかどうかが重要である。たとえば、文のつながりが悪い箇所を発見するには、リストの「話の流れは適切か」といった項目、また結論等の欠如には「主張や結論は明確に書かれているか」といった項目が利用されていることが望ましい。そのような観点から、リストを利用した場合、その使用項目と誤りのタイプとが合致しているかという分析を行った。ただし、リストを利用せず、自分自身で誤りを発見した場合も適切な発見としてカウントした。

図4.9から、たとえリストを利用した場合も、第1群と第4群ではその適切さに大きな違いがあることがわかる。つまり、第1群や第3群は、気づきに利用した項目と実際の誤りのタイプとが一致しているが、第4群は

第4節　実験結果

表4.30　利用項目の適切さ

		適切利用と自己発見	不適切利用	合　計
第1群	度数	65	0	65
	期待度数	59.84	5.16	65
	標準化残差	.67	−2.27	
第2群	度数	56	6	62
	期待度数	57.08	4.92	62
	標準化残差	−.14	.49	
第3群	度数	41	1	42
	期待度数	38.67	3.33	42
	標準化残差	.38	−1.28	
第4群	度数	70	13	83
	期待度数	76.41	6.59	83
	標準化残差	−.73	2.50	
	度数	232	20	252
	期待度数	232	20	252

x^2乗値　14.42（自由度3）　有意確率　.002

図4.9　利用項目の適切さ（標準化残差）

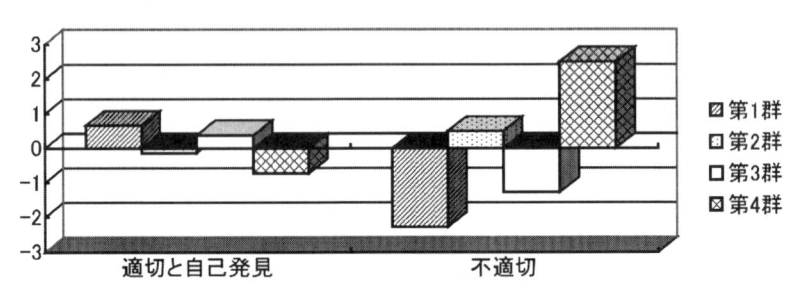

リストを利用することが少ないだけでなく、利用した場合も誤りのタイプとは一致していない場合が多い。このことから、非具体的なフィードバックは、特に推敲力や英語力の低い学習者にとって、利用されることが少ないだけでなく、利用されても問題発見や解決に適切に役立てられることも少ないことが推測できる。

4.2.4 チェックリスト（非具体的なフィードバック）による推敲反応連鎖

さて、これまで気づき、診断、対応、実際の修正と別々にみてきたが、それらを一連の推敲の流れとしてみてみる。気づき、診断、対応を訊ねるアンケート項目における回答を0あるいは1の2分割データに、そして実際の修正を無反応、不適切修正、適切修正の0、1、2の3分割データに再分類し、推敲パタンを分析した。具体的に述べると、アンケートで1から3にチェックをした場合、例えば気づきで言えば「気づかなかった」から「どちらとも言えない」を選んだ場合、それらは0とされ、4、5の「わりと気づいた」、「とても気づいた」を選んだ場合は1とした。これらの反応を気づき、診断、対応、修正の順に並べた。例えば、気づきで2「どちらとも言えない」、診断で2「あまりわからなかった」、対応で2「ほとんど対応しなかった」をそれぞれ選び、そして実際の修正でも無反応の場合、0000という反応連鎖となる。また、気づきで4「わりと気づいた」、診断で4「わりとわかった」、対応で5「ちゃんと対応した」を選び、そして実際の修正でも適切な反応をした場合、1112という反応連鎖となる。以上のように回答や反応を再分類し（表4.31）、各被験者の推敲反応連鎖を分析した。

表4.31　反応連鎖分類表（リスト群）

気づき	診　　断	対　応	修　正
0：気づき無	0：不適切診断	0：非対応	0：無反応
1：気づき有	1：適切診断	1：対応	1：不適切修正
			2：適切修正

各反応パタンを最終的な修正がまったくない無反応か、不適切な修正があったか、それとも適切な修正が行われたかという点で分け、それぞれをみていく。パーセント表示は無反応、不適切反応、適切反応をすべて合わせた度数を分母として計算している。表4.32は最終的な修正が無反応であったものである。したがって、反応連鎖の最後がすべて0となっている。

修正無反応の図4.10から、誤りにまったく気づかず、そのままなんの反

第4節 実験結果

表4.32 リスト群反応連鎖　修正無反応

反応パタン		0000	1000	0100	1100	0010	1010	0110	1110
第1群	(度数)	13	6	1	13	0	0	0	4
	(％)	14	7	1	14	0	0	0	4
第2群	(度数)	51	19	3	16	0	0	1	3
	(％)	36	14	2	11	0	0	1	2
第3群	(度数)	16	1	3	11	0	0	0	3
	(％)	21	1	4	14	0	0	0	4
第4群	(度数)	116	29	12	25	0	0	0	4
	(％)	49	12	5	11	0	0	0	2

図4.10　リスト群反応連鎖　修正無反応

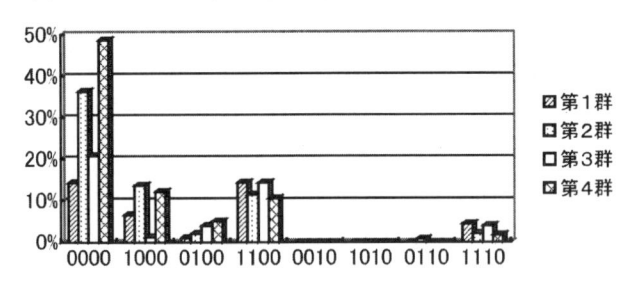

応もしない0000という連鎖は第4群、第2群に多く、反対に第1群、第3群に少ないことがわかる。特に第4群については全反応の半分程度がこの0000であった。このことから、推敲力の低い群はたとえ英語力があっても、問題自体にそもそも気づかないことがわかる。被験者の task definition（TD）に関する基礎調査から、第2群及び第4群は、global な問題に対する意識が低いことが明らかになっている。TD に関する意識とこれらの反応パタンを考え合わせると、もともとの推敲力の低い学習者に対して、具体的でないフィードバックを与えた場合、そのフィードバックから推敲方法を学習させるということはあまり期待できないと言えるだろう。

第4章　フィードバックの具体性と推敲過程

表4.33　リスト群反応連鎖　不適切反応

リスト群		0001	1001	0101	1101	0011	1011	0111	1111
第1群	(度数)	10	2	0	1	0	2	1	5
	(%)	11	2	0	1	0	2	1	5
第2群	(度数)	11	2	3	2	0	1	0	6
	(%)	8	1	2	1	0	1	0	4
第3群	(度数)	11	2	0	9	0	0	1	8
	(%)	14	3	0	12	0	0	1	10
第4群	(度数)	26	4	1	2	1	2	0	1
	(%)	11	2	0	1	0	1	0	0

図4.11　リスト群反応連鎖　不適切反応

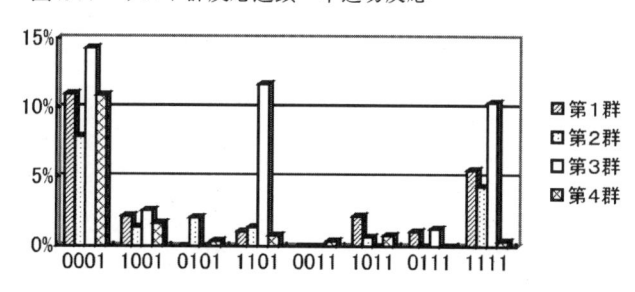

　つぎに、最終的な反応が1で終わるもの、つまり不適切な修正で終わる反応連鎖をみてみる（表4.33、図4.11）。もっとも多いものでも10％程度であり、無反応に終わったものよりも全体的に生起数が少ないことがわかる。その中では0001という反応、つまり気づきも診断もないが、最終的になんらかの不適切な修正を行っているというものが比較的多くみられる。すなわち、被験者がなんらかの修正を気づかずに行ったケースである。

　それに対して1111という反応は気づきも診断もあるが、最終的に適切な修正には到らなかったというものである。1112という理想的パタンに比較的近いこの1111パタンについては、英語力も推敲力も低い第4群が他の群に較べて少ないことがわかる。

141

第4節　実験結果

表4.34　リスト群反応連鎖　適切反応

リスト群	0002	1002	0102	1102	0012	1012	0112	1112
第1群（度数）	3	0	0	0	0	1	0	29
（％）	3	0	0	0	0	1	0	32
第2群（度数）	5	1	0	4	0	1	0	11
（％）	4	1	0	3	0	1	0	8
第3群（度数）	2	0	2	2	0	1	0	5
（％）	3	0	3	3	0	1	0	6
第4群（度数）	0	0	0	1	1	2	0	11
（％）	0	0	0	0	0	1	0	5

図4.12　リスト群反応連鎖　適切反応

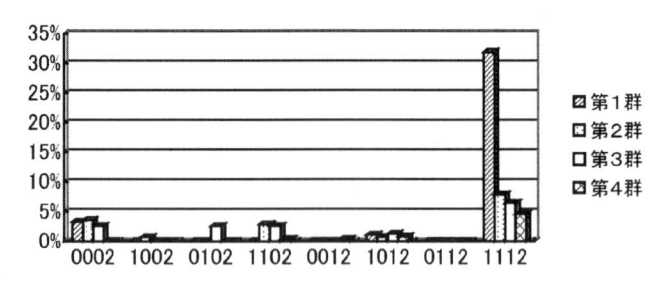

　最終的に適切な修正を行ったものをみてみると、1112という連鎖、つまり誤りに気づき、診断し、対応したという適切な処理の連鎖がほとんどを占めていることがわかる（表4.34、図4.12）。つまり、誤りを偶然適切に修正するといったケースは少なく、適切な修正は、すべての過程を意識的に行っている場合にほぼ限られ、そしてそういった反応ができる者は第1群に圧倒的に多い（図4.12）。つまり、推敲力も英語力も一定以上の力をもっている場合にのみ、そういった連鎖が多くなるという結果であった。このように、非具体的なフィードバックを与えられた場合、英語力、推敲力のある者だけが、適切な推敲を行うことができるということが想像できる。
　さて、反応連鎖については修正の有無や成否で分けてみてきたが、すべての反応を群別にして、別の角度から再度みておきたい。

第 4 章　フィードバックの具体性と推敲過程

図4.13　第1群（リスト群）反応連鎖

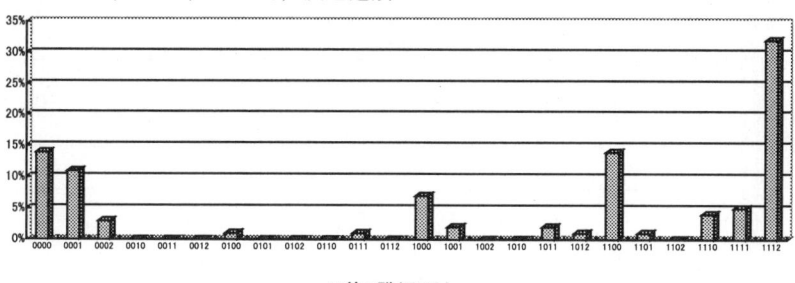

図4.14　第2群（リスト群）反応連鎖

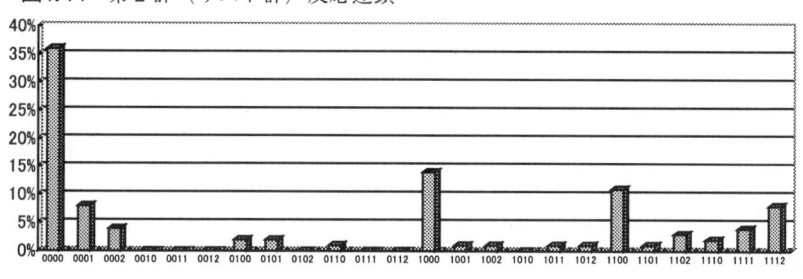

図4.15　第3群（リスト群）反応連鎖

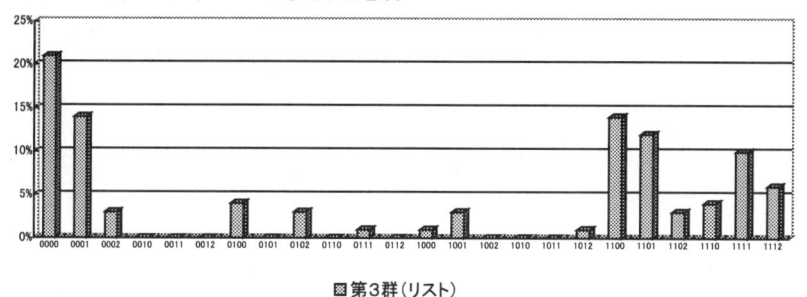

　第1群は適切な反応連鎖である1112が最も多く、つぎに気づきや診断があっても対処できなかった1100、そして誤りに気づかずまったく対応のなかった0000というパタンがその後に続いている。このことから、第1群の

143

第4節　実験結果

図4.16　第4群（リスト群）反応連鎖

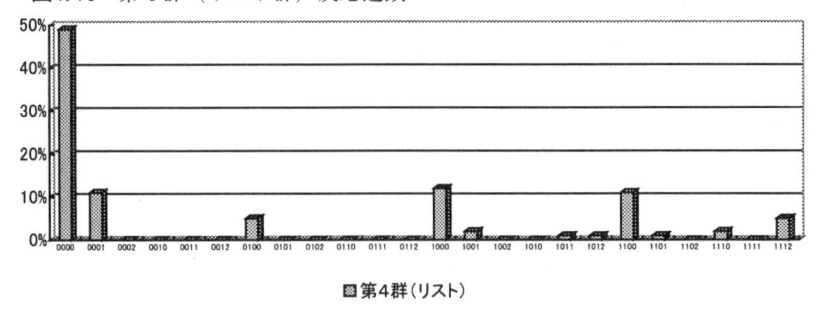

■第4群（リスト）

　推敲パタンは、誤りにそもそも気づかない場合もあるが、気づいた場合はその気づきから診断に深めていき、誤りの修正につなげていくというケースが多いことがわかる。
　一方、英語力は高くても推敲力の低い第2群は、問題に気づかない0000が最も多く、つぎに問題を発見してもそれ以上深められない1000、そして気づき、診断とあっても対処できない1100が後を占めている。そして、最終的に適切な修正にたどり着く者は少ない。
　第3群は反応が分かれている。0000が最も多いことは第2群や第4群と同様であるが1101や1111といった不適切反応に終わるものも多くみられる。推敲力が高い第3群は問題に気づき、それらを診断し、また対処しようとするが、英語力の不足のため適切な修正にまでもっていけなかったということであろう。
　第4群の反応連鎖図は第1群のそれと対照的である。推敲活動自体が生起しない0000が圧倒的に多く、1000、1100といった、気づきが診断にまで深まらない、また診断が修正にまで至らないパタンもいくらかみられる。どちらかといえば、英語力は高いが推敲力が低い第2群と反応パタンが似ていることがわかる。
　以上、チェックリストによる推敲プロセス、すなわち具体的でないフィードバックに基づく推敲をみてきた。先行研究結果から予想されたとおり、非具体的なフィードバックの場合は推敲過程自体が生起しないケースが、

特に英語力や推敲力の低い学習者に多くみられた。

　しかし、英語力、推敲力の高い第1群では非具体的なフィードバックであっても、それをもとに気づき、診断、そして適切な修正へと深めていくケースがかなり多くみられた。また第4群を除いた他の群でも、最終的に適切な修正にまでは至らないものの、気づきや診断レベルまでは多くみられたのである。

　つまり、英語力や推敲力の違いにより、フィードバックが具体的でなければまったく推敲活動が引き起こされないという学習者がいる一方で、適切な修正にまで深めていける者、また修正に到る段階でつまずいている者など、様々な学習者が存在することが明らかになった。このことから、非具体的なフィードバックにもまったく意味がないわけではなく、それをいかに修正にまで結び付けられるように指導するかということが重要であることがわかる。

4.3　具体的なフィードバックによる推敲

　次に、具体的なフィードバックコメントを与えられ推敲を行った場合を詳しくみてみる。まず埋め込まれた誤りに対して適切なコメント（真コメント）を与えられた場合を検討し、次に存在しない誤りの修正を指摘する不適切なコメント（偽コメント）に対する反応をみていくことにする。

4.3.1　真コメントに対する判断と対応

　ここではまず与えられた真コメントそれぞれに対して、どれほど適切であると判断したか、そして対応したかをアンケート回答からみていく。

　真コメントに対して適切と感じたかという点については、英語力、推敲力ともに影響はなく、いずれの群もかなり適切と判断していることがわかるが、実際に対応したかという点になると推敲力による影響がみられた。図4.17から、第4群が特に低く、判断したとおりには対応できていないことがわかる。つまり、英語力や推敲力の低い第4群にとっては、具体的な

第4節　実験結果

表4.35　コメント群による判断、対応

英語力、推敲力	判断（SD）	対応（SD）
第1群（英語上・推敲上）N=10	3.99（.22）	4.09（.61）
第2群（英語上・推敲下）N=25	3.81（.66）	3.93（.71）
第3群（英語下・推敲上）N=9	4.00（.56）	4.24（.71）
第4群（英語下・推敲下）N=27	3.77（.41）	3.70（.74）

表4.36　コメント群による判断　英語力・推敲力2元配置分散分析

	平方和	自由度	平均平方	F値	有意確率
英語力	.00	1	.00	.01	.93
推敲力	.56	1	.56	2.13	.15
英語力＊推敲力	.01	1	.01	.04	.85
誤差	17.61	67	.26		
総和	1067.90	70			

表4.37　コメント群による対応　英語力・推敲力2元配置分散分析

	平方和	自由度	平均平方	F値	有意確率
英語力	.02	1	.02	.04	.84
推敲力	1.65	1	1.65	3.27	.08
英語力＊推敲力	.50	1	.50	1.00	.32
誤差	33.72	67	.50		
総和	1119.08	70			

図4.17　コメント群　判断、対応

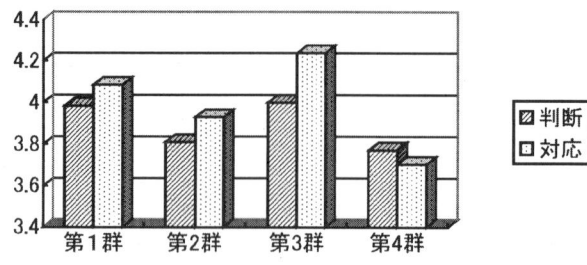

コメントを与えられ、そのコメントを適切であると判断しても、その通りには対応できない場合があるということであろう。

4.3.2 修正

つぎに真コメントに対する修正を群別にみてみる。

表4.38　コメント群による修正

英語力、推敲力	修正　(SD)
第1群（英語上・推敲上）N=10	1.59　(.20)
第2群（英語上・推敲下）N=25	1.41　(.41)
第3群（英語下・推敲上）N=9	1.46　(.35)
第4群（英語下・推敲下）N=27	1.11　(.46)

表4.39　コメント群による修正　英語力・推敲力2元配置分散分析

	平方和	自由度	平均平方	F値	有意確率
英語力	.64	1	.64	3.95	.05
推敲力	.97	1	.97	5.94	.02
英語力＊推敲力	.11	1	.11	.69	.41
誤差	10.94	67	.16		
総和	138.10	71			

表4.40　修正
多重比較表　Bonferroni

修正	2群	3群	4群
第1群	.17	.13	.48**
第2群		−.05	.31*
第3群			.35

** $p < .01$　* $p < .05$

リストを与えられた場合と異なり、すべての群において平均が1を超えており、なんらかの修正をしていることがわかる。しかし、2元配置の分散分析の結果、推敲力が有意に影響しており、また、英語力についても有意傾向がみられた（表4.39）。特に英語力、推敲力ともに低い第4群では

147

第 4 節　実験結果

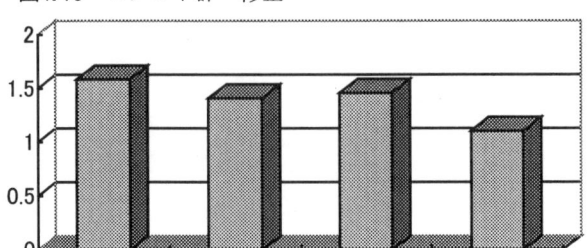

図4.18　コメント群　修正

適切な修正ができていない場合が多く、第1群や第2群と比較して有意に修正適切度が低かった（表4.40）。これらのことから、判断、対応と同様、具体的な真コメントを与えられた場合でも、適切な修正ができるかどうかは、英語力や推敲力に左右されていることがわかる。

4.3.3　具体的なフィードバックによる推敲反応連鎖（真コメント）

つぎに反応連鎖をみてみよう。リスト群では気づき、診断、対応、修正というように、4つの反応の組み合わせであったが、コメントを与えられたグループは、コメントの適切さについての判断、誤りに対する対応、そして実際の修正という3つの反応の組み合わせとなる（表4.41）。

表4.41　反応連鎖分類表（コメント群／真コメント）

判　断	対　応	修　正
0：不適切判断	0：非対応	0：無反応
1：適切判断	1：対応	1：不適切修正
		2：適切修正

無反応に終わるXX0パタンは、いずれにおいても第4群が高いことがわかる（図4.19）。特に、真コメントであっても適切と判断できず、なんら対応しないパタンである000については、第4群が24％と圧倒的に多い。また、コメントが適切であると感じても、それを実際の修正にまで深めていけない100のパタンについてもやはり第4群が多いことがわかる。

第4章　フィードバックの具体性と推敲過程

表4.42　コメント群反応連鎖修正　無反応

		000	100	010	110
第1群	(度数)	7	1	0	1
	(％)	10	1	0	1
第2群	(度数)	25	5	1	8
	(％)	14	3	1	5
第3群	(度数)	7	3	0	2
	(％)	11	5	0	3
第4群	(度数)	45	12	5	10
	(％)	24	6	3	5

図4.19　コメント群反応連鎖　修正無反応

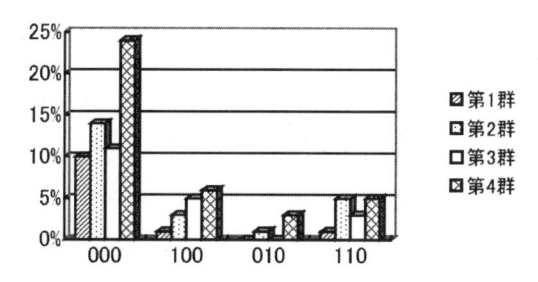

表4.43　コメント群反応連鎖修正　不適切修正

		001	101	011	111
第1群	(度数)	2	1	4	4
	(％)	3	1	6	6
第2群	(度数)	6	1	6	12
	(％)	3	1	3	7
第3群	(度数)	2	0	4	4
	(％)	3	0	6	6
第4群	(度数)	3	2	3	17
	(％)	2	1	2	9

第4節　実験結果

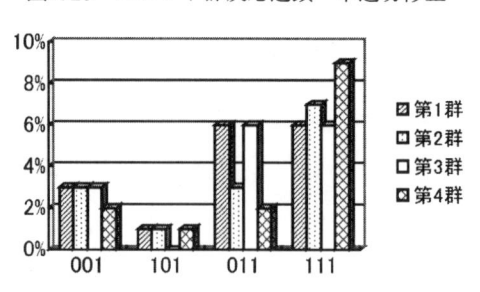

図4.20　コメント群反応連鎖　不適切修正

　不適切な修正に終わるXX1のパタンは、リスト群のところでもみたように、全体的にそれほど多くなく、全反応の10％以下である（図4.20）。その中でも、コメントに対して妥当と判断し、対応しながらも、結果的に不適切な修正に終わる111というパタンが多いことがみてとれる。また、コメントを妥当と判断せず、不適切な対応をした011が、第1群と第3群に比較的多くみられる。この011パタンがみられるということは、真コメントを妥当でないとした点において、すでに判断が適切ではないが、それでも自身の判断に従って、なんらかの対応をするという自主的な推敲を、推敲力に優れた第1群と第3群は行ったということになる。

　適切な修正を行ったXX2のパタンをみてみよう。コメントを妥当と判断し、適切な修正を施すという112という連鎖が、リストを与えられた場合と比較して圧倒的に多くなっていることがわかる（図4.21）。第1群を除いてリスト群では1112反応が10％以下であったが、コメント群ではそれに対応する112が50％程度も占めている。また、リストを与えられた場合と較べて、真コメントをもとにして推敲を行った場合は、第1群と他の群との差がそれほどには広がっていない。つまり、具体的で正しいコメントを与えられた場合、英語力、推敲力の如何にかかわらず、適切な修正に結びつく場合が多くなることがわかった。

第4章　フィードバックの具体性と推敲過程

表4.44　コメント群反応連鎖　適切修正

		002	102	012	112
第1群	（度数）	0	1	2	47
	（％）	0	1	3	67
第2群	（度数）	8	2	12	89
	（％）	5	1	7	51
第3群	（度数）	2	2	2	35
	（％）	3	3	3	56
第4群	（度数）	5	5	4	78
	（％）	3	3	2	41

図4.21　コメント群反応連鎖　適切修正

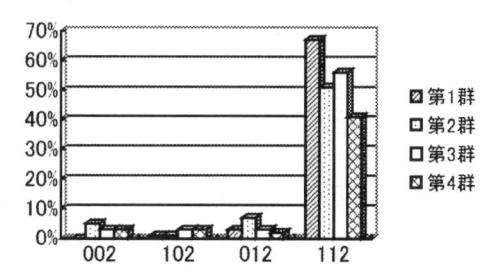

さて、リスト群のときと同様、すべての反応連鎖を群別にし、別の角度から再度みておくことにする。

図4.22　第1群（コメント群）反応連鎖

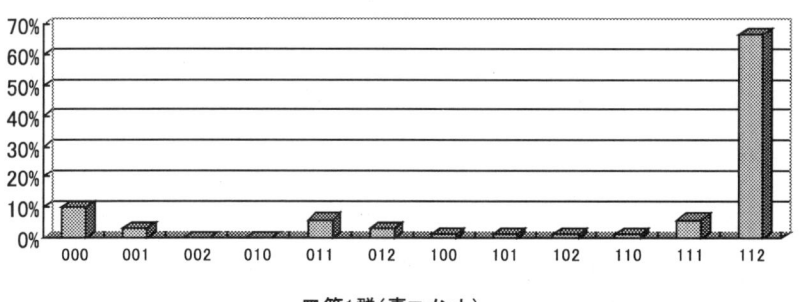

第4節　実験結果

図4.23　第2群（コメント群）反応連鎖

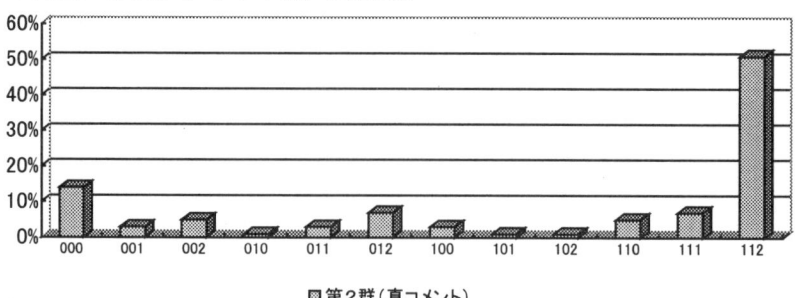

■第2群（真コメント）

図4.24　第3群（コメント群）反応連鎖

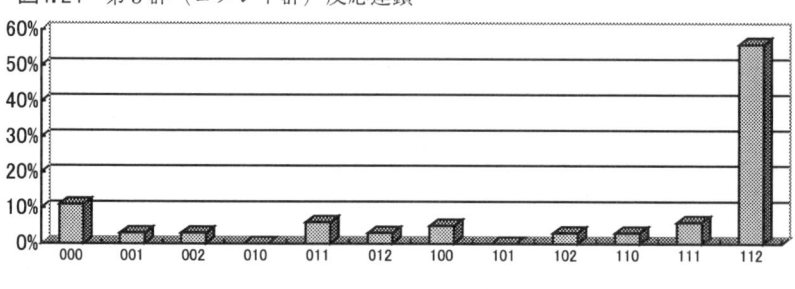

■第3群（真コメント）

図4.25　第4群（コメント群）反応連鎖

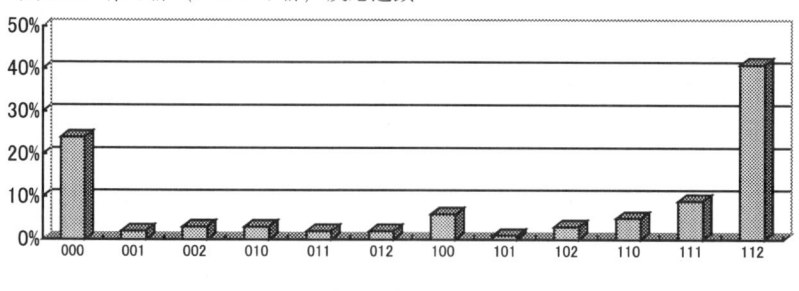

■第4群（真コメント）

　チェックリストを与えられた場合と異なり、すべての群の反応連鎖パターンがかなり類似していることが一見してわかる（図4.22～4.25）。適切な反応連鎖である112が多く、他の連鎖はあまりみられない。しかし一方で、

152

英語力、推敲力ともに低位の第4群には、OOOという反応が24％と多くみられ、また第1群と比較して反応が散らばっていた。つまり、適切な真コメントを与えられても、そもそもコメントの妥当性がわからず反応できないという者が多くいたのである。このことは、具体的なフィードバックによって、誤りの気づき、診断、対処法といった推敲に必要な処理をかなり免れた場合でも、フィードバックの受け手のレベルによっては、最終的に適切な修正に結びつかないことはもとより、そもそも推敲活動自体が生起しない場合さえあることを示している。

　これらの結果から、先行研究結果が示唆するとおり、適切かつ具体的なフィードバックを与えられると、適切な推敲反応を引き起こす場合が多いと言える一方で、具体的で適切なコメントを与えられても、英語力や推敲力が低いと、適切な修正に至らない場合があることが明らかになった。誤りの場所や対処法まで指示した具体的なコメントを与えられた場合、気づき、診断、対処法までの判断を、すべて他者に肩代わりしてもらうことになるが、最終的に対応するだけの英語力が必要であることは、前章で推敲過程モデルを基に推察した。その推察通り、指示された対処法を実行するだけの英語力や推敲力がない場合は、適切な修正にまで至らなかったのである。

4.4　偽コメントに対する反応

　さて、存在しない誤りに対するフィードバック（偽コメント）についての反応を、それぞれのコメントに対する判断及び対応の点からみてみよう。

4.4.1　偽コメントに対する判断と対応

表4.45　偽コメントに対する判断、対応

英語力、推敲力	判断（SD）	対応（SD）
第1群（英語上・推敲上）N=10	2.83（.69）	3.60（.75）
第2群（英語上・推敲下）N=25	2.88（1.10）	3.37（1.07）
第3群（英語下・推敲上）N=9	3.19（.56）	3.78（.80）
第4群（英語下・推敲下）N=27	3.23（.74）	3.47（.88）

第4節　実験結果

表4.46　コメント群による判断　英語力・推敲力2元配置分散分析（偽コメント）

	平方和	自由度	平均平方	F値	有意確率
英語力	1.73	1	1.73	2.32	0.13
推敲力	.03	1	.03	.04	.84
英語力＊推敲力	.00	1	.00	.00	1.00
誤差	50.01	67	.75		
総和	711.44	70			

表4.47　コメント群による対応　英語力・推敲力2元配置分散分析（偽コメント）

	平方和	自由度	平均平方	F値	有意確率
英語力	.26	1	.26	.30	.59
推敲力	.99	1	.99	1.15	.29
英語力＊推敲力	.02	1	.02	.03	.87
誤差	58.08	67	.87		
総和	925.56	70			

図4.26　偽コメント　判断、対応

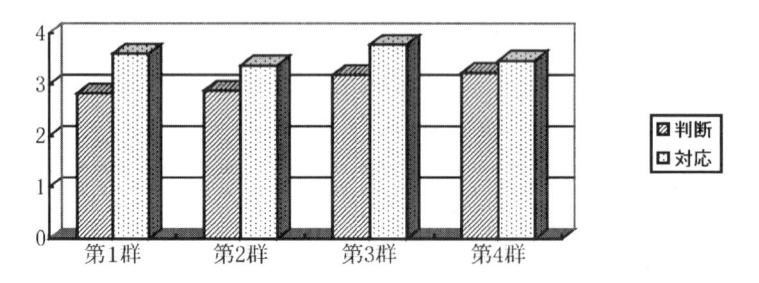

　偽コメントに対する判断、対応ともに、英語力、推敲力の影響はみられなかった。(表4.46、4.47)。コメントを適切と感じたかという判断については、「どちらとも言えない」という中間的なものであるが、対応については平均値がやや「少し対応した」寄りになっている。ただし、偽コメントの場合、対応しない場合が適切な反応となるので、対応に関しては、単純な平均値の比較はあまり意味をもたず、後でみていく反応連鎖分析においてのみ重要性をもつ。

4.4.2 修正

一方、偽コメントに対する修正については、英語力において主効果がみられ、多重比較を行ったが、群間に有意差はなかった（表4.50）。いずれの群においても平均が1.00以上であり、なんらかの修正を行ってはいるが、第3群の修正適切度が特に低いことが目立つ（図4.27）。偽コメントの場合は、コメントを無視してなんの対応も行わない場合が適切な反応となる。英語力の低い第3群は、推敲力が高いだけに偽コメントに反応しようとしてかえって多く誤りを犯したのかもしれない。それに対して、英語力、推

表4.48 偽コメントに対する修正

英語力、推敲力	修正 (SD)
第1群（英語上・推敲上）N=10	1.47 (.57)
第2群（英語上・推敲下）N=25	1.29 (.51)
第3群（英語下・推敲上）N=9	1.00 (.44)
第4群（英語下・推敲下）N=27	1.12 (.52)

表4.49 コメント群による修正　英語力・推敲力2元配置分散分析（偽コメント）

	平方和	自由度	平均平方	F値	有意確率
英語力	1.41	1	1.41	5.32	.02
推敲力	.01	1	.01	.03	.86
英語力＊推敲力	.31	1	.31	1.16	.29
誤差	17.70	67	.26		
総和	124.11	70			

表4.50 偽コメント修正
多重比較表　Bonferroni

修正	2群	3群	4群
第1群	.17	.47	.34
第2群		.29	.17
第3群			-.12

図4.27 偽コメント　修正

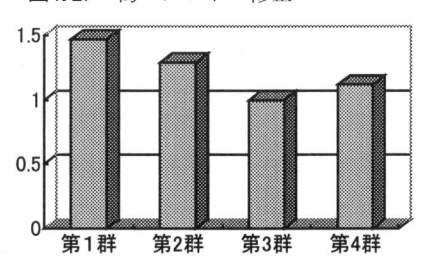

第4節　実験結果

敲力ともに低い第4群は、そもそも反応しようとも思わなかったため、それだけ適切度が高くなった可能性がある。

それぞれの偽コメントに対し、各群がどのような処理を行っているか、詳しく反応連鎖からみていくことにする。真コメントとは異なり、偽コメントの場合は、コメントに沿った誤修正をした場合を0、話の筋が通るようになんらかの手当てをしながらも偽コメントに沿った修正をしている不適切修正を1、コメントに従わず無反応の場合や、また沿ってはいても完全に整合性のある形で書き換えている場合を2としている。

表4.51　反応連鎖分類表（コメント群／偽コメント）

判　断	対　応	修　正
0：適切判断	0：非対応	0：誤反応
1：不適切判断	1：対応	1：不適切修正
		2：無反応あるいは適切修正

まず、誤反応に終わったXX0パタンをみてみる。偽コメントを妥当であると判断し、誤反応をしてしまう110というパタン、つまり無批判に偽コメントを受け入れるというパタンが多い（図4.28）。特に第3群、つまり英語力が低く推敲力が高い群に、この反応が多くみられる。

表4.52　偽コメント反応連鎖　修正誤反応

		000	100	010	110
第1群	（度数）	0	0	1	4
	（％）	0	0	3	13
第2群	（度数）	2	1	5	13
	（％）	3	1	7	17
第3群	（度数）	1	0	2	8
	（％）	4	0	7	30
第4群	（度数）	5	3	3	13
	（％）	6	4	4	16

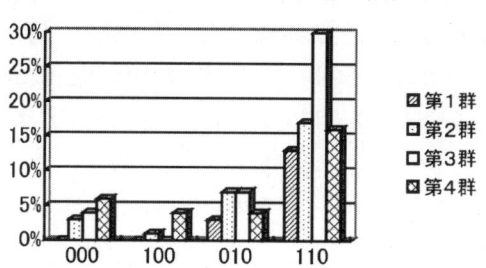

第4章 フィードバックの具体性と推敲過程

図4.28 偽コメント反応連鎖　修正誤反応

次に不適切反応に終わったXX1のパタンをみてみる。偽コメントに対する不適切反応とは、偽の指示に沿い、なんらかの不完全な修正をしている場合である。偽コメントを妥当であると判断した上で、意識的に対応し、そして結果的に不適切な修正に終わった111という反応が全群を通じて

表4.53　偽コメント　反応連鎖不適切反応

		001	101	011	111
第1群	（度数）	0	0	1	5
	（％）	0	0	3	17
第2群	（度数）	0	2	2	7
	（％）	0	3	3	9
第3群	（度数）	0	0	1	4
	（％）	0	0	4	15
第4群	（度数）	3	2	4	14
	（％）	4	2	5	17

図4.29 偽コメント反応連鎖　不適切反応

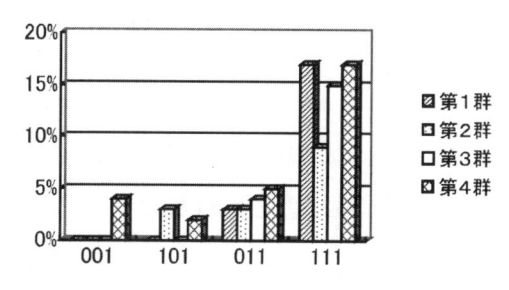

第4節　実験結果

もっとも多いことがわかる（図4.29）。

英語力、推敲力ともに正反対の第1群、第4群に、同程度この111パタンがみられる。偽コメントを適切とした時点で両群ともに判断は誤っているが、第1群は整合性のある形でそのコメントに沿った修正をしようとしたのか、また第4群は英語力の不足等で、単に偽コメントに沿うことができなかったのか、後の誤りタイプ別の分析において詳細にみてみることにする。

さて、適切な反応に終わるXX2の連鎖をみてみよう。上で述べたようにXX2のパタンは偽コメントに従わず無反応か、完全に整合性のある形で修正を施しているというケースである。

この中でもっとも多くみられる002という反応パタンは偽コメントを妥

表4.54　偽コメント　反応連鎖適切反応

		002	102	012	112
第1群	(度数)	11	0	6	2
	(%)	37	0	20	7
第2群	(度数)	23	2	13	5
	(%)	31	3	17	7
第3群	(度数)	6	2	3	0
	(%)	22	7	11	0
第4群	(度数)	20	4	9	1
	(%)	25	5	11	1

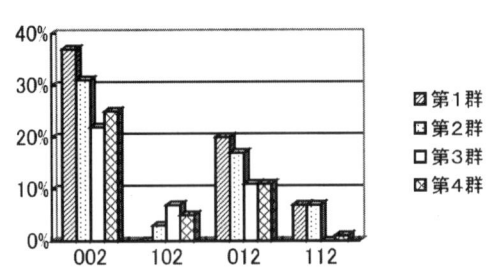

図4.30　偽コメント反応連鎖　適切反応

第 4 章　フィードバックの具体性と推敲過程

当と判断せず、したがって対応しないというものである。また、次に多い012のパタンは、偽コメントを妥当とは判断しないが、なんらかの形で対応し、適切に修正したというものである。002、012のいずれにおいても第1群が多く、第3群、第4群が少ないことがわかる（図4.30）。

偽コメントに対する反応連鎖をそれぞれの群ごとに表してみる。

第1群、第2群の反応パタンは類似しているが、第3群は110が突出しており、第4群は反応パタンが散らばっている。推敲力はあっても英語力の低い第3群は、これら偽コメントに対してその妥当性を適切に判断できず、その指示通りに反応してしまったようである。真コメントに対する反

図4.31　第1群　偽コメント反応連鎖

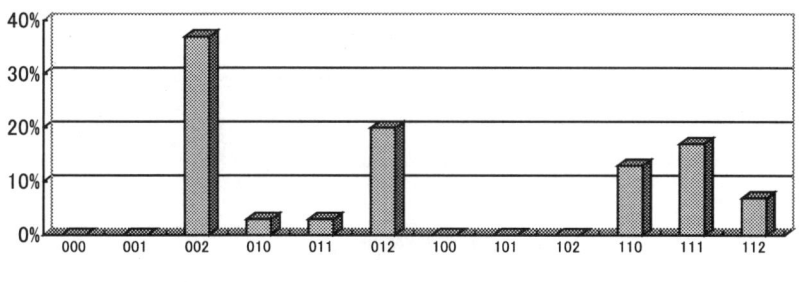

図4.32　第2群　偽コメント反応連鎖

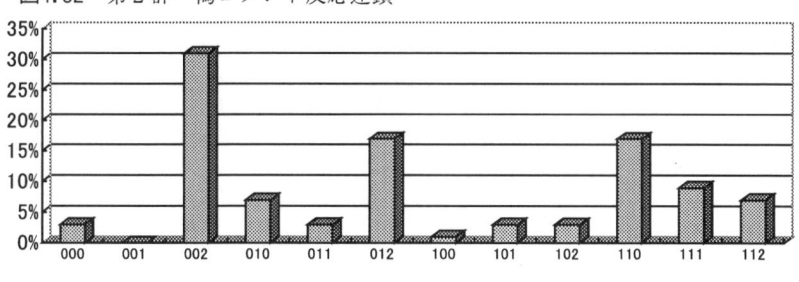

第4節　実験結果

図4.33　第3群　偽コメント反応連鎖

■第3群(偽コメント)

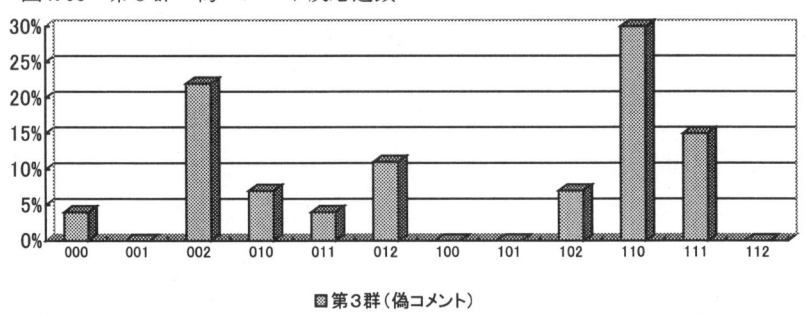

図4.34　第4群　偽コメント反応連鎖

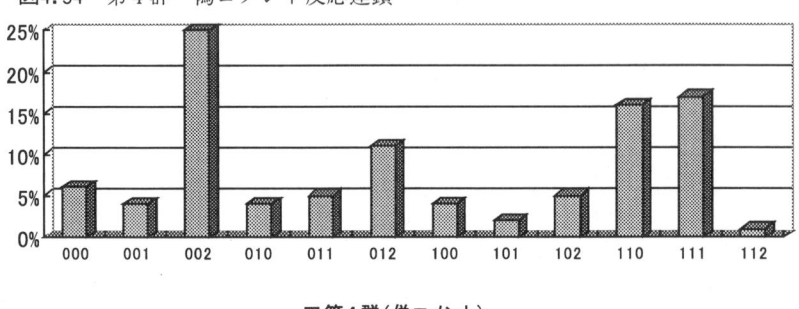

■第4群(偽コメント)

応連鎖と比較して、偽コメントは全体的に反応が散らばる傾向がみてとれ、また110や111といった反応も多くみられることから、偽コメントを妥当なアドバイスと判断する場合が多いことがわかる。特に第4群は偽コメントでの反応の散らばり具合が大きく、適切でないコメントを与えられ、惑わされた印象を受ける。

4.5　真コメントと偽コメントの群別比較

さて、偽コメントに対する反応を真コメントのそれと比較し、さらに詳細に分析を進める。偽コメントと真コメントに対する判断、対応、そして修正について各群別にみていく。

第4章　フィードバックの具体性と推敲過程

第1群（英語力上位・推敲力上位）　真偽コメント反応比較

表4.55　第1群（N=10）

		平均値（SD）
判断	真	3.99（.21）
	偽	2.83（.69）
対応	真	4.09（.61）
	偽	3.60（.75）
修正	真	1.59（.20）
	偽	1.47（.57）

図4.35　第1群　判断、対応（真偽比較）

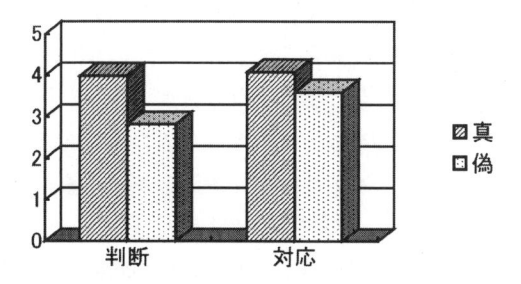

図4.36　第1群　修正（真偽比較）

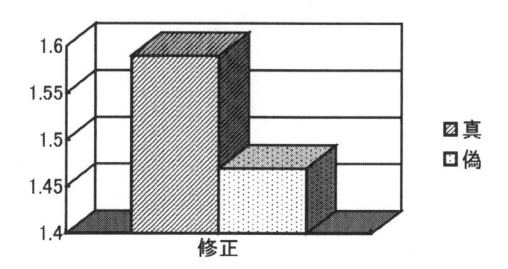

161

第4節　実験結果

表4.56　分散分析表　第1群

		平方和	自由度	平均平方	F値	有意確率
判断	グループ間	6.64	1	6.64	25.41	.00
	グループ内	4.70	18	.26		
	合計	11.34	19			
対応	グループ間	1.18	1	1.18	2.53	.13
	グループ内	8.38	18	.47		
	合計	9.56	19			
修正	グループ間	.07	1	.07	.39	.54
	グループ内	3.28	18	.18		
	合計	3.35	19			

表4.56は、判断、対応、修正それぞれにおいて、真コメント、偽コメントの間で分散分析したものである。

第1群は、真コメントを偽のそれよりも有意に適切と判断し、一方で修正においては差がない。つまり、真偽どちらのコメントを与えられた場合も、それらに応じて適切な反応をしていることがわかる。たとえ偽コメントを与えられた場合も、それを鵜呑みにするわけではなく、自身で判断しそれぞれに応じた反応をしていることが第1群の特徴である。

第2群（英語力上位・推敲力下位）　真偽コメント反応比較

表4.57　第2群（N=25）

		平均値（SD）
判断	真	3.81（ .66）
	偽	2.88（1.10）
対応	真	3.93（ .71）
	偽	3.37（1.07）
修正	真	1.41（ .41）
	偽	1.29（ .51）

第4章　フィードバックの具体性と推敲過程

図4.37　第2群　判断、対応（真偽比較）

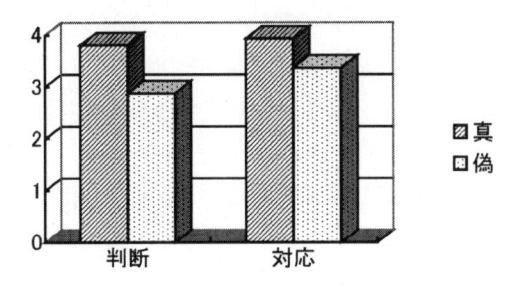

図4.38　第2群　修正（真偽比較）

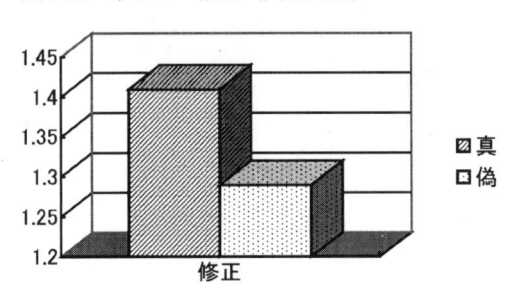

表4.58　分散分析表　第2群

		平方和	自由度	平均平方	F値	有意確率
判断	グループ間	10.84	1	10.84	13.29	.00
	グループ内	39.18	48	.82		
	合計	50.02	49			
対応	グループ間	3.89	1	3.89	4.72	.03
	グループ内	39.63	48	.83		
	合計	43.52	49			
修正	グループ間	.17	1	.17	.81	.37
	グループ内	10.31	48	.21		
	合計	10.48	49			

第4節　実験結果

　第2群においても、真コメントを有意により適切と判断し、また対応している。修正においては、真偽の間で有意な差はみられないが、真コメントによる修正の適切度が高い（表4.58）。このことから、第2群についても真コメント、偽コメント、それぞれに応じた反応をしていると言える。

第3群（英語力下位・推敲力上位）　真偽コメント反応比較

表4.59　第3群（N=9）

		平均値（SD）
判断	真	4.00（.56）
	偽	3.19（.56）
対応	真	4.24（.71）
	偽	3.78（.80）
修正	真	1.46（.35）
	偽	1.00（.44）

図4.39　第3群　判断、対応（真偽比較）

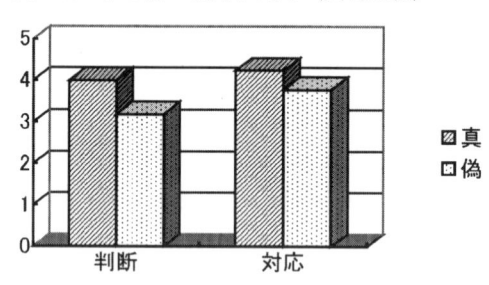

図4.40　第3群　修正（真偽比較）

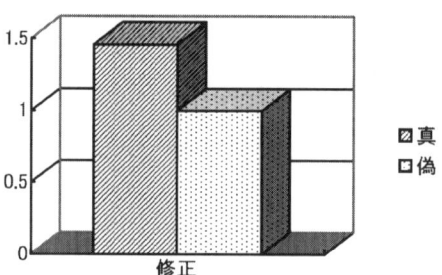

表4.60 分散分析表　第3群

		平方和	自由度	平均平方	F値	有意確率
判断	グループ間	2.99	1	2.99	9.56	.01
	グループ内	5.00	16	.31		
	合計	7.99	17			
対応	グループ間	.95	1	.95	1.66	.22
	グループ内	9.19	16	.57		
	合計	10.15	17			
修正	グループ間	.95	1	.95	6.04	.03
	グループ内	2.53	16	.16		
	合計	3.48	17			

　第3群は判断および修正について真コメントが有意に高い（表4.60）。このことは、真コメントをより妥当とした点で判断は適切であったが、偽コメントを与えられた場合では、最終的には、真コメントの場合ほどの適切な修正ができなかったということを示している。その指示に従うだけで適切な修正となる真コメントの場合と異なり、存在しない誤りの修正を指示する偽コメントを与えられた場合では、誤反応や不適切な反応が有意に多くなっていたのである。

　このように第3群は偽コメントにつられて誤修正が多くなっていたが、実験の状況設定がクラスメートから与えられたコメントであったということを考慮すると、もしこのコメントが教師から与えられたものであれば、より無批判に採用し、誤反応した可能性があるだろう。

第4群（英語力下位・推敲力下位）　真偽コメント反応比較

　第4群においても、コメントの妥当性についての判断では、真コメントのほうが有意に高いことから、真偽に対するめりはりはついていることがわかる（表4.62）。しかし、修正についてみてみると、真偽両方共に低いだけでなく、偽コメントのほうがやや高くなっていることがみてとれる

第4節　実験結果

表4.61　第4群（N=27）

		平均値（SD）
判断	真	3.77（.41）
	偽	3.23（.74）
対応	真	3.70（.74）
	偽	3.47（.88）
修正	真	1.11（.46）
	偽	1.12（.52）

図4.41　第4群　判断、対応（真偽比較）

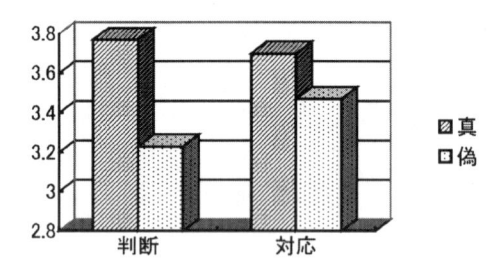

図4.42　第4群　修正（真偽比較）

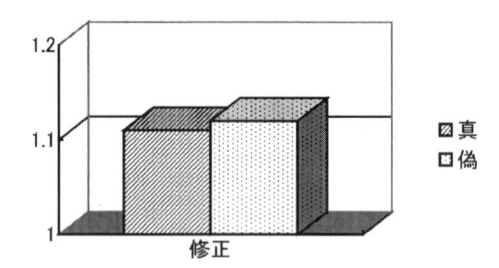

（図4.42）。先にみたように、真コメントの修正については、第1群、第2群と比較して、第4群が有意に低かった。つまり、英語力も推敲力も下位である第4群にとっては、コメントの真偽にかかわらず、適切な修正が困難であるということを意味している。

表4.62　分散分析表　第4群

		平方和	自由度	平均平方	F値	有意確率
判断	グループ間	3.91	1	3.91	10.84	.00
	グループ内	18.74	52	.36		
	合計	22.65	53			
対応	グループ間	.74	1	.74	1.12	.30
	グループ内	34.60	52	.67		
	合計	35.35	53			
修正	グループ間	.00	1	.00	.02	.90
	グループ内	12.54	52	.24		
	合計	12.54	53			

4.6　判断、修正別真偽コメント比較

群ごとにみてきた真コメントと偽コメントに対する判断及び修正の差について、その差が群間でどのように変化するのかを調べるために、各群を並べて比較してみる。

4.6.1　判断　真偽コメント反応比較

表4.63　判断

	第1群	第2群	第3群	第4群
真判断 Av.(SD)	3.99 (.22)	3.81 (.66)	4.00 (.56)	3.77 (.41)
偽判断 Av.(SD)	2.83 (.69)	2.88 (1.10)	3.19 (.56)	3.23 (.74)

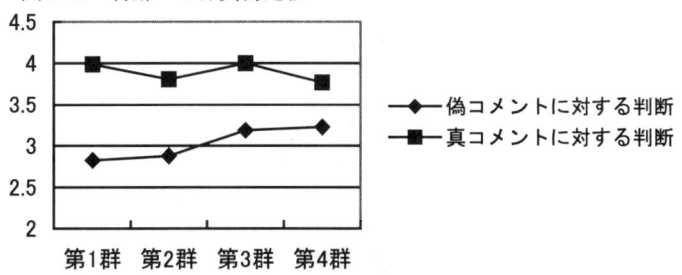

図4.43　判断　4群真偽比較

第4節　実験結果

真コメント、偽コメントそれぞれに対して、妥当と判断したかという点について、図4.43のように群間で比較してみると一定の傾向がみられる。第1群は真コメントを適切とし、偽コメントをそうではないと判断しているという点で、判断の差が明瞭である。しかし、第3群、第4群となると、偽コメントを適切と判断する度合いが高くなり、真コメントに対する判断との差が小さくなっていくことがわかる。前項でみたように、全群ともに一応は真偽それぞれのコメントに対してめりはりはつけていたが、それでもやはり英語力や推敲力の低い学習者にとっては、正しいコメントとそうでないコメントの区別をつけることが困難であることがこのことから言える。つまり、英語力、推敲力が大きくその判断に影響していることがわかる。

上でも述べたが、偽コメントの場合は、対応しないことが適切な反応となる。真偽それぞれのコメントの対応については、対応しようという意識があったかどうかという点が重要であって、反応連鎖の分析では意味をもつが、真偽間の平均値比較はあまり意味をもたない。したがって、対応については、すでに群別の平均値等は上で示したので、ここでは4群間の真偽比較は行わない。

4.6.2　修正　真偽コメント反応比較

表4.64　修正

	第1群	第2群	第3群	第4群
真修正 Av.(SD)	1.59 (.20)	1.41 (.41)	1.46 (.35)	1.11 (.46)
偽修正 Av.(SD)	1.47 (.57)	1.29 (.51)	1.00 (.44)	1.12 (.52)

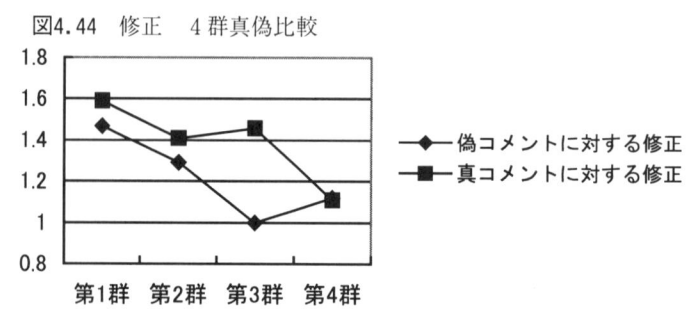

図4.44　修正　4群真偽比較

第4章 フィードバックの具体性と推敲過程

　それでは、修正について群間の変化をみてみよう。判断と同様、修正についても各群の特徴は明確である（図4.44）。第1群は真偽いずれのコメントに対しても高いレベルで適切な修正ができている。第1群と比較すると、第2群はいずれのコメントに対しても、修正適切度が相対的に低くなっていることがわかる。そして、第3群では両コメントに対する反応が異なり、真偽間で適切度に大きな開きがある。第3群はコメントの妥当性判断が的確でなかったことからも明らかなように、偽コメントに対して適切な修正が行えていない。そして、第4群は真偽いずれのコメントに対しても適切な修正が行えておらず、真コメントを与えられても推敲にそれほど活かせず、また偽コメントを与えられた場合は不適切な修正を行ってしまう。これらのことから、具体性の程度にかかわらず、フィードバックの処理には英語力や推敲力が大きく関わり、特に第4群のようないずれの力も弱い者にとっては、フィードバックが推敲に対して有効に作用しない場合が多いことが理解できる。

4.7　誤り別真偽コメント比較

　さて、真偽それぞれのコメントに対する反応についてはさらに詳しく、各誤り別に、判断、修正、そして反応連鎖パタンをみていく。その理由は、誤りの種類によって求められる対応が異なり、難易度が異なるからである。例えば、「ある文をどこそこに移動せよ」というコメントに従うことは比較的容易であるが、「具体例を付け足せ」というコメントの場合、例を付け足すには、その文脈に合致した例を思いつくこと、そしてその例を英語で表現できることなど、いくつかのハードルがある。前者の場合は推敲の意図が反映されやすいが、後者の場合には、反応したくてもできなかったというケースのあることが想像できる。
　真コメントの場合は、その指示に従うことが適切な反応となるが、今述べたように誤りのタイプによってその難易度が異なる。また、偽コメントの場合は、なにも反応しないことも適切な対応となるが、同じ無反応でも

第4節　実験結果

故意にそうしたか、あるいは反応できなかったのか、さらに、難易度の低い誤りタイプでは、反応するケースが増えるのか、といったさまざまな疑問が生じる。したがって、対処しやすい誤りと、そうでないものとで、コメントに対する反応が異なっている可能性があり、誤りをそれぞれに分けてみる必要があると思われる。

　コメントには文の移動を指示するもの、文の削除を指示するもの、例の付加を指示するもの、そして結論の付加を指示するものの4つのタイプがあった。このうち、真コメントと偽コメントで共通なものは、文の移動、削除、例の付加を指示するものである。文の移動については真コメントで2つ、偽コメントで1つ指示している。つまり、本当に存在し、文の移動を必要とする誤りに対して指示するコメントが2つあり、実際には存在しない誤りに対して修正を指示するものが1つあるということである。文の削除については、真コメントで2つ、偽コメントで1つ、そして例の付加については、いずれも1つずつであった。結論の付加については、偽コメントでは指示していない。したがって、誤り別に真偽コメントを比較するにあたっては、結論の付加については除外した。

　また、上で述べた理由により、対応については真偽間の平均値比較は行わず、反応連鎖の場合にのみ、回答を利用する。問題に対して対応しようという意思があったかどうかという点のみが重要だからである。

4.7.1　文の移動　真偽コメント反応比較

判断

表4.65　判断　文の移動　真偽コメント比較

群	真コメント Av.(SD)	偽コメント Av.(SD)
第1群 (N=10)	4.40 (.52)	3.30 (1.25)
第2群 (N=25)	4.12 (.93)	2.92 (1.44)
第3群 (N=9)	4.17 (.75)	3.78 (.83)
第4群 (N=27)	3.96 (.81)	3.52 (.80)

表4.66 文の移動　判断　真偽コメント比較　分散分析

	平方和	自由度	平均平方	F値	有意確率
英語力	.82	1	.82	.84	.36
推敲力	2.19	1	2.19	2.24	.14
F真偽	17.04	1	17.04	17.46	.00
英語力＊推敲力	.07	1	.07	.07	.79
英語力＊F真偽	3.73	1	3.73	3.83	.05
推敲力＊F真偽	.04	1	.04	.04	.84
英語力＊推敲力＊F真偽	.00	1	.00	.00	.95
誤差	130.74	134	.98		
総和	2113.75	141			

※F真偽とは、コメントの真偽のことであり、2水準の独立変数である。

表4.67 文の移動　判断　多重比較表　Tamhane

		第1群偽	第2群真	第2群偽	第3群真	第3群偽	第4群真	第4群偽
第1群	真	1.10	.28	1.48**	.23	.62	.44	.88*
第1群	偽		-.82	.38	-.87	-.48	-.66	-.22
第2群	真			1.20*	-.05	.34	.16	.60
第2群	偽				-1.25	-.86	-1.04	-.60
第3群	真					.39	.20	.65
第3群	偽						-.19	.26
第4群	真							.44

* $p < .05$, ** $p < .01$

図4.45 文の移動　判断

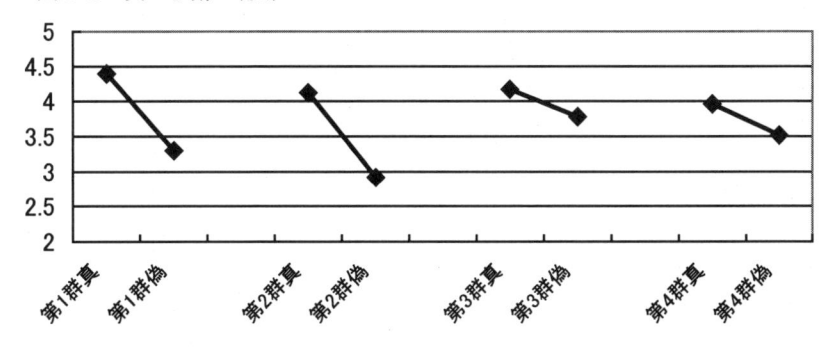

第4節　実験結果

　文の移動を指示するコメントについては、真偽間の判断で有意な差がみられた。つまり、英語力や推敲力の差にかかわらず、真コメントを偽コメントよりも妥当なアドバイスと捉えていたようである。しかし、英語力とコメントの真偽との間で交互作用の傾向があり、群間にある程度の判断差がみられる。図4.45からわかるように、第1群と第2群については、真偽間の差が大きい。つまり、これらの群は真コメントと偽コメントに対する判断において、他の群よりもめりはりがあり、適切に判断していることがわかる。一方で、第3群、第4群は真偽間の傾きが緩やかで、判断の差がそれほど開いておらず、その差も有意ではない。つまり、真偽の区別があまりついていないことがわかる。

修正

表4.68　修正　文の移動　真偽コメント比較

群	真コメント Av.(SD)	偽コメント Av.(SD)
第1群 (N=10)	2.00 (.00)	1.30 (.67)
第2群 (N=25)	1.78 (.46)	1.04 (.79)
第3群 (N=9)	1.94 (.17)	.44 (.53)
第4群 (N=27)	1.74 (.61)	.78 (.51)

表4.69　文の移動　修正　真偽コメント比較　分散分析

	平方和	自由度	平均平方	F値	有意確率
英語力	2.55	1	2.55	7.97	.01
推敲力	.21	1	.21	.67	.42
F真偽	26.43	1	26.43	82.57	.00
英語力＊推敲力	.64	1	.64	2.01	.16
英語力＊F真偽	1.82	1	1.82	5.67	.02
推敲力＊F真偽	.43	1	.43	1.34	.25
英語力＊推敲力＊F真偽	.58	1	.58	1.80	.18
誤差	42.90	134	.32		
総和	340.00	141			

表4.70　文の移動　修正　多重比較表 Tamhane

	第1群偽	第2群真	第2群偽	第3群真	第3群偽	第4群真	第4群偽
第1群　真	.70	.22	.96**	.06	1.56**	.26	1.22**
第1群　偽		-.48	.26	-.64	.86	-.44	.52
第2群　真			.74**	-.16	1.34**	.04	1.00**
第2群　偽				-.90**	.60	-.70*	.26
第3群　真					1.50**	.20	1.17**
第3群　偽						-1.30**	-.33
第4群　真							.96**

* $p < .05$, ** $p < .01$

図4.46　文の移動　修正

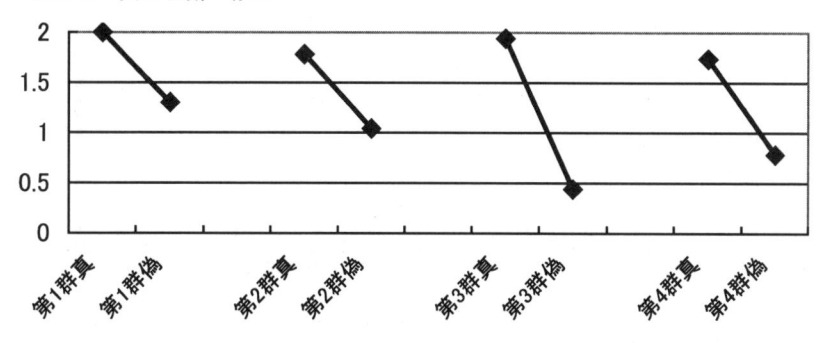

　修正については、英語力とコメントの真偽間に交互作用がみられた。多重比較を行った結果、第1群を除いて、全ての群において、偽コメントでの適切度が有意に低いことが明らかとなった（図4.70）。コメントの妥当性に対する判断において、真偽間であまり差のなかった第3群、第4群が、修正においても偽コメントに従うことにより、適切度が低くなることは想像できたが、判断において有意な差がみられた第2群でさえも、修正の適切度では、偽コメントがより低かったのである。

第4節　実験結果

反応連鎖

図4.47　文の移動　第1群

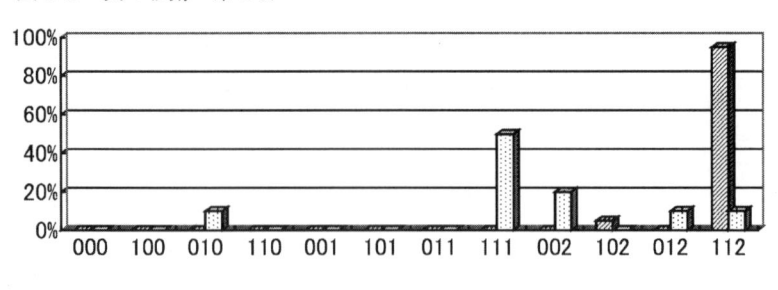

■第1群真　□第1群偽

図4.48　文の移動　第2群

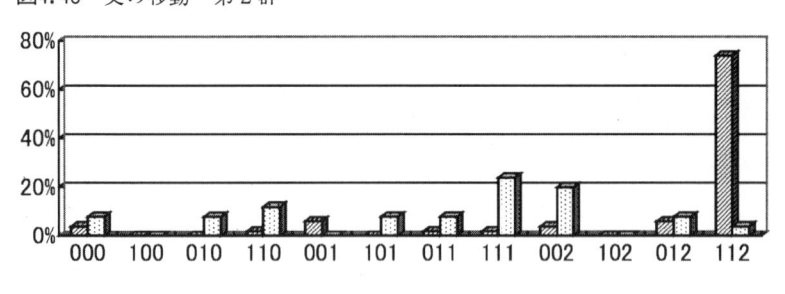

■第2群真　□第2群偽

図4.49　文の移動　第3群

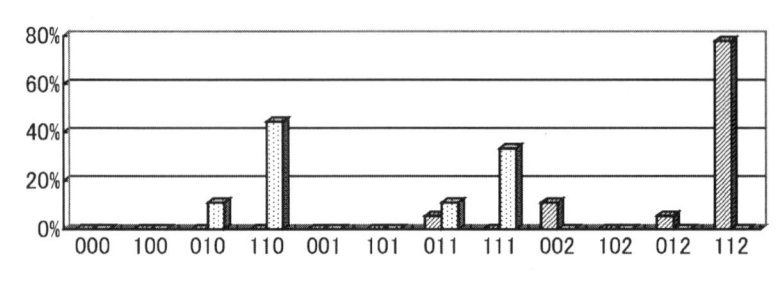

■第3群真　□第3群偽

174

第4章 フィードバックの具体性と推敲過程

表4.71 文の移動 反応連鎖 真偽比較

	000	100	010	110	001	101	011	111	002	102	012	112	合計
第1群真	0	0	0	0	0	0	0	0	0	1	0	19	20
％	0	0	0	0	0	0	0	0	0	5	0	95	100
第1群偽	0	0	1	0	0	0	0	5	2	0	1	1	10
％	0	0	10	0	0	0	0	50	20	0	10	10	100
第2群真	2	0	0	1	3	0	1	1	2	0	3	37	50
％	4	0	0	2	6	0	2	2	4	0	6	74	100
第2群偽	2	0	2	3	0	2	2	6	5	0	2	1	25
％	8	0	8	12	0	8	8	24	20	0	8	4	100
第3群真	0	0	0	0	0	0	1	0	2	0	1	14	18
％	0	0	0	0	0	0	6	0	11	0	6	78	100
第3群偽	0	0	1	4	0	0	1	3	0	0	0	0	9
％	0	0	11	44	0	0	11	33	0	0	0	0	100
第4群真	5	0	1	0	1	0	0	1	2	3	2	39	54
％	9	0	2	0	2	0	0	2	4	6	4	72	100
第4群偽	2	1	1	3	3	2	3	11	1	0	0	0	27
％	7	4	4	11	11	7	11	41	4	0	0	0	100

第4節　実験結果

図4.50　文の移動　第4群

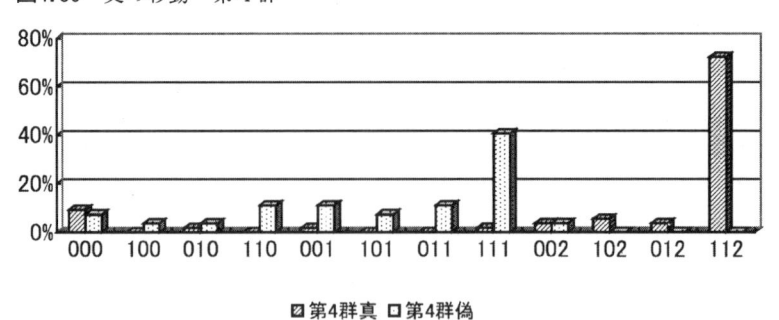

図4.50のグラフ：横軸 000, 100, 010, 110, 001, 101, 011, 111, 002, 102, 012, 112、凡例　第4群真　第4群偽

　さて、反応連鎖を真偽間で比較してみよう（表4.71、図4.47～4.50）。真コメントの場合、第1群の反応は一定しており、ほとんどすべてが112、つまりコメントを妥当と判断しかつ適切に修正するというパタンが占めている。そして、偽コメントの場合は、約半数が111パタン、つまりコメントを妥当と判断し、整合性のある形で対応しようとしているが、結果的に不適切な修正に終わったというパタンで占められている。次に偽コメントを妥当とせず、対応しないという002パタンが20％を占めている。これらのことから、第1群は誤りに対する意図が明確で、コメントを妥当と思えばなんとか適切な形で対応しようとするし、妥当と思わなければ対応しないことがわかる。

　第2群も真コメントの場合は、ほとんどの反応が112である。しかし、偽コメントになると、一見して第1群と異なり、反応が散らばっていることがわかる。111や002が多い傾向は第1群と同様であるが、偽コメントを妥当と判断し、文脈との整合性も考慮することなく無批判にコメントを取り入れた110という誤反応パタンがみられる。また、000のようにコメントを妥当としていないにもかかわらず、結果的にコメントに従うといった矛盾したパタンなど、第1群にはまったくみられないパタンが存在している。

　第3群も真コメントについては、第1群、第2群同様、ほとんどすべての反応が112であった。しかし、偽コメントでは、その反応は大きく111と

176

110に分かれる。特に偽コメントをそのまま採用し誤反応となった110が他の群と比較して多い。推敲力があっても英語力の欠如のためか、偽コメントの妥当性を適切に判断できなかったようである。

　さて、第4群では、真コメントに対しては、112がやはり70％程度を占めているが、000という、真コメントを妥当とせず無反応のパタンが10％程度みられる。そして、偽コメントに対する反応では、第1群のそれとはまったく異なっていることがわかる。第1群の反応が図の右に寄っているのに対し、第4群の反応は図の左に散らばっており、適切な修正に終わった反応はほとんどみられない。英語力、推敲力ともに力の異なる第1群と第4群では、文の移動を促す偽コメントに対し、まったく異なった処理をしていることが明らかになった。

　以上のことから、比較的対処しやすいと考えられる文の移動の場合でも、真コメントについては、いずれの群も適切反応が多くを占めるが、偽コメントについては、英語力、推敲力ともに上位の第1群でさえ、それほど適切なものではなかったことがわかる。さらに英語力、推敲力が下位になれば、より誤反応が増え、特に第3群がコメントの妥当性について判断ができておらず、また第4群では第1群とまったく異なり、最終的に誤反応かなんらかの不適切な処理をしていたのである。特に偽コメントを妥当な指示ととらえる割合が、いずれの群においても多いことがわかった。偽コメントを妥当と判断し、対応した11Xパタンをみると、第1群で60％、第2群で38％、第3群が77％、そして第4群に52％もみられた。妥当と判断しながら対応しないという矛盾したパタンも含めると、第2群、第3群がそれぞれ10％ほど増える。このように、文の移動を指示する偽コメントに対して、各群ともにかなり鵜呑みにして処理を行ったことが明らかとなった。

第 4 節　実験結果

4.7.2　文の削除　真偽コメント比較

判断

表4.72　判断　文の削除　真偽コメント比較

群	真コメント Av.(SD)	偽コメント Av.(SD)
第1群 (N=10)	3.50 (.53)	3.20 (1.23)
第2群 (N=25)	3.22 (.85)	3.12 (1.30)
第3群 (N=9)	3.89 (.70)	3.44 (1.33)
第4群 (N=27)	3.33 (.59)	3.00 (1.18)

表4.73　文の削除　判断　真偽コメント比較　分散分析

	平方和	自由度	平均平方	F 値	有意確率
英語力	.68	1	.68	.66	.42
推敲力	3.21	1	3.21	3.13	.08
F 真偽	2.41	1	2.41	2.35	.13
英語力＊推敲力	.71	1	.71	.69	.41
英語力＊F 真偽	.25	1	.25	.24	.62
推敲力＊F 真偽	.17	1	.17	.16	.69
英語力＊推敲力＊F 真偽	.01	1	.01	.01	.91
誤差	137.39	134	1.03		
総和	1650.75	141			

図4.51　文の削除　判断

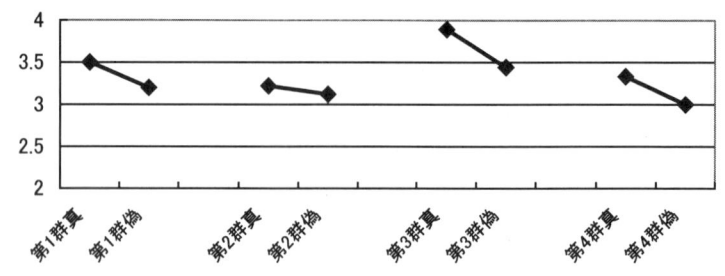

第4章　フィードバックの具体性と推敲過程

　文の削除を指示するコメントに対する判断については、推敲力においてのみ有意差傾向がみられた。真偽間での判断には有意差がみられず、真コメントのほうがより適切と考えられてはいるが、いずれの群においても偽コメントの適切さに対して回答平均値が3「どちらとも言えない」以上であり、この誤りについては判断がかなり困難であったことがわかる。その中でも、特に第2群は真偽間でそれほど差がなく、また第3群では真偽両方のコメントに対して、他群より適切としているなど、各群で判断の違いがみられる（図4.51）。

修正

表4.74　修正　文の削除　真偽コメント比較

群	真コメント Av.(SD)	偽コメント Av.(SD)
第1群（N=10）	1.40（.40）	1.20（1.03）
第2群（N=25）	1.30（.65）	.96（1.02）
第3群（N=9）	1.61（.60）	.56（.88）
第4群（N=27）	.89（.70）	.96（1.02）

表4.75　文の削除　修正　真偽コメント比較　分散分析

	平方和	自由度	平均平方	*F*値	有意確率
英語力	1.23	1	1.23	1.74	.19
推敲力	.74	1	.74	1.05	.31
F真偽	4.02	1	4.02	5.68	.02
英語力＊推敲力	.00	1	.00	.00	.97
英語力＊F真偽	.34	1	.34	.48	.49
推敲力＊F真偽	1.70	1	1.70	2.40	.12
英語力＊推敲力＊F真偽	2.80	1	2.80	3.96	.05
誤差	94.70	134	.71		
総和	266.50	141			

　修正適切度では、英語力、推敲力、そしてコメントの真偽の間で交互作用がみられた（表4.75）。多重比較においては有意差がみられないものの、

第 4 節　実験結果

表4.76　文の削除　修正　多重比較表 Tamhane

		第1群偽	第2群真	第2群偽	第3群真	第3群偽	第4群真	第4群偽
第1群	真	.20	.10	.44	-.21	.84	.51	.44
第1群	偽		-.10	.24	-.41	.64	.31	.24
第2群	真			.34	-.31	.74	.41	.34
第2群	偽				-.65	.40	.07	.00
第3群	真					1.06	.72	.65
第3群	偽						-.33	-.41
第4群	真							-.07

図4.52　文の削除　修正

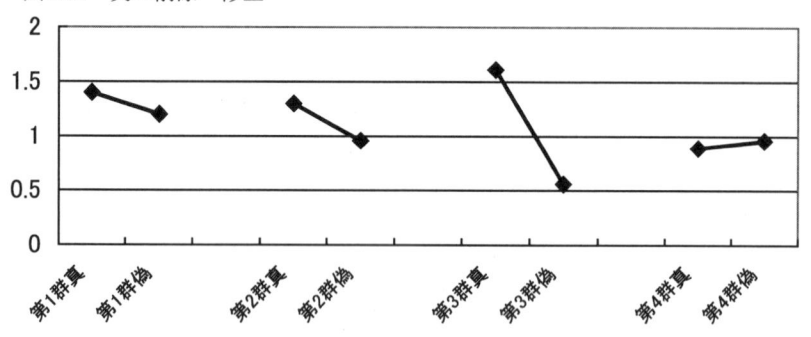

特に第 3 群、第 4 群の真偽間での傾きが、第 1 群および第 2 群と異なっていることがわかる（図4.52）。第 3 群は真偽間で差が大きく、偽コメントになると大きく適切度が下がる。そして、第 4 群は真偽どちらのコメントに対しても、適切度が低く、結果的に他の群のパタンと異なり、偽コメントのほうがやや適切度が高くなっている。つまり、英語力、推敲力ともに低い第 4 群では、真偽いずれのコメントでも、修正が適切に行えていないことがみてとれる。

第4章 フィードバックの具体性と推敲過程

反応連鎖

図4.53 文の削除 第1群

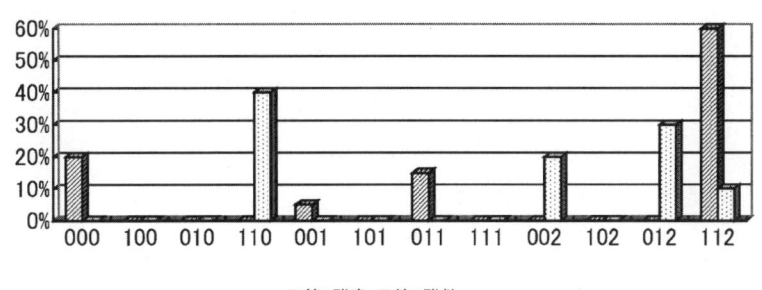

第1群真 第1群偽

図4.54 文の削除 第2群

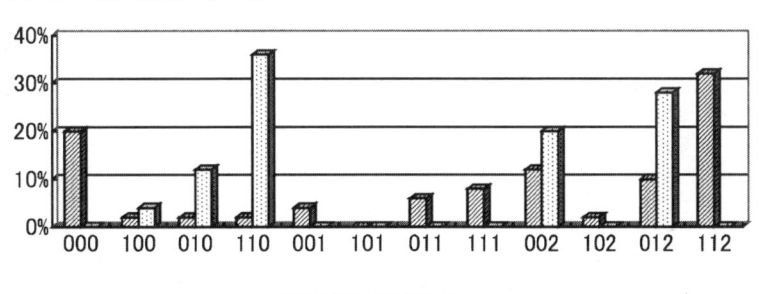

第2群真 第2群偽

図4.55 文の削除 第3群

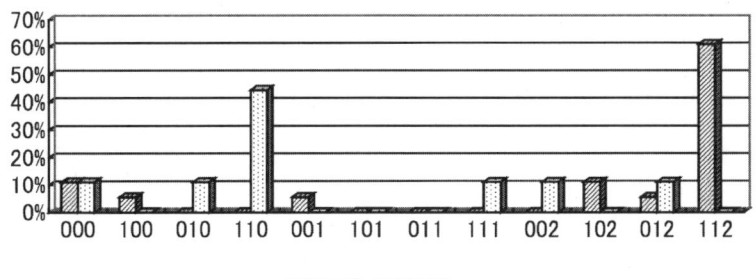

第3群真 第3群偽

181

第4節　実験結果

表4.77　文の削除　反応連鎖　真偽比較

	000	100	010	110	001	101	011	111	002	102	012	112	合計
第1群真	4	0	0	0	1	0	3	0	0	0	0	12	20
%	20	0	0	0	5	0	15	0	0	0	0	60	100
第1群偽	0	0	0	4	0	0	0	0	2	0	3	1	10
%	0	0	0	40	0	0	0	0	20	0	30	10	100
第2群真	10	1	1	1	2	0	3	4	6	1	5	16	50
%	20	2	2	2	4	0	6	8	12	2	10	32	100
第2群偽	0	0	3	9	0	0	0	0	5	0	7	0	25
%	0	4	12	36	0	0	0	0	20	0	28	0	100
第3群真	2	1	0	0	1	0	0	0	0	2	1	11	18
%	11	6	0	0	6	0	0	0	0	11	6	61	100
第3群偽	1	0	1	4	0	0	0	1	1	0	1	0	9
%	11	0	11	44	0	0	0	11	11	0	11	0	100
第4群真	21	1	3	2	1	0	1	4	2	2	2	17	54
%	39	2	6	4	2	0	2	7	4	0	4	31	100
第4群偽	3	2	2	7	0	0	0	0	5	0	8	0	27
%	11	7	7	26	0	0	0	0	19	0	30	0	100

第4章　フィードバックの具体性と推敲過程

図4.56　文の削除　第4群

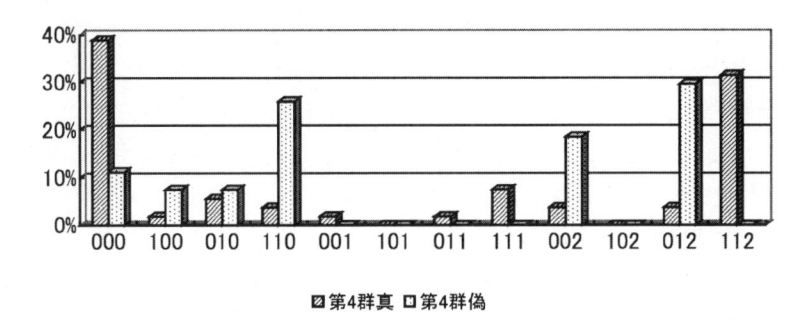

　反応連鎖をみていく。真コメントに対する反応を全体的にみると、大きく000と112に分かれていることがわかる。つまり、コメントを妥当とせず対応しないか、妥当として適切に修正するかの二通りである。そして、000と112の割合の差が、第1群、第3群では大きく、第2群、第4群では小さい。特に第4群では数字が逆転しており、真コメントに反応しない000が適切反応の112より多くなっている。つまり、推敲力の差によって、処理の適切度が大きく異なっている。

　一方、偽コメントについては、コメントを妥当とし誤反応をしてしまう110反応が、いずれの群においても多い。つまり、文を削除するという偽コメントについては、その是非を判断することが困難であったことがわかる。それでは、各群ごとにもう少し詳しくみてみよう。

　第1群の真コメントに対する反応は、コメントに適切に反応する112がもっとも多く、つぎにコメントを妥当とせず反応しない000、そして妥当とはしないが対応し、結果的に不適切な修正に終わる011とに大きく分かれる。一方、偽コメントでは、誤反応の110パタンが約半分を占めている。しかし、それ以外はコメントを妥当とせず反応しない002や、文脈に適切な形でコメントを採用する012や112パタンが占めている。これらの反応からわかる第1群の特徴は、真偽いずれのコメントに対しても、その推敲判断と実際の行動との間に整合性がみられ、その意図が明確なことである。

第4節　実験結果

　第2群の真コメントに対する反応は、第1群と較べて散らばっており、適切反応パタンの112が第1群の約半分の30％に落ち込んでいる。真コメントを与えられても、その反応が必ずしも112といった適切な反応につながらないものが多くみられる。偽コメントに対しては、誤反応の110、そして適切反応の002、012がそれぞれ36％、20％、28％と占めており、また010といったコメントを妥当とは判断していないにもかかわらず、そのまま従って誤反応という矛盾したパタンが数件みられる。

　第3群の真コメントに対する反応では、適切反応の112が第1群程度に高いことがその特徴であろう。一方、偽コメントに対しては、110パタンが多くを占める傾向は第1群と同様だが、000、010、111といった第1群ではみられなかった反応パタンが現れている。つまり、コメントに対する判断とその対応が合致していないパタンや、また妥当と判断しても適切に修正できなかったというパタンのみられることが第3群の特徴である。

　第4群の真コメントに対する反応では、適切反応である112よりも、誤反応の000が多くなっていることが、他の群と著しく異なっている点である。つまり、具体的で適切な真コメントを与えられても、英語力や推敲力の低い第4群は、それを活かすことができない場合が多い。また、偽コメントを与えられた場合も、第2群、第3群と同様で、000、100、010といった第1群にはみられない反応があり、それらを併せると約25％も占めている。このように、英語力、推敲力ともに上位の第1群とはかなりその反応が異なっていることがわかる。

　以上、文の削除を指示するコメントに対する反応をみてきた。真コメントに対しては、適切反応である112が多くみられたが、第4群の反応にみられるように、真コメントを与えられた場合でも適切に対応できない学習者が存在した。つまり、この誤りについてもフィードバックに対して適切な処理が出来るか否かは、英語力や推敲力に大きく左右されることがわかった。一方、偽コメントに対しては、多くの被験者が妥当と判断したことが明らかになった。偽コメントを妥当と判断した1XXパタンが第1群から第4群まで、それぞれ50％、40％、55％、33％あり、対応までした11X

パタンはそれぞれ50％、36％、55％、26％であった。そして、最終的に誤反応した110パタンは、40％、36％、44％、26％とそれぞれにみられた。英語力や推敲力の低い第4群が26％と最も低いが、これは矛盾したものも含め反応が散らばっているためである。第1群は反対にコメントが妥当と思えばそれに従うので、110といった、ある意味で整合性のある誤反応が多くなっている。これらのことから、文の移動を促す偽コメント同様、多くの被験者がコメントに従おうとしたことがわかる。また、第1群とは異なり、英語力や推敲力の低い第4群では、反応が散らばり、判断と対応の矛盾したものなどが出現することもわかった。

4.7.3 例の付加　真偽コメント反応比較

判断

表4.78　判断　例の付加　真偽コメント比較

群	真コメント Av.(SD)	偽コメント Av.(SD)
第1群（N=10）	3.00（1.25）	2.00（ .82）
第2群（N=25）	3.12（1.20）	2.60（1.32）
第3群（N=9）	3.22（1.20）	2.33（1.50）
第4群（N=27）	3.48（ .94）	3.19（1.24）

表4.79　例の付加　判断　真偽コメント比較　分散分析

	平方和	自由度	平均平方	F値	有意確率
英語力	3.92	1	3.92	2.78	.10
推敲力	5.82	1	5.82	4.12	.04
F真偽	12.70	1	12.70	9.00	.00
英語力＊推敲力	.27	1	.27	.19	.67
英語力＊F真偽	.19	1	.19	.14	.71
推敲力＊F真偽	2.00	1	2.00	1.42	.24
英語力＊推敲力＊F真偽	.02	1	.02	.02	.90
誤差	189.01	134	1.41		
総和	1475.00	141			

第4節　実験結果

表4.80　例の付加　判断　多重比較表　Bonferroni

	第1群偽	第2群真	第2群偽	第3群真	第3群偽	第4群真	第4群偽
第1群　真	1.00	-.12	.40	-.22	.67	-.48	-.19
第1群　偽		-1.12	-.60	-1.22	-.33	-1.48*	-1.19
第2群　真			.52	-.10	.79	-.36	-.07
第2群　偽				-.62	.27	-.88	-.59
第3群　真					.89	-.26	.04
第3群　偽						-1.15	-.85
第4群　真							.30

* $p < .05$

図4.57　例の付加　判断

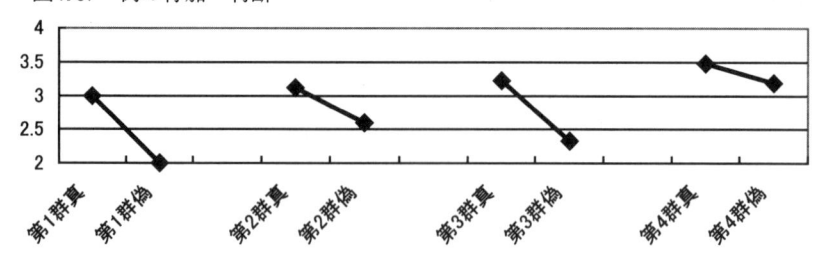

　例の付加を指示するコメントについては、その適切さの判断において推敲力と真偽間に主効果がみられた。全体としては、真偽の差が適切に理解できているということになるが、しかし、群によって判断がかなり異なっていることが図4.57からわかる。第1群、第2群、第3群は真偽間で、適切と感じる程度に差があるが、第4群については真偽間の傾きがゆるやかで、それほどの差がみられない。特に第1群、第2群、第3群ともに真コメントに対して適切と判断する程度が3、つまり「どちらとも言えない」から、偽コメントでは2の「そうは感じなかった」程度に下がるのに対し、第4群だけは真偽いずれも3以上であり、その間にほとんど差がみられず、適切に判断できていないことが明らかである。

第4章 フィードバックの具体性と推敲過程

修正

表4.81 修正 例の付加 真偽コメント比較

群	真コメント Av.(SD)	偽コメント Av.(SD)
第1群 (N=10)	1.30 (.82)	1.90 (.32)
第2群 (N=25)	.88 (.93)	1.88 (.44)
第3群 (N=9)	.67 (.87)	2.00 (.00)
第4群 (N=27)	.63 (.88)	1.63 (.69)

表4.82 例の付加 修正 真偽コメント比較 分散分析

	平方和	自由度	平均平方	F 値	有意確率
英語力	1.86	1	1.86	3.51	.06
推敲力	1.25	1	1.25	2.36	.13
F真偽	26.85	1	26.85	50.76	.00
英語力＊推敲力	.00	1	.00	.00	.95
英語力＊F真偽	.93	1	.93	1.76	.19
推敲力＊F真偽	.01	1	.01	.01	.90
英語力＊推敲力＊F真偽	.93	1	.93	1.76	.19
誤差	70.87	134	.53		
総和	354.00	141			

表4.83 修正 例の付加 多重比較表 Tamhane

	第1群偽	第2群真	第2群偽	第3群真	第3群偽	第4群真	第4群偽
第1群 真	-.60	.42	-.58	.63	-.70	.67	-.33
第1群 偽		1.02**	.02	1.23	-.10	1.27**	.27
第2群 真			-1.00**	.21	-1.12**	.25	-.75
第2群 偽				1.21	-.12	1.25**	.25
第3群 真					-1.33*	.04	-.96
第3群 偽						1.37**	.37
第4群 真							-1.00**

* $p < .05$, ** $p < .01$

第4節　実験結果

図4.58　例の付加　修正

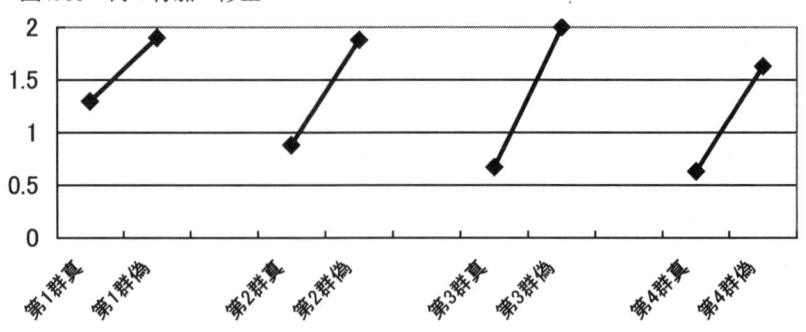

修正についてみてみる。例の付加を指示するコメントについては、真偽間で有意差がみられたものの（表4.82）、他のコメントに対する修正反応とはまったく異なっていた。文の移動や削除を指示するコメントでは、いずれも真コメントが偽コメントをその修正適切度において上回っていたが、例の付加については、偽コメントの修正適切度が高く、真偽が逆転していたのである。前に述べたとおり、例の付加については、真コメントに対する適切反応は例を付け加えることであり、一方、偽コメントに対しては、例を付け加えないことが適切反応となる。例を付け足す必要のある真コメントと、そうしなくてもよい偽コメントとでは、適切反応のための必要な処理が異なり、その困難さも異なる。したがって、偽コメントの場合も、本当に例が不要であると判断して付け足さなかったのか、それとも必要だとは思ったが付け足すことができなかったのかを調べる必要があり、偽コメントに対する判断、対応、修正の連鎖パタンから検討する必要がある。その点を考慮しながら、反応連鎖パタンをみてみよう。

第4章 フィードバックの具体性と推敲過程

反応連鎖

図4.59 例の付加 第1群

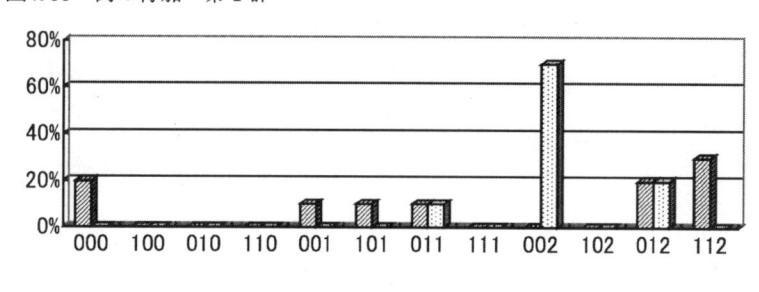

図4.60 例の付加 第2群

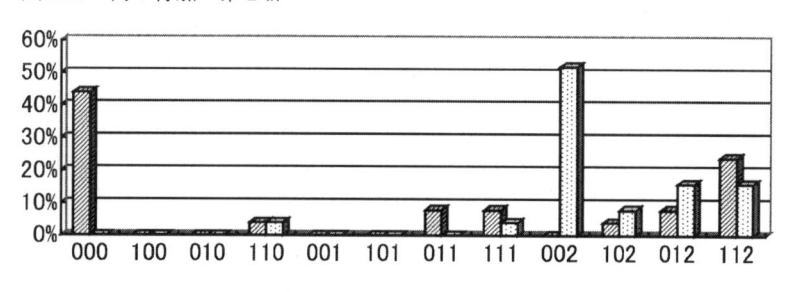

図4.61 例の付加 第3群

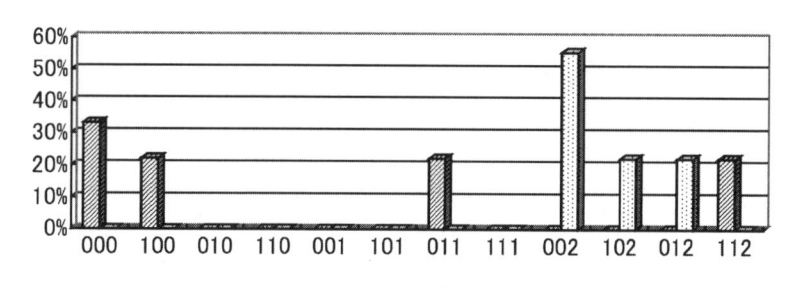

189

第4節 実験結果

表4.84 例の付加 反応連鎖 真偽比較

	000	100	010	110	001	101	011	111	002	102	012	112	合計
第1群真	2	0	0	0	1	1	1	0	0	0	2	3	10
%	20	0	0	0	10	10	10	0	0	0	20	30	100
第1群偽	0	0	0	0	0	0	1	0	7	0	2	0	10
%	0	0	0	0	0	0	10	0	70	0	20	0	100
第2群真	11	0	0	1	0	0	2	2	0	1	2	6	25
%	44	0	0	4	0	0	8	8	0	4	8	24	100
第2群偽	0	0	0	1	0	0	0	1	13	2	4	4	25
%	0	0	0	4	0	0	0	4	52	8	16	16	100
第3群真	3	2	0	0	0	0	2	0	0	0	0	2	9
%	33	22	0	0	0	0	22	0	0	0	0	22	100
第3群偽	0	0	0	0	0	0	0	0	5	2	2	0	9
%	0	0	0	0	0	0	0	0	56	22	22	0	100
第4群真	10	5	1	1	0	0	1	2	0	0	0	7	27
%	37	19	4	4	0	0	4	7	0	0	0	26	100
第4群偽	0	0	0	3	0	0	1	3	14	4	1	1	27
%	0	0	0	11	0	0	4	11	52	15	4	4	100

図4.62　例の付加　第4群

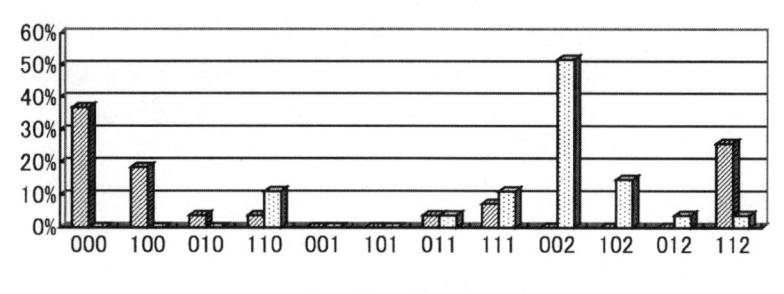

文の移動や削除と異なり、真コメントに対してさえ、反応がかなり散らばっていることがわかる。文の移動や削除では適切な反応である112が圧倒的に多くを占めていたが、例の付加では、112パタンは全群いずれも20％程度である。一方、偽コメントに対しては、いずれの群においても002、つまりコメントを妥当とせず、対応しないというパタンが50％程度を占めている。

第1群においても、真コメントに対する反応は、文の移動や削除に対するものと少々異なっている。今までほとんどみられなかった001、101のような判断と対応に矛盾のあるものがわずかながら出ている。しかし、それでも112や012といった適切な反応が50％を占めていることがわかる。一方、偽コメントに対しては、適切と判断せず、その結果、意識的に対応しないという正しい反応連鎖002が70％と多く、妥当と判断はしないが、自身で適切な形に変え修正するといった012パタンがその次に多い。特に注目すべきは、第1群の場合、この偽コメントに対して妥当と判断した者は皆無だったという点である。つまり、コメントに対する最初の判断が適切であり、その後の行動にも整合性がみられる。

さて、第2群の真コメントの場合、妥当とせず対応しない000が40％も占めており、適切な反応がかなり少ない。一方で、偽コメントに対しては適切な反応である002が50％程度を占めている。しかし、第1群にはみら

第4節　実験結果

れない110や102といったパタンが出現している。110は偽コメントを妥当とし、それに従って誤反応をしたというものである。そして、102パタンはコメントを妥当としているが対応できず、結果的に適切な無反応に終わっているというパタンである。つまり、意識的に対応しなかったというのではなく、対応できなかったパタンである。逆に言えば、もし対応でき得る程度の指示であれば、そのコメントに従っていたということを示唆している。

第3群の真コメントに対する特徴は、適切と感じたが対応できなかった100パタンの出現である。また、偽コメントに対しては、102パタン、つまり対応したくてもできなかったパタンがみられる。英語力の低い第3群にとっては、判断と実際の対応との間に大きな隔たりがあることがわかる。

第4群をみてみよう。真コメントに対しては、不適切な対応である000や100といったパタンが多くみられる。そして、偽コメントについては、適切反応である002が多いものの、110、102といった不適切なものも見受けられた。

さて、第1群と他の群との大きな違いは、偽コメントに対して、110や102といったパタンが出現していることである。この110と102の偽コメントに従うパタンを合計してみると、第2群で12％、第3群で22％、第4群で26％と徐々に増えていることがわかる。例の付加を促す偽コメントについては、第1群では妥当とは判断していなかったが、英語力や推敲力の低い学習者では、コメントに従う傾向がみられたということになる。

以上、真偽コメントに対する反応の違いを詳細に検討してきた。真コメントとの比較でみる限りは、偽コメントを妥当な指示とはしておらず、概ね適切な対応をしているようにみえた。特に、英語力も推敲力も高い学習者はコメントの真偽に対して比較的的確に判断し、いずれのコメントに対しても適切な形で修正を行っていた。

それでも、かなりの数の学習者が、コメントの真偽を区別できずに、処理しようとしていたことがわかった。特に、英語力や推敲力の劣る群にな

ると、コメントの真偽に対する判断差が小さくなり、また、判断と対応との整合性を欠いていき、さらに修正も不成功に終わるケースが多くみられるようになっていた。プロダクトの点だけからみると、適切に対応しているようでも、判断、対応、修正の連鎖パタンからみると、偽コメントを妥当として対応しようとした者、対応しようとしてできなかった者などが、多く存在することが明らかになったのである。

　また、誤り別の分析において、文の移動や削除を指示する比較的従いやすいコメントについては、偽コメントに対して多くの者が鵜呑みにして従っており、例の付加に対してもパタンこそ異なっていたが、偽コメントに従う者がかなりみられた。

　このように、コメントが具体的であれば、それがたとえ適切なものでなくとも、特に推敲力や英語力の低い学習者の中には、コメントを鵜呑みにして従う者がかなり存在するということが明らかになった。

第5節　総合考察

5.1　コメントの具体性と推敲の成否

　チェックリストを与えられ推敲を行ったリスト群と、コメントを与えられ推敲したコメント群との間には、その推敲の成否に大きな差がみられた。誤りに対応をしたという意識の点でも、リスト群は平均が「ほとんど対応しなかった」のに対し、コメント群は「少し対応した」というものであった。そして、実際の修正においても、リスト群がほとんど無反応に近いのに対し、コメント群はなんらかの修正を行っていることが明らかになった。

　また、リスト、コメントといったフィードバックの種類と、英語力、推敲力とで分けた4つの群との関係をみた結果、いずれの群においても、コメントでの場合のほうが対応、修正ともに有意に活発かつ適切であった。つまり、同じ英語力、推敲力の群同士で比較した場合、すべての群におい

第5節　総合考察

てコメント群の推敲が有意に活発であり、その修正も適切であったのである。

　これらのことにより、仮説の第1、具体的なフィードバックを与えられるほうが、そうでないものより、より適切な修正に結びつくという点が証明された。そして、このことから第3章でみたフィードバックについての傾向、すなわち、「具体的」なフィードバックほど、より書き手に受け入れられ、誤りの修正に結びつくという点が確認されたことになる。

5.2　具体的でないフィードバックによる推敲

　具体的でないフィードバックとしてチェックリストを与えられ、推敲を行ったグループについての結果を、各群の比較を通して考察する。いずれの群においても誤りに対する気づき、診断、対応と徐々に数値が下がっていた。このことは、問題に気づいても、それを診断にまで高めていくこと、そしてそれを実際の対応にまで結びつけることが困難であったことを示している。

　また、気づき、診断、対応、修正のすべての過程において、英語力と推敲力が影響していた。つまり、非具体的なフィードバックを与えられた場合、推敲に必要なほとんどの判断を受け手自身がしなくてはならず、多くの場合、フィードバックなしで自己推敲を行うケースに近くなる。そういった意味で、もともとの受け手がもつ英語力や推敲力がすべての段階に影響すると予測されたが、結果はその通りであった。このことから仮説の第4の非具体的フィードバックに関する部分、つまり、非具体的フィードバックの場合は、誤りの気づき、診断、対応、修正のすべての過程に英語力及び推敲力が影響するという点が証明されたことになる。

　リストの利用率や利用の適切性に関する分析では、英語力、推敲力が異なる第1群と第4群が全く異なった結果を示していた。英語力、推敲力ともに低い第4群は、それらの高い第1群と較べて、リストを利用する割合が低いだけでなく、たとえ利用した場合でも適切に利用できていなかった

第4章　フィードバックの具体性と推敲過程

のである。これらのことから、非具体的なフィードバックを与えられた場合、英語力や推敲力の低い学習者は有効に活用できないということがわかる。

　アンケート結果と実際の修正とを組み合わせた反応連鎖の分析から、それぞれの群の推敲過程について考察する。その際、リスト群へのアンケートに設けた、対応方法に関する記述欄に書かれたコメントも参考にしながら、結果を解釈していくことにする。

　最終的に誤りを修正することがなく、無反応に終わったという連鎖では、誤りにも気づかず、したがって問題の原因を診断することもなく、対応することもなかったという0000という反応が最も多く、特に第4群にほぼ50％、第2群にも36％とかなり多くみられた。記述欄に書かれたコメントにおいても、全ての群を通じて「誤りに気づかなかった」、「違和感をもたなかった」というものが多くみられたことから、誤りの存在自体に気づかなかったことが裏付けられた。このことから、フィードバックが具体的でなければ、そもそも問題を発見できない学習者が多く存在することが明らかになった。

　また、誤りには気づいたが診断、対応にまで高められないケースである1000パタン、気づき、診断はあっても対応に結びつけられないパタンである1100が、いずれの群においても10％程度みられた。つまり、具体的でないフィードバックを与えられた場合、推敲力や英語力の低い学習者は、誤りに気づいても適切な推敲まで深めていけないことがわかる。1000パタンのコメントには、「なんとなくでよくわからなかった」（第1群）、「変だとは思ったが、何を加えればよいのかわからなかった」（第2群）、というように、誤りには気づいたが原因の診断まではできなかったことを裏付けるコメントが多数みられた。また、1100パタンのコメントには「なにか抜けているような気はしたが、具体的にはまったくわからなかった」（第1群）、「対応の仕方がよくわからず、結論もよくわからなかったから」（第2群）、「どのように英語で直せばいいかわからない」（第4群）というものがみられ、診断から実際の対応までの間にも、距離のあったことがわかる。こ

第5節　総合考察

　れらのことから、具体的でないフィードバックを与えられた場合、問題の発見、診断、修正のそれぞれの段階でハードルがあり、気づいても診断できない、診断できても修正できないなど、各段階で困難さを感じていることが明らかとなった。

　不適切な修正に終わったケースでは、誤りに対する気づき、診断もなく、また対応した意識もないが、結果的になんらかの反応をしており不適切な修正に終わったという0001というパタンがすべての群を通じて10%前後みられた。意識的に修正したわけではない証拠に、このパタンをみせた生徒の多くが「誤りに気づかなかったから」(第1群)、「まったくわからなかった」(第3群)といったように、修正を意識していなかったことを思わせる記述をしていた。一方、誤りに気づき、診断も行い、意識的に対応したが、結果的に適切な修正ではなかったという1111パタンも、第4群を除いて5%から10%みられた。このパタンのコメントをみてみると、「最後のまとめとして書いた」(第1群)、「順を変え最後に念押しという形で使用した」(第2群)等、意識的になんらかの修正を行ったことが伺える。

　修正が適切なパタン、つまり最後がXXX2という形で終わる連鎖をみてみると、1112というパタンが多く、特に第1群では30%以上もこのパタンであった。このパタンは誤りに気づき、問題の原因が特定でき、そして意識的な対応をして、その修正が適切であったというパタンである。この理想的な推敲パタンは、第1群以外では10%以下しかみられない。記述欄のコメントにおいても、「書き足した」(第1群)、「順を変えたり、補足をしたりした」(第3群)というものが多くみられ、偶然ではなく、意識的に適切な推敲を行ったことが伺える。具体的でないフィードバックを与えられた場合、英語力、推敲力ともに、ある程度の力をもった学習者だけが有効に利用できることが、この推敲連鎖の分析から明らかになった。

　推敲力、英語力の点でまったく異なる第1群と第4群を中心に、反応連鎖パタンの違いをまとめてみる。第1群では反応が画然としており、誤りに気づかずまったく無反応か、気づき、診断し、そして適切に修正するというパタンの二極化がみられた。つまり、英語力、推敲力の高い第1群は、

第 4 章　フィードバックの具体性と推敲過程

問題に気づきさえすれば、それに対する診断を深め、そして適切な修正にまで高めていくという、適切な推敲過程をたどれることがこのことからわかる。一方、第 4 群は、ほとんどの連鎖が無修正や不適切修正となったパタンに偏っていた。つまり、問題にそもそも気づかないか、気づいても診断や対応、そして適切な修正にまで深めていけないパタンで占められていたのである。

また、英語力が高く推敲力の低い第 2 群は、第 4 群のパタンと似通った反応連鎖をしており、英語力が低く推敲力の高い第 3 群では、反応がばらつき、不適切な修正を行うパタンが多くみられた。

以上みてきたように、フィードバックが具体的でない場合、誤りに気づくことなく、推敲活動そのものが生起しないケースが多くみられた。また、英語力や推敲力の点からみると、問題の気づき、診断、対応、そして実際の修正のいずれにおいても、第 1 群のほうが第 4 群よりも高く、またリストの利用率についても差がみられたことから、第 1 群がより有効にチェックリストを利用したことは明らかであった。つまり、具体的でないフィードバックを活用できるかどうかは、推敲力や英語力と大きく関係しており、skilled revisers は unskilled revisers に較べて、より有効にフィードバックを利用できるということがわかった。

また、誤りに気づいても、それを診断や実際の対応にまで深めていけないケースも、特に英語力や推敲力の下位の者に多く見受けられた。このことは逆に言えば、フィードバックが具体的でなく、それに基づく修正がプロダクトにみられない場合でも、推敲処理がまったく行われていないわけではない、ということを意味する。言い換えれば、フィードバックが具体的でなく、書き手がそれに基づいて修正できない場合でも、そのフィードバックにまったく意味がないというわけではない。フィードバックを利用して問題に気づいても、原因を追求するための方法がわからない、または何が問題であるかがわかっても、英語力不足のため、どのように対応してよいかわからない、というように、なんらかの推敲活動を行ってはいるが、

第5節　総合考察

最終的に適切な修正に結びつけられない学習者が多く存在するということなのである。こういったことは、これまでのプロダクト指向の分析からだけでは、明らかになってこなかった。そしてこのことから、いかにして気づきから診断に深めるか、そして限られた英語力の中でいかに対応するかについての指導が重要であることがわかる。

5.3　具体的なフィードバックによる推敲

真コメントに対する推敲

　真コメントと偽コメントとに分けて、まず真コメントについて考察していく。その後、真偽両方のコメントに対する反応を比較考察する。

　コメントの妥当性を問う判断については、英語力、推敲力による差はみられず、回答は4前後、つまり「少し適切であると思った」に集中していた。しかし、誤りに対する対応、実際の修正になると、英語力や推敲力による影響がみられた。特に修正において、第4群が第1群や第2群と比較して有意に適切度が低いという結果であった。英語力、推敲力ともに下位の第4群では、誤りの箇所やその対処法についての具体的な指示を受け、そしてその指示が妥当であると判断した上でも、実際の修正となると、その適切度は低かった。つまり、具体的なコメントを与えられた場合、skilled revisers と同様に unskilled revisers も適切な推敲ができるというわけではなく、具体的なコメントを活かすにもある程度の推敲力や英語力が必要であることが示された。すなわち、仮説第4の具体的なフィードバックに関する部分、つまり具体的フィードバックの場合、誤りに対する対応及び修正に英語力、推敲力が影響するという点が証明された。このことから、非具体的なフィードバックに関する結果とあわせて、仮説の第4が証明されたことになる。

　さて、真コメントに対する反応連鎖パタンをみてみよう。アンケートにおいて、与えられたコメントに対してどう判断したかという点と、対応をどのようにしたかという点について記述回答を求めている。これらの回答

も踏まえながら考察していく。

　まず、まったく修正されず無反応に終わったパタンをみてみると、000という連鎖、つまり与えられたコメントを妥当と判断せず対応しなかったというパタンが全群を通じて多いこと、そして、特に第4群が全体の約25％もこのパタンであったことがわかった。記述欄のコメントをみてみると、「文全体をみるとこのような文も必要であると思った」（第1群）や「誤っていないと思ったから」（第4群）と、コメントに対して妥当と判断していることがわかる。しかし、第1群が「まとめにもっていくには必要だと思った」と判断し、対応として「削除しなかった」というように判断から対応へ一連の流れになっているのに対し、第4群では「例文がこの文に対して多くなると感じたから（例文を書き足す必要がない）」としながらも、対応では「ちゃんとしたいい例文を英語で表せなかったから」とか、「そうしなくても文につながりがあるから（文を移動させなくても）いいと思った」という判断をしながら、対応としては「わからなかった」としているように、判断と対応が適切に連動していないケースがみられた。

　さて、不適切修正で終わった反応連鎖をみてみると、このパタンは全群を通じてそれほど多くなく、10％程度であった。その中でもある程度みられたのは111のパタン、つまりコメントを妥当と判断し対応したが、不適切な修正に終わったというものである。このパタンは第4群を筆頭に、第3群、第2群、そして第1群の順に多くみられた。

　一方、XX2という連鎖パタン、つまり適切修正パタンに目を向けると、全群ともに多くが112パタンであり、第4群を除けば、全ての群の半数以上がこのパタンであった。つまり、与えられたコメントを妥当と判断し、意識的に適切に対応したというものである。そして、このパタン以外に適切修正に終わったパタンはほとんどみられないことから、コメントに沿った形で推敲がなされたことがわかる。

　さて、全群の反応連鎖パタンを比較してみると、第1群はほぼすべてが112パタンであり、他のパタンはみられなかった。そして第2群、第3群もほぼ同様の反応パタンとなっている。しかし、第4群だけは112パタン

第5節　総合考察

が多いものの、000もかなりみられ、全体的に反応が散らばっていた。

上でみた非具体的なフィードバックに対する反応と、この真コメントに対する反応から、フィードバックの具体性が、推敲活動の生起に大きく影響していることがわかる。具体的でないフィードバックの場合、誤りに気づきもしない0000というパタンが全群を通じて多くを占めたが、具体的なフィードバックでは、一転して適切な推敲パタンである112が最も多い反応となったのである。このことから、仮説の第2、非具体的なフィードバックに較べて、具体的なフィードバックは、推敲活動をより生起させるということが証明されたということになる。

しかし一方で、具体的で適切なコメントを与えられても、必ずしも適切な推敲過程をたどり、修正の成功に結びつくとは限らないこと、そして成功に結びつくには一定以上の英語力や推敲力が必要なことも明らかになった。つまり、英語力や推敲力の低い学習者こそが、フィードバックを通じて高度な推敲活動を学習することが期待されるが、単にフィードバックの具体性を上げることが、その最善の方法ではないことがこのことから推測される。

5.4　偽コメントに対する推敲

さて、偽コメントについての考察に移ろう。判断については第4群、第3群、第2群、そして第1群の順に妥当と判断している値が高い。つまり、下位群ほど偽コメントを鵜呑みにしてしまったという結果であったが、英語力や推敲力に関して有意な差はみられなかった。また、対応については平均が3.5程度と、全群ともになんらかの形で対応している方向に寄っていたが、こちらも要因間に有意な差はみられなかった。しかし、実際の修正においては英語力に有意差がみられた。多重比較の結果では有意でなかったが、第1群、第2群、第4群、第3群の順に修正が適切であった。今までみてきたリストによる推敲、また真コメントによる推敲では、第1群、第3群、第2群、第4群の順で適切に推敲が行われており、英語力以

第4章　フィードバックの具体性と推敲過程

上に推敲力が重要であるとの印象を受けたが、この偽コメントに対する推敲では、差は有意ではないものの、第3群が最も低かった。

　偽コメントについてもその反応連鎖から推敲過程を考察する。まず、XX0に終わったパタンを検討してみる。このXX0パタンは偽コメントに従って誤反応をしたケースである。

　この誤反応パタンでは、偽コメントを妥当と判断し、それに従って誤反応をしたという110パタンが多く見られ、第3群を除いて各群15％前後がこの反応パタンであった。そして、第3群ではこのパタンが最も多く30％にもなっていた。アンケートに書かれたコメントからも、「コメントに従った」（第2群）、「指示通りに場所を変えた」（第3群）というように、意識的にコメントに従って修正を行っていることが裏付けられた。リストや真コメントに基づく推敲では英語力、推敲力ともに上位の第1群に次いで成績の良かった第3群であったが、偽コメントではそのまま従って誤反応をしているケースが多くみられたのである。

　次にXX1で終わるパタンをまとめてみる。このパタンはコメントに従ってはいるが、話が通るように、なんらかの形で手を加えているケースである。しかし、その手当てが完全に適切な形とはなっていない場合がこのXX1パタンである。

　このパタンでは111の連鎖、つまりコメントを妥当であると判断し、意識して対応を行ったケースが全群を通じて多い。第2群の9％を除けば、他の群は15％程度がこの反応パタンであった。「適切だと思われる箇所に移動した」（第1群）、「つなぐ文をもってきてまとめの文とした」（第1群）、「コメントに従った」（第2群）、「場所は移動させたが、最後ではない」（第3群）、「流れに沿えるように書き足して最後のほうに移動した」（第3群）等のコメントがみられた。このことから、まず偽コメントに従おうとする者が多いこと、特に上でみた110パタンと併せると、多くの者が偽コメントに従う傾向があるということ、そして、その中でも盲目的に従ってしまうケースと、なんらかの形で自分の中でコメントを消化し、整合性のある形で従おうとするケースがあるということがわかる。

第5節　総合考察

　これら偽コメントに意識的に従ったケースを合計すると、第1群は110が13%、111が17%、第2群は17%と9%、第3群は30%と15%、第4群は16%と17%となっており、合計すると第1群が30%、第2群が26%、第3群が45%、第4群は33%になる。特に第3群に突出して多いことがわかる。推敲力はあるが英語力に自信がないという第3群にとっては、偽コメントの妥当性について批判的に検討する力がなかったのではないかと推測される。

　さて、最後にXX2のパタン、適切な反応や、適切な修正を行ったパタンを検討してみたい。このパタンの中では002という連鎖、つまり偽コメントを妥当でないと判断し、意識的に無対応としたケースが多くみられる。偽コメントであるから、対応しないことが適切な反応となる。特に第1群に37%、第2群に31%とこの反応パタンが最も多い。コメントも「結論ではないと思ったので（コメントに従わなかった）」（第1群）、「前の文章とつながっていると思ったから（コメントに従わなかった）」（第2群）など、コメントを不適切と判断していることがわかる。

　一方、012という反応パタンも特に第1群、第2群に20%程度みられる。このパタンはコメントを妥当とはしないが、無反応ではなく、なんらかの適切な形で取り入れたというケースである。この反応パタンをとるには、ある程度の英語力が必要とされるので、第1群、第2群に多くみられるということは理解できる。

　偽コメントに対するすべての反応を群ごとにならべてみると、第1群については反応が画然としていることが特徴であった。つまり、110のように偽コメントに従って誤反応したパタン、偽コメントを妥当としながらも盲目的に従うのではない111、そして偽コメントを妥当とせず、無反応あるいは独自に適切な修正を行った002、012といったパタンなど、推敲の意図が明確である。反対に第4群は反応が散らばっており、000や001のように偽コメントを妥当とは思っていないが、それに従って誤反応をするなど、推敲過程に一貫性がみられず、対応に矛盾のあることがわかる。

　第2群の反応は全体的にみれば、リストや真コメントでの推敲のように、

どちらかと言えば第4群に似た反応パタンである。リストや真コメントでの推敲では、やや第1群寄りの反応パタンであった第3群は、110パタンが突出するなど、偽コメントに対する反応はかなり異なったものとなっていた。

　このように、存在しない誤りを修正するよう指示する偽コメントに対する反応から、多くの学習者がその指示に従う傾向があることがわかった。このことについては、次にコメントの真偽間で比較し、さらに考察を進める。

5.5　真偽コメント比較

　さて、これまで真コメント、偽コメントを別々に分析してきたが、両者を比較し、考察をさらに深める。第1群から第4群まで、真偽それぞれのコメントに対してどのように判断し、またどのように修正したかを比較した結果、判断については、第1群や第2群では真偽の差が明確で、偽コメントに較べ、真コメントをより適切な指示と捉えていた。しかし、第3群、第4群となると、真偽間の判断差が小さくなり、その区別が困難になっているだけでなく、真偽いずれのコメントに対しても判断の平均値が3以上で妥当とする方に偏っていることがわかった。また、修正についても、各群の違いは明らかで、第1群が真偽いずれのコメントに対しても修正適切度がそれほど変化しないのに対し、第3群ではその差が有意に大きく、また第4群ではいずれの場合も低いという結果であった。これらのことから、英語力や推敲力の劣る学習者になると、コメントの適切性を自身で判断し、それぞれに適した形で対応するのが難しいということがわかる。

　さて、真偽コメントに対する反応を、各誤り別にみた結果について考察してみる。上でも述べたように、誤りの種類によって期待される反応の困難さが異なる。文の移動や削除を指示するコメントに従う場合と、例の付加を指示するコメントに従う場合とでは、後者が圧倒的に困難である。し

第5節　総合考察

たがって、偽コメントの場合は無反応が適切反応となるが、同じ無反応でも、例の付加については意図的に無反応か、それとも反応できずに終わったのかでまったく意味が異なる。このことから、真偽コメントに対する反応を、誤り別に考察してみる必要があると思われた。

文の移動を指示するコメント

　話の流れにあっていないという理由で、文の移動を促したコメントに対する反応をまずみてみよう。第1群と第2群は、真コメントに対する判断と偽コメントに対するそれとの間に開きがあり、適切に真偽を見分けていた。しかし、第3群、第4群になると、その判断にあまり開きがなく、真偽の見分けがついていなかった。また、その判断に従うように、第3群、第4群は修正においても、偽コメントに従って誤反応しており、適切度は低く、さらに比較的適切な判断をしていた第2群でさえ、誤反応が多くなっていた。

　判断、対応、修正の反応連鎖の分析からは、真コメントの場合は、いずれの群も適切反応が多くを占めていた。しかし、偽コメントに対しては、全群を通じて、適切な反応パタンはそれほど多くなく、英語力、推敲力が下位の群では誤反応パタンが多くみられた。第1群には、コメントを妥当としながらも盲目的に従うのではなく、なんらかの修正を施し、文脈に合う形で移動させている111パタンが最も多く、コメントを妥当とせず、対応もしない002パタンと併せて反応の7割を占めていた。第2群は反応が散らばる傾向があり、111、002が多くを占めるのは第1群と同様であるが、コメントを妥当とし、盲目的に従って誤反応となる110パタンや、妥当としていないにもかかわらず誤反応する000パタンなどがみられた。一方、第3群は反応がかなり限定されており、「流れに沿えるように書き足して最後のほうに移動した」、「場所は移動させたが、最後ではない」といった記述回答にみられるように、コメントを妥当とし、それに従って誤反応となる110パタン、コメントを妥当としながらも盲目的に従うのではなく、なんらかの修正を施し文脈に合う形で移動させている111パタン、この2

つのパタンが約80％を占めていた。しかし、適切な反応となるXX2パタンがまったくみられなかった。このように、第1群や第2群と異なり、XX2パタンが無対応であるものも含めてまったくみられない点、文を移動させるというコメントを概ね妥当と判断しているという点で、その方向性が偏っていることがわかる。実際、この誤りに対するすべての反応において、「文中で信用できない医師がいると書いたのに、完全に安心することができるのはおかしい」というように、この偽コメントに対して疑義をはさんでいるのはわずか一人であった。しかし、その一人も結果的には、その文を文章の最初にもってくるというように不適切反応をしていたのである。

　第4群は111パタンが突出しており、XX2の適切な反応パタンはほとんどなく、その反応は誤反応と不適切反応に偏っていた。第4群の特徴はその反応が矛盾的であるものも含めて散らばっていたということであろう。

文の削除を指示するコメント

　さて、つぎに文の削除を指示するコメントの場合をみてみる。いずれの群も真偽間で、判断に大きな差がなく、偽コメントに対して、その是非を判断することが困難であったと思われる。特に第3群では、真偽両方のコメントに対して、他群より適切としていた。また、修正においては、判断を裏付けるように、第3群の偽コメントに対する修正適切度が、第1群、第2群と較べて極端に低くなっており、偽コメントに従って誤反応を多くしていた。そして、第4群では真偽いずれのコメントに対しても、その修正適切度は低いものとなっていた。

　反応連鎖の分析では、真コメントを与えられた場合、112の適切反応が多くを占めていたが、英語力、推敲力ともに劣る第4群には、適切に反応できない者がかなりみられた。一方、偽コメントについては、110という、コメントを妥当とし、そのまま従うパタンがいずれの群においても多くみられた。第1群においても、この110パタンが半数近くを占めていた。しかし、残りは妥当とせず無対応か,適切な形で修正するという対応であり、第1群の特徴は、対応するにせよしないにせよ、反応意図が明確であり、

第5節　総合考察

判断と対応との間に整合性がみられることであった。偽コメントに対する反応では、110パタン以外に、他の群では、第1群にはまったくみられない000、010といった判断と対応との間に整合性のないケースが出現し、特に第4群には25％もそういったパタンがみられた。また、こういった整合性のないケースについて、アンケートの記述欄をみると、「コメントに従った」、「（余計な文を）消した」というようにどう対応したかについては記述があるが、なぜそのようにしたかという判断についての記述はまったく見られなかった。これらのことから、問題に対する明確な診断をせずに対応している可能性のあることがわかった。

例の付加を指示するコメント

例の付加を指示するコメントについては、いずれの群も真偽ともにそれほど妥当なものとは判断しておらず、また多重比較ではそれぞれの群において真偽間に有意な差はみられなかった。それでも第1群、第2群、第3群では真偽間で判断に開きがみられたが、第4群だけは真偽間にほとんど開きがみられず、偽コメントに対して適切な判断ができていなかった。一方、問題の修正では、今までみてきた文の移動や削除とまったく異なった反応となっていた。いずれの群においても、偽コメントにおける修正適切度が真コメントのそれを上回っていたのである。上でも述べたように、例の付加を指示する真コメントに対しては、適切反応の困難さが他のコメントとは異なる。そして、無反応が適切反応となる偽コメントについては、それが意図的に反応しなかった結果か、それともできなかったのかを、その反応連鎖から見極める必要があった。

真コメントに対しては、文の移動や削除と大きく異なり、全群ともに反応が散らばっていた。他の真コメントに対しては、適切反応の112が多くを占めていたが、例の付加ではすべての群を通じて20％程度であった。つまり、真コメントの指示通りに、実際に例を考え、英語で付加することが困難であったことがうかがえる。

一方、偽コメントに対しては、ほとんどすべてがXX2パタンに偏ってい

た。第1群では、002パタン、つまり偽コメントを妥当とせず、対応しないという適切反応が70％を占めており、記述回答をみると、「本筋と関係ないと指摘しているのに、それに対する例は必要ないと思ったので（書かなかった）」、「（前の文である）More and more... の文を削除したので（例は必要ないと思ったから対応しなかった）」など、明確な判断をした上で無対応としていることがわかる。また、第2群、第3群、第4群も第1群と同様、002パタンが5割以上を占め、「例まで書くと話の筋がそれそうな気がしたから（書かなかった）」（第2群）、「この文自体が必要だと感じなかったため」（第3群）というように、偽コメントに対して適切な判断をした上で無対応としていた。

しかし、第1群と他の群との最も大きな違いは、他の群における110や102パタンの出現であった。110とは偽コメントに従い誤反応をしたものであり、102は偽コメントを妥当としているが、対応できず結果的に適切な処置である無反応となったものである。つまり、102は例を書かなかったのではなく、書けなかったのである。これら110、102パタンを併せてみると、第2群では12％、第3群で22％、第4群で26％となっており、かなりの者が例の付加を指示する偽コメントに従った、あるいは従おうとしていたことがわかるのである。

以上、具体的フィードバックの真コメントと偽コメントに対する反応を比較してきた。具体的でかつ適切なコメントに対しては、その修正や推敲過程は、多くの場合、適切なものになっていたが、英語力や推敲力の低い学習者にとっては、必ずしも適切な推敲過程、そして修正の成功に結びつくとは限らないことを再び指摘した。

また一方で、不適切な指示である偽コメントに対しては、それに従うケースが全群を通じて多くみられた。つまり、たとえ不適切なコメントであっても、具体的であれば、その適否を深く検討せず従ってしまう場合や、また推敲力や英語力の不足から判断がつかず、コメントに従ってしまう場合のあることが明らかになった。そして、このことは裏返せば、具体的な

第5節　総合考察

真コメントに基づいて適切な修正がなされた場合においても、誤りに対する適切な判断なしに、盲目的にコメントに従い処理したケースが存在することを意味する。真コメントの場合、確かに修正の成功率はチェックリストと較べて高いが、その修正の成功は必ずしもフィードバックの適否を正確に判断し、また診断を妥当とした上でのものばかりではなく、問題に対する深い理解なしに、つまり適切な推敲過程を経ずに行ったものが多く存在することが裏付けられたのである。したがって、仮説の第3、具体的なフィードバックによる適切な修正は、適切なプロセスを保証しないということが証明されたことになる。

終章
推敲能力を向上させるフィードバックのあり方

第1節　フィードバックの具体性と推敲

　第3章では、フィードバック効果に関する先行研究について、その研究手法や実験結果を精査した。その結果、先行研究のほとんどが、推敲されたプロダクトやフィードバックコメントの採用率からのみ、その効果を調べていたことが明らかになった。そして、それらの先行研究結果から、より「具体的」なコメントがフィードバックの受け手に採用される率が高く、また推敲後のプロダクトの向上につながる率が高いという傾向を指摘した。しかし、その傾向を、推敲における認知処理過程から再解釈してみると、「具体的」なフィードバックがより多く採用されることや、それによってプロダクトが向上することは、必ずしもコメントが受け手に正しく理解され、適切なプロセスを通じてプロダクトが修正されたことを保証していないのではないかという問題点を指摘した。また、具体的でないフィードバックも、表面的なプロダクトの点からみると何の変化も引き起こさないように見えても、受け手の英語力や推敲力の違いによって、内的処理が異なっているのではないかという可能性を指摘した。
　第4章では、フィードバックが受け手の推敲に及ぼす影響を、具体性という点を軸に、プロセスとプロダクトの点から調査した。目的の第1は、具体的なフィードバックのほうが、受け手の推敲活動をより生起させ、またプロダクトの適切な修正により結びつくという、先行研究結果から示唆される点を検証することであった。そして、目的の第2は、具体的なフィードバックが有効であるとは言え、必ずしも適切な推敲プロセスを引き起こ

第1節　フィードバックの具体性と推敲

すとは限らないこと、そして、適切に修正がなされた場合でも、適切な推敲プロセスを経ていない可能性があることを証明することであった。さらに目的の第3は、フィードバックの具体性と推敲活動の関係について、英語力や推敲力の高低がどのように影響しているのかを調べることであった。

　実験の結果、明らかになったことをもう一度簡単にまとめ、そこから導きだされる教育的示唆及びフィードバック指導における課題を考えてみたい。実験から明らかにされたことで、主要なものは次の5点である。

1. 具体的なフィードバックは、非具体的なものと較べて、推敲活動をより生起させ、適切な修正に結びつく。
2. 具体的なフィードバックに基づき、適切な修正がみられた場合でも、主体的な判断に基づいた適切な推敲プロセスを経ていない場合がある。
3. フィードバックの利用は、英語力や推敲力と関係しており、それらが高い者ほど、有効に利用できる。
4. 非具体的なフィードバックを基に適切な修正を行えない場合でも、なんらかの推敲活動が開始される場合が多々ある。ただし、英語力や推敲力の高低によって、問題の気づき、診断、対応など、それぞれに行き詰まる段階が異なっている。
5. 具体的なフィードバックを与えられても、英語力や推敲力の高低によって、適切な推敲プロセスが生起しない。

　まず結果の1は、具体的なフィードバックが受け手により採用され、そして適切な修正に結びつくという先行研究結果から示唆された内容が証明されたことを意味する。このことは、先行研究がより具体的なフィードバックを志向することを、表面的には肯定する。
　しかし、存在しない誤りを修正するよう指示した偽のコメントに対して、不適切な反応をする受け手が多くみられた。特に英語力や推敲力の低い学

終章　推敲能力を向上させるフィードバックのあり方

習者の中には、コメントが偽りであっても、それらを無批判に受け入れ、誤った修正を行う者が多くみられた。つまり、フィードバックが具体的であれば、その指示に盲目的に従う学習者が多く存在するということがわかった。そしてそれは、真コメントによって誤りの修正を適切に行った場合も、フィードバックの適切性を深く検討することなしに、あるいはできずに、盲目的に従ったケースが相当数存在することを意味する。言い換えれば、具体的で適切なフィードバックを与えられ、適切な修正に到った場合においても、学習者の中にはそのフィードバックの是非や意味を主体的に判断せず、ただその指示に従って推敲を行った者が多く存在すること、つまり結果の2が示されたのである。

　また、フィードバックの処理を、気づき、診断、対応、そして修正といった一連のプロセスの点からみると、フィードバックの具体性の程度にかかわらず、それらが有効に利用されるか否かには、学習者のもつ英語力や推敲力が大きく影響していることがわかった。このことが結果の3である。

　例えばフィードバックが具体的でなくても、すべての学習者がそれを利用できないというわけではなく、英語力や推敲力の高い学習者はそのフィードバックから、問題に気づき、診断し、そして修正を行うというように有効な推敲活動を展開する場合が多かった。

　コメントの採用率やプロダクトの変化からのみフィードバック効果をみている先行研究は、適切な修正がプロダクトにみられない場合、そのフィードバックに意味を見出さない。つまり、適切な修正を引き起こさない非具体的なフィードバックには意味がないということになる。

　しかし、プロセスの点から検討した本実験では、たとえ修正がない場合でも、非具体的なフィードバックにまったく意味がないわけではないことを証明した。つまり、英語力や推敲力の違いによって、そもそも問題に気づかない者も確かに多数存在するが、気づいてもなにが原因か特定できない者、そして原因が診断できてもどう対処してよいかわからない者などが存在することを明らかにした。これが結果の4で、フィードバックが具体的でなくとも、自分自身で解決の方向にもっていこうとする者が存在する一

第1節　フィードバックの具体性と推敲

方で、ただその途中の段階で行き詰まっている者も多く存在したのである。

　一方で、具体的なフィードバックを与えられた場合でも、学習者がもともと持っている推敲力や英語力の違いにより、その処理のされ方が異なるということが結果の5である。つまり、推敲力や英語力の低い学習者にとっては、適切なコメントに対しても、その妥当性を判断できなかったり、またコメントを妥当な指示と判断しながらも、適切な推敲プロセスを経た上で、修正に結び付けられないケースが多くあることが明らかとなった。

　これら2から5の結果を踏まえて、結果の1を再解釈すると、フィードバックと推敲活動の関係は、フィードバックが具体的で、プロダクトの修正がなされていれば効果があったとする、先行研究が示唆するような単純なものではないことがわかる。具体的なフィードバックを受け、それに基づいて修正がなされた場合でも、そこに学習者の主体的なかかわりがない場合があり、適切な推敲方法の学習という意味からは、必ずしも効果的であるとは言えないことが明らかになった。

　また、具体的でないフィードバックを与えられ、それに基づいた修正がみられない場合でも、フィードバックの効果や意義がまったくないわけではない。つまり、多くの者が結果的に目に見える形での修正は出来ていないものの、英語力や推敲力の違いによって、困難を覚えている箇所が異なり、それぞれに推敲活動を展開している場合が多くみられた。一方で、具体的なフィードバックを与えられた場合でさえ、受け手の英語力や推敲力レベルによっては、フィードバックを適切に処理できないケースも多く存在したのである。

　以上、第4章の実験結果を振り返ったが、これらの結果から教育上及び研究上の示唆が導き出される。

　まず、結果から導きだされる教育的示唆について述べれば、フィードバックの具体性を単純に上げることが、適切な推敲活動を行なわせるための解決策ではないということである。つまり、教師ができるだけ文章に即した形で、さらに対処法まで指示することが、必ずしも適切な推敲活動や適切

な推敲活動の学習につながらないということである。また、具体性に欠けた、気づきレベルのフィードバックを与えておけば、それから適切な推敲過程を経て、適切な修正がなされるというものでもないことがわかる。重要なことは、フィードバックによる問題の気づき、気づきから原因の診断、診断から問題の修正へと、推敲活動における有機的なつながりの学習を手助けすることであり、学習者の英語力や推敲力に応じて、次の段階に進むことを補助することである。学習者の英語力や推敲力のレベルによって、推敲する際に、困難を覚える下位過程が異なり、必要とする指導が異なる。こういった点も考慮した上で、推敲活動の下位過程それぞれにおいて、適切な判断を学習できるように指導していくことが必要である。

　また、これらの結果から研究上の示唆も得られた。今回の実験結果は、コメントの採用率や、プロダクトの修正からだけフィードバック効果をみていた先行研究とは異なった結果を示していた。つまり、推敲後のプロダクトからみた場合は、具体的なフィードバックに効果がみられ、非具体的なフィードバックには効果がみられないというように、表面上は先行研究を支持する結果であったが、学習者の内的プロセスからみた結果、そういった単純な結論ではないことが明らかになった。すなわち、フィードバックの効果は、推敲後の作文に修正がみられたか否かという単眼的な見方ではなく、その推敲過程においていかに適切な判断や対応が積み重ねられたかというプロセス、プロダクト両方からの複眼的な見方をして初めて理解できるということである。言い換えれば、今までのプロダクト志向の先行研究の結果解釈だけでなく、その研究手法にも大きな問題のあることが明らかになったということになる。

第2節　適切な推敲過程の学習に結びつくフィードバック

　英作文授業において、教師がフィードバックを与える場合も、学習者同士でフィードバックを与え合う場合も、その狙いは、そのときに書いた作

第2節　適切な推敲過程の学習に結びつくフィードバック

文をよりよくさせるという一時的な効果でないことは明らかである。そのフィードバックにより、作文の弱点を客観的に把握させ、また適切な推敲の考え方や方法を学習させ、さらにこれから英作文を推敲する際に利用できるような能力として身に付けさせるということが真の狙いである。しかし、上でみてきたように、実験結果からは、具体的フィードバックによる修正は、それが適切であったとしても、適切な推敲方法の主体的な学習につながっていない可能性のあることが示唆された。具体的なフィードバック、つまり問題の場所を特定し、対処方法まで指示するようなフィードバックについては、確かに問題の修正に結びつく確率が高いが、英語力や推敲力の低い学習者は無批判にその指示を受け入れ、主体的で適切な推敲方法の学習につながらない可能性が示されたのである。

　一方、具体的でないフィードバックについては、英語力や推敲力の高い学習者には、フィードバックを利用して、問題の気づき、診断、そして修正と深めていく者がみられたが、全般的にはやはり、適切な修正に結びつくケースが少ないことが明らかになった。特に実験の結果から、具体的でないフィードバックの場合、英語力や推敲力が低い学習者には、問題にそもそも気づかなかったり、気づいても診断ができなかったり、またその診断を修正に結び付けられない者が多くみられることがわかった。

　もう一度、適切な推敲とはどういうものかを、第1章の推敲過程、第2章の skilled revisers の議論から振り返ってみる。Hayes et al. (1987) の推敲過程モデルの最上部に置かれた Task Definition において、skilled revisers は推敲プランをたて、誤りのリストを作成し、読み手や主旨を考えて推敲するといった、推敲課題に対する適切な意識をもっていた。また、問題の気づき、診断、そして対応といった一連の推敲過程において、文章の読みや、問題を発見した後の問題表象をより明確にするための努力、そして問題に対する適切な方略選択といったそれぞれの点で、skilled revisers と unskilled revisers は異なっていた (Hayes et al. 1987; 青木 1992)。

　そして、これらの課題意識や推敲過程の違いから、skilled revisers は、単文レベル以上の global な問題点や意味レベルの誤りに注意している一

方、unskilled revisers は、スペリング、語法など local な問題に注意を取られているという結果が報告されていた（Stallard 1974; Perl 1979; Sommers 1980; Zamel 1983; Hayes et al. 1987; 青木・本岡 1989）。

　教師や他の学習者からのフィードバックを利用して、単に書いた英作文の問題点を修正するにとどまらず、書いたものを見直すという活動そのものの上達を促すためには、どのようにフィードバックやフィードバック環境を考えればよいのであろうか。つまり、上で述べた skilled revisers の推敲課題意識や推敲活動を学習させるには、フィードバックはどのように行われ、また役立てられるべきか、このことが作文指導としてのフィードバック活動の大きな課題である。以下の節で、適切な推敲活動を学習させるための、新しいフィードバック指導のあり方を考えてみる。

第3節　推敲活動の動的側面の学習

　北米などで出版されている作文テキストの多くは、適切な推敲活動が学習できるように工夫されている。例えば、White and Arndt（1991）は、skilled revisers が行う推敲活動をもとにしたチェックリストを提示し、学習者はそれに従って推敲活動を学ぶことができるように考えられている。この White and Arndt（1991）を例に、skilled revisers の推敲活動を教授することの困難さを考えてみたい。

　表5.1は、White and Arndt（1991）におけるマクロレベルの推敲チェックリストである。チェックリストに従って推敲のステップを踏ませることで、skilled revisers と同様の、レベルの高い推敲活動を行わせるということを狙いとしたものである。

　このチェックリストを使って推敲を行う場合を考えてみよう。効果的な推敲を行うには、上でも述べたように、まず問題を「発見」し、次になにが悪いのか「診断」して、そしてその問題を「修正」する必要がある。White らのリストを、こういった視点からみてみる。

第 3 節　推敲活動の動的側面の学習

表5.1　推敲チェックリスト

Checklist for revision

(a) Type of writing:
- What type of writing is this text intended to be?
- Does it conform to the conventions usually expected of its type?

(b) Purpose and ideas:
- Is the writer's purpose clear?
- Do we understand the main idea(s)?

(c) Structure of text:
- Is it easy to follow the development of the idea/argument?
- Would it help to rearrange the sequence of ideas?
- Do the relations between the ideas need to be changed?
- Do the connections between the ideas need to be made more explicit?
- Are the ideas grouped together in a suitable way?
- Is the text segmented into appropriate paragraphs?
- Should any of the paragraphs be joined together?
- Should any of the paragraphs be broken down into smaller units?

(d) Response as readers:
- Does the opening make us want to read on?
- Do we feel satisfied with the way the text comes to an end?
- Are there any points which are not necessary?
- Are there any points which we don't understand?
- Are there any points on which we would like more information?

White and Arndt（1991：118）

　例えば、チェックポイントの一つに「書き手の目的は明確か」というものがある。この指示に従い、テキストを見直し、「目的が明確になっていない」という判断（発見）をしたとしよう。しかし、それではなぜ明確でないのか（診断）、明確にするにはどう対処すればいいのか（修正）という点について、この指示からは手がかりは得られない。
　また、他のチェックポイントに、「アイデアの並べ替えは必要か」というものがある。このアイデアの並べ替えは、修正のための一つの方略であ

終章　推敲能力を向上させるフィードバックのあり方

る。しかし、そもそも、この対処法を適用するべき問題を発見するにはどうすればいいかということや、この並べ替えが適切な対処法かどうかという診断に関しては、このチェックポイントはなにも援助しない。従って、この対処法をどの箇所に、どのように使用するかということ自体がわからない。

　もう少し例を挙げると、「書き手の意図が理解できるか」、「議論の展開はスムーズか」といった方略は、問題発見のためのものであり、「アイデア間のつながりは明確か」、「アイデアは適切に分類されているか」といった方略は診断のもので、「アイデアの順序の組み替えは必要か」、「段落を細かくすることは必要か」は対処法である。つまり、上のチェックリストでは問題発見のための方略、診断のための方略、そして修正のための方略が、すべて並列的に書かれており、skilled revisers が行う一連の推敲活動のように、有機的に関連したものとなっていないのである。つまり、どういった問題を発見し、いかなる診断を下し、そしていつ、どのように対処するかといった、柔軟性に富んだ方略の組み合わせやタイミングにこそ、skilled revisers の本質があると考えるが、チェックリストからはそのようなダイナミックな側面が学習できない。

　方略が並列的に書かれているという問題点から、こういったチェックリストを問題発見、診断、対処法という具合に分け、フローチャート的に提示するということも考えられよう。様々な段階での方略が混在するものよりは、少なくともより効果的な推敲指導リストになる可能性がある。しかし、こういった問題にはこういった対処法、というようにあらかじめ規定していくこと自体が、根本的に硬直した知識の学習につながり、skilled revisers のもつ一連の柔軟な問題解決方略の学習とはならない。

　以上みてきたことから、skilled revisers とは作文テキストで示されているような方略リストの総体ではなく、またリストの全ステップの達成が、skilled revisers の行う推敲活動のすべてでもないことがわかる。Skilled revisers の推敲活動とは、作文テキストにみられるような、問題と解決方略の単純なパタンマッチングではなく、極めてダイナミックな問題解決活

第3節　推敲活動の動的側面の学習

動の上に成り立ったものであり、動的な側面をもったものであると考えられるのである（Flower and Hayes 1981; Scardamalia et al. 1984; Hayes et al. 1987; Scardamalia and Bereiter 1987）。

このように、作文テキストが skilled revisers の推敲活動の動的な側面を伝えることができないのと同様、プロダクトに対するフィードバックも、skilled revisers の行う柔軟な推敲活動を教授するには十分ではない。第4章の実験結果から、非具体的なフィードバックだけでなく、具体的なフィードバックを与えられた場合でも、英語力や推敲力の低い学習者にとっては、skilled revisers のような一連の適切な推敲活動を学習することは困難であることが明らかになった。つまり、非具体的なフィードバックを与えられて、英語力やもともとの推敲力の低い学習者が、そこから適切な推敲活動を展開することはまれであったし、また具体的なフィードバックの場合も、なぜこの箇所が問題なのか、また、なぜこの診断であり、この対処法なのかという判断がなされておらず、盲目的に従うケースが多くみられたからである。

熟達した推敲活動を教授するという点から考えると、プロダクトに対するフィードバックは、チェックリストの例で示したように、単に skilled revisers の推敲活動の静的な側面をみせているに過ぎない。問題に対していかに気づくか、気づきから、英文を読み返すなどして情報を集め、いかに診断へと深めていくか、そしてさらにその診断からいくつかの試行錯誤を経て、いかに修正していくか、といった動的な判断の連鎖は、出来上がったプロダクトに対するコメントにおいては現れようもない。すなわち、柔軟な問題解決行動こそが、skilled writers の推敲活動の根幹であるが、その活動を学習させるには、プロダクトに対するフィードバックは不十分であると言わざるを得ない。言い換えれば、コメントを通じて与えられる静的な判断や知識が、いかに動的な知識に変化していくか、また学習者に内在化されていくかといった根拠なしには、安易に skilled revisers の養成につながるとは考えられないのである。

こういった skilled revisers の知識の動的な側面は、どのように学習す

ることが可能であろうか。知識の動的な側面を教授するためのひとつの試みとして、問題解決プロセスのモデリングが考えられている（Daiute and Dalton 1993）。つまり、skilled writers の書く過程の問題解決活動そのものを見せることによって、彼らの判断や方略使用の動的側面を教授しようというわけである。もちろん、単に問題解決プロセスを見せるだけで、知識の動的な側面が学習されると期待することには無理がある。いくつもの気づきや考えることの積み重ねが必要である。例えば、まず skilled writers の方略使用に「気づく」必要がある。そしてさらに、方略使用の背景にある判断や問題解決活動について「考える」ことが重要である。そうすることによってのみ、方略使用はダイナミックな問題解決活動として学習される（Higgins et al. 1991:4; Kohonen 1992:17）。

　繰り返すと、他者の推敲活動を、動的な問題解決活動として学習するためには、まず方略の使用に気づき、そしてその方略使用の背景にある判断を考える、また、他者の判断と自身の判断とを比較検討することが必要である。あるいは、自己の問題解決過程を他者に提示することにより、自己の方略使用や、その背景にある判断を他者とともに吟味するということも重要であろう。

　ここで、他者や自己の推敲活動を吟味する方法として、推敲プロセスの共有を提案したい。つまり、お互いの推敲活動をそれぞれが観察し、それについて質疑応答を行うという環境を考えたい。推敲の過程を他者に見せることには、いくつかのパタンが考えられる。1）学習者が作文教師にそのプロセスを見せる、また2）作文教師が学習者にプロセスをデモンストレーションする、また3）学習者同士でプロセスを共有する。この場合には、作文の上手な者が、そうでない者に見せる場合、また反対のケースもあり得る。

　学習者が作文教師に推敲のプロセスを見せる場合、教師は学習者の方略使用を指摘し、そしてその背後にある判断について問いかけを行う。それに対して、学習者は自分自身の方略使用の理由を教師に説明する。教師は学習者とともにその判断、方略を検討し、必要ならばそれとは異なった判

第3節 推敲活動の動的側面の学習

断や、より効果的な方略について助言を行う。この一連のやりとりによって、学習者が自分自身の方略使用について反省的に考えることができ、また、教師が適切に助言を行えば、場面に適した問題解決方法を指導することができるだろう。

　しかし、学習者は与えられた助言を、考えることなしに一方的に吸収しようとしがちである。言いかえれば、教師や上級学習者からの助言は一方通行的になってしまいがちである（Daiute and Dalton 1993; Guerrero and Villamil 2000; Muncie 2000）。主体的かつ能動的な吟味を経ずして覚えた方略は、上でみたような作文テキストから覚えた静的な知識と同じものとなるだろう。その方略使用の背後にある判断を考えることなく、また自分自身の判断との比較検討なしに覚え込んでしまった方略は、動的な知識としては獲得されにくい。さらに、教師が一人一人の生徒の推敲活動を観察してやりとりを行うことは、時間的制約から考えて、通常の授業では現実的な指導方法ではない。

　一方、作文教師が推敲プロセスをデモンストレーションする場合、一つのモデルを学習者に提示することになる。教師自身が推敲のアクションごとに、そのもととなる問題解決活動を解説する。しかし、これも1）と同様、学習者は自身の判断との比較検討なしに教師の方略を覚えようとしがちである。つまり、教師の問題解決プロセスについては理解しても、自身の判断や方略との比較検討があるかどうかは保証がない。

　さらに、熟達者である教師の作文過程や推敲過程は、学習者が陥りがちな問題に直面しないよう、先回りして回避してしまった理想的なものである可能性がある。もしそうであれば、学習者にとっては自身の推敲活動と比較検討する機会がほとんどないということもありえる。

　つまり、1）、2）ともに、複雑な推敲活動が問題－対処法という単純なパタンマッチングとして、言い換えれば、熟達者から一方的に伝達された知識や技術として学習されてしまう可能性があり（Daiute and Dalton 1993:282-283）、教師から与えられた助言や、デモンストレーションでの問題解決行動を動的なものとして捉えず、一つのモデルとして、あるいは考

終章　推敲能力を向上させるフィードバックのあり方

えることなしに消化すべき模範として捉える可能性が指摘できるのである。

　よって、ここで特に考えたいのは学習者同士の推敲プロセスの共有である。学習者同士での作文学習と言えば、これまでもピア・フィードバックという形で行われてきた。しかし、ピア・フィードバックは、すべてプロダクト、つまり出来上がった作文に対して、学習者同士でフィードバックを与え合うというものであった。お互いの作文を読んで、それに対して感想を述べたり、問題点を指摘しあうといったものである。こういった活動は、自己の作文における egocentrism に気づかせ、(Stanley 1992:217-218)、読み手意識を養成し (Kinsler 1990; Harris 1992; 372)、そして、"writer-based prose" から "reader-based prose" への転換をもたらすと考えられている (Flower and Hayes 1981)。

　しかし、ここで提起したいのは、プロダクトに対するフィードバックではなく、プロセスに対するフィードバックである。出来上がった作文に対してのコメントではなく、推敲活動を行っている最中の判断や、考え方、捉え方に対するコメントなのである。例えば、プロダクトに対するピア・フィードバックでは、書きあがった作文に対して「ここが悪い」、「このように直すのはどうか」といった、読み手の気づきと判断が書き手に与えられる。一方、プロセスに対するフィードバックでは、どこが悪いと気づくか、なぜ悪いと判断したか、どのように対応するかなど、推敲中の書き手の判断や対応に対して、読み手がコメントし、また読み手自身の判断の過程を相手に披露するのである。このように、プロセスに対するフィードバックとは、お互いの推敲プロセスを共有し、問題解決活動を協同学習するという試みである。学習者自身がお互いを重要な教育資源と捉え、現在もっている知識をもとに、より高次の考えに到達させる方法として協同学習を考えるということである (Nunan 1992:13)。

　さて、学習者同士の推敲プロセス協同学習といった場合、お互いが書き手と読み手の役割を交代で果たすことによって、一方通行的なフィードバックから双方向的な話し合いを行うということを意味する。学習者同士

221

第3節　推敲活動の動的側面の学習

が推敲プロセスを共有するとき、観察者が推敲者のアクションに疑問を抱き、なぜそのアクションを起こしたかを問う。それに対して、推敲者はその理由を説明することから、そのアクションのもととなる判断について、言葉で表現する必要に迫られる。観察者はそれに対して自身の判断を説明する。このように、推敲者と観察者は一つのアクションに対して、お互いの判断を比較検討し、そのやりとりがそれぞれの問題解決的思考を反省的に捉える契機となるのである。つまり、それは"cognitive conflict"からの「説明」「反論」「反省的思考」への連鎖であり（Daiute and Dalton 1993: 286-287）、また、書き手の思考を外化し、書くプロセスを検討対象にしやすくするということでもある（Brufee 1984; Daiute and Dalton 1993）。

　もちろん、学習者の推敲能力にも差がある。より熟達した学習者とそうでない学習者との組み合わせとなる場合もある。そしてまたそれぞれが推敲者と観察者の役割を交代することになる。下位学習者が、上位学習者の推敲を観察する場合、その方略や背後にある判断に気づくかどうかはわからない。そこで、たとえば下位学習者には上位学習者の行ったすべての推敲アクションについて質問するように指導する。質問された上位学習者は、自分の判断について説明しなければならない。まずこのことが、上位学習者にとって、客観的に自分の判断を考える機会となる。下位学習者は、自分が考えていた以上の複雑な問題解決的思考に触れることができる。そして、自分自身の判断と比較し、それが理解できない場合、あるいは納得できない場合、今度は自分の判断を説明し、比較検討の場にのせる。こういったやりとりを通じて、上位学習者、下位学習者ともに、ある問題に対してある対処法の選択という、単なるパタンマッチング的学習を行うのではなく、なぜその方略を選んだかというプロセスをお互いが明らかにし、学習していくのである。

　反対に下位学習者が推敲者、上位学習者が観察者となる場合も同様である。下位学習者の行った推敲アクションに対し、上位学習者が質問を行う。下位学習者はそのアクションをなぜ行ったか考え、その説明をしなければならない。そして上位学習者との判断の違いを比較検討することにより、

終章　推敲能力を向上させるフィードバックのあり方

自身の判断について反省的に捉えることができる。また、上位学習者自身もなぜ自分はそう判断するのか、そしてなぜ自分の判断が優れているのかといった点に気づくことになる。つまり、自身の問題解決プロセスを説明することが、その行動をより深く理解し、改善する糸口を与えてくれるのである (Kohonen 1992:35)。このように、自分自身の判断や思考を外化することが、問題解決プロセスを検討する機会を提供する。そして、同じ問題について他者の考えを聞き、自分自身の判断と比較することが、自分自身の判断の分析、そして洗練に大きな役割を果たすと考えられるのである (Daiute and Dalton 1993:291)。

　こういったやりとりを通じて、例えば、skilled writers は、読み手意識からくる要請に、より広く取り組んでいるからこそ推敲を行っている、あるいは、自分の考えているイメージと、書いた文章との間にずれを感じているからこそ推敲を行っており、単に表面的に間違っているということで推敲を行っているわけではないといったことを unskilled writers は理解するのである (Scardamalia and Bereiter 1983; Nystrand 1986)。そして、skilled writers もまた、自身の判断を説明する過程において、その矛盾点に気づいたり、問題点がより明確になったりと、自己との内なる対話だけでは到達できないような理解に至る可能性がある。

　作文プロセスを共有することが、どういったやりとりをもたらし、また作文の質に影響を与えるかといった研究はほとんどない。その数少ない中の一つ、Scardamalia et al. (1984) は、英語を母語とする小学6年生を対象に、cue card の使用や方略の直接教授と組み合わせて、計画プロセスのモデリングを、教師とあるいは生徒同士で行わせ、計画活動を学習させるという試みを行っている。その結果、計画活動において reflective なコメントが増加し、作文の質も向上したことを報告している。また、考えることを自身でモニタし分析する能力が向上したこと、アイデア産出にゴールなどの規準を利用できるようになったことなどを報告している。

　Higgins et al. (1991) は、英語を母語とする大学1年生22名を対象に、作文計画過程における collaboration を調査している。方法は、それぞれ計

第3節　推敲活動の動的側面の学習

画活動について訓練を受けた後、パートナーの前で計画を話し合うというものである。その結果、reflective なコメントが多くみられるようになり、reflective なコメントと計画の質には有意な相関がみられたことを報告している。しかし、相手の説明や考えることを引き出すようなコメントを行う "interactive approach" ではなく、単に受けた訓練に基づいて各ポイントをチェックするだけの "checklist approach" をとる者も少数ながら存在した。つまり、協同学習がいつでも reflective thinking を引き起こすわけではなく、書き手とパートナーがどのように共同作業を捉えているか、そして書くことの目的をどのように考えているかによって左右されたのである。

　もちろん、推敲プロセスの協同学習を行うにはいくつもの課題がある。例えば、パートナーにできるだけ具体的に意見できるようにするなど (Harris 1992:381)、事前にどういった指導、準備を行うかという問題がある (Stanley 1992:219)。プロセス共有から方略の気づき、そしてそれに基づいての反省的思考をもたらすためには、いかなる事前指導が必要かを検討する必要がある。また、Higgins et al. (1991:4) が指摘するように、"collaborative conflict" が起きても、必ずしも解決の方向にお互いが努力するとは限らない。無視されたり、あるいは避けられたりする可能性も大いにある。Storch (2002) は、お互いに支配的であったり、一方が支配的で一方が受身的であったりする環境では、知識の伝達や手助けがペアの間で起きにくく、有効な学習には協力的なやりとりが必要であることを強調しているが、こういった点も含めて、解決の方向にもっていくための指導等が必要であろう。さらに、推敲プロセスの共有及推敲アクションへのフィードバックが、適切な推敲活動の学習にどのようにつながるのかを調べるという、研究上の課題もある。推敲者と観察者との間で交わされるやりとりの質的および量的分析、そして上でもみてきた方略の直接教授との比較など、さまざまな課題が考えられる。

第4節　今後の課題

　Skilled revisers の推敲活動の動的な側面を教授する方法として、推敲プロセスの協同学習の可能性を述べてきた。ほとんど皆無といっていいほど前例がないのは、もともと個人的な営みである書くという活動を、お互いが邪魔をすることなしに共有するという環境が考えにくいということによるだろう。しかし、近年のコンピュータの発達により、個人的活動の部分を損なわず、協同での学習をサポートできるような環境が構築されるようになってきた。具体的には、コンピュータ画面をお互いに共有し、一つの画面に自分の作文のみならず、パートナーの作文も表示し、かつ刻々と変化する活動を観察及びコントロールできるという環境である。今後の課題の一つとして、上で述べたような推敲活動の共有による、推敲アクションへのフィードバック効果を検証することを考えている。そして、その効果の検証にはプロダクトのみならず、推敲のプロセス、さらにフィードバックの与え手と受け手との間のやりとりなど、さまざまな角度からの分析が必要とされるであろう。
　もちろん、skilled revisers の方略を指導するにあたって、協同学習だけがその可能性のすべてではない。さまざまな形での指導があり得ることは第3章でみてきた。実際、skilled writers と unskilled writers の推敲の違いに関する先行研究をもとに、global レベルの推敲方略を、unskilled writers に教授しようという試みが多くなされてきた (Scardamalia and Bereiter 1983; Wallace and Hayes 1991; 青木・本岡 1991; etc.)。また、TSA のような文章分析ツールを用いた推敲活動が有効であったという報告もある (Connor and Farmer 1990; 青木 1997; 1998b)。
　しかし、こういった指示や指導がどのような形で有効に働いたかということについては、より詳細に検討する必要がある。つまり、上で述べてきたように、これらの方略指導や、文章分析ツールによる補助が、どれほど

第4節　今後の課題

skilled revisers の知識の動的側面を伝えているのか、またこれらの指導を受けた者は、実際の推敲活動がどれほど skilled revisers に近いものとなっているかなどを検討してみる必要がある。

そしてたとえ静的な知識として教授された方略も、なんらかの形で内在化され、動的なものへと変化していくのか、そして、外的な援助なしに行うことができるよう転移するのかといった点も検討されなければならない（Scardamalia et al. 1984:174）。

このように、先行研究においてプロダクトの向上に有効であったとされる研究も、プロセスをも含め、様々な角度からもう一度検討される必要があり、このことも今後の課題の一つとしたい。

まとまりのある文章を書くことは認知負荷のかかる作業である。外国語で書くとなると、様々な下位技能が自動化されていないだけに、より重い負荷がかかる。必然的に、書いたものがそのままで完成ということはほとんどない。見直して修正する必要がある。しかし、単に文章を読み返してスペリングのミスなどを直せば事足りるというものではなく、読み手に内容が的確に伝わるか、情報が正確に提示できているかといった適切な課題意識をもって見直す必要がある。さらに、語句や単文レベルだけでなく、global な視点をもち、大きな範囲にわたる問題にも対処できなければならない。そういった global な問題は、発見できればすぐに修正できる文法上の誤りと異なり、何度も文章を読み返したり、分解したりしながら情報を収集し、原因を理解しなければならない。そして、原因を把握した後、書き換える、削除する、移動する、例を足すなど、さまざまな対処を、ある場合は組み合わせながら実行しなければならない。そして、正解となる修正が一つだけとも限らないのである。

このような複雑な推敲を熟達した書き手は行っているが、この一連の複雑な判断や対応を学習者に習得させることは容易ではない。この研究を通じて明らかになった最も重要な点は二つある。一つは、教師からのフィードバックに基づいて、生徒が書き直しを行ったとしても、複雑な推敲活動

を深く学習したとは簡単には期待できないという点である。問題解決的な判断を重ね、適切な修正を行うことの学習は、それほど容易ではない。もう一つは、出来上がった作文に対して、具体的なフィードバックを与え修正させるだけでなく、なにが文章中で重要な問題か、その問題の原因はなにか、そしてどのように修正すればよいのかを深く考えさせる過程が大切であるということである。

　こういった推敲活動の問題解決的側面を学習させることにより、単なる editing から "reconceptualization" へといった、推敲活動に対する認識の変化（Nystrand 1986:182-184）をもたらすことが可能となる。そのことによってのみ、他者の助けを借りることなく、客観的視点をもち、自律した推敲活動を行う書き手を養成することができると考えている。

参考文献

英語文献

Anson, C. M. (ed.) (1989) *Writing and response: theory, practice, and research*. IL: National Council of Teachers of English.

Aoki, N. (1990) How does reducing cognitive load of EFL writers affect their products? *Studies of Language and Culture,* 10(2), Matsuyama University. 93-102.

Aoki, N. (1991) The effects of "global consciousness" on coherence of English compositions of Japanese student writers. *Annual Review of English Language Education in Japan,* 2, 101-109.

Aoki, N. (1998) Using a computerized coherence analyzer for revising EFL composition. Paper presented at AAAL (American Association for Applied Linguistics) annual conference, Seattle, Washington.

Aoki, N. (2001) A critical evaluation of feedback on written composition. *Annual Review of English Language Education in Japan,* 12, 41-50.

Aoki, N. and Motooka, N. (1990) Composing strategies of Japanese learners of English. *Annual Review of English Language Education in Japan,* 1, 81-91.

Ashwell, T. (2000) Patterns of teacher response to student writing in a multiple-draft composition classroom: is content feedback followed by form feedback the best method? *Journal of Second Language Writing,* 9(3), 227-257.

Atwell, M. (1981) The evolution of text: the interrelationship of reading and writing in the composing process. Paper presented at the annual meeting of the National Council of Teachers of English, Boston, Mass.

Bardovi-Harlig, K. (1990) Pragmatic word order in English composition. In Connor, U. and Johns, A. M. (eds.), *Coherence in writing: research and pedagogical perspectives*. Washington, D. C.: TESOL. 43-66.

Bartlett, E. J. (1981) *Learning to write: Some cognitive and linguistic components*. Washington, D.C. : Center of Applied Linguistics.

Barteltt, E. J. (1982) Learning to revise: Some component processes. In Nystrand, M. (1982) (ed.), *What writers know*. New York : Academic Press. 345-363.

Beach, R. (1976) Self-evaluation strategies of extensive revisers and nonrevisers. *College Composition and Communication,* 27(2), 160-164.

Beach, R. and Bridwell, L. S. (1984) *New directions in composition research*. New York:

Guilford.
Beach, R. and Eaton, S. (1984) Factors influencing self-assessing and revising by college freshmen. In Beach, R. and Bridwell, L. S. (eds.), *New directions in composition research.* New York: Guilford. 149-170.
Bereiter, C., and Scardamalia, M. (eds.) (1981) From conversation to composition: the role of instruction in a developmental process. In Glaser, R. (ed.), *Advances in instructional psychology* (Vol. 2). Hillsdale, NJ: Erlbaum. 3-25.
Bereiter, C. and Scardamalia, M. (1983) Does learning to write have to be so difficult? In Freedman, A., Pringle, I. and Yalden, J. (eds.), *Learning to write: first language / second language.* Longman. 20-33.
Bereiter, C. and Scardamalia, M. (1987) *The psychology of written composition.* NJ: Lawrence Erlbaum Associates.
Berg, E. C. (1999) The effects of trained peer response on ESL students' revision types and writing quality, *Journal of Second Language Writing,* 8(3), 215-241.
Berkenkotter, C. (1983) Decisions and revisions: the planning strategies of a publishing writer. *College Composition and Communication,* 34(2), 156-172.
Bowen, B. A. (1993) Using conferences to support the writing process. In Penrose, A. M. and Sitko, B. M. (eds.), *Hearing ourselves think: cognitive research in the college writing classroom.* Oxford. 188-200.
Bracewell, R. J., Scardamalia, M. and Bereiter, C. (1978) The development of audience awareness in writing. *Resources in Education,* (ERIC Document Reproduction Service No. ED 154 433).
Bridwell, L. S. (1980) Revising strategies in twelfth grade students: Transactional writing. *Research in the Teaching of English,* 14(3), 107-122.
Britton, J. (1978) The composing processes and the functions of writing. In Cooper, C. R. and Odell, L. (eds.), *Research on composing: Points of departure.* Urbana, IL: National Council of Teachers of English. 13-28.
Britton, J. (1983) Shaping at the point of utterance. In Freedman, A., Pringle, I. and Yalden, J. (eds.), *Learning to write: first language / second language.* Longman. 13-19.
Brooks, E. (1985) Case studies of "unskilled" ESL college writers: a hypothesis about stages of development. New York: City University of New York. (ERIC Document Reproduction Service No. ED 289 340).
Bruffee, K. (1984) Collaborative learning and the "conversation of mankind". *College English,* 46, 635-652.
Carson, J. G. and Nelson, G. L. (1996) Chinese students' perceptions of ESL peer re-

sponse group interaction. *Journal of Second Language Writing,* 5(1), 1-19.
Caulk, N. (1994) Comparing teacher and student responses to written work. *TESOL Q.,* 28(1), 181-188.
Cerniglia, C. S., Medsker, K. L. and Connor, U. (1990) Improving coherence by using computer-assisted instruction. In Connor, U. and Johns, A. M. (eds.), *Coherence in writing: research and pedagogical perspectives.* Washington, D. C.: TESOL. 227-241.
Chandrasegaran, A. (1986) An exploratory study of EL2 students' revision and self-correction skills. *RELC Journal,* 17(2), 26-40.
Chaudron, C. (1984) Evaluating writing: Effects of feedback on revision. *RELC Journal,* 15(2), 1-14.
Chenoweth, N. A. and Hayes, J. R. (2001) Fluency in writing: generating text in L1 and L2. *Written Communication,* 18, 80-98.
Clark, H. H. and Haviland, S. (1977) Comprehension and the given-new contract. In Freedle, R. O. (ed.), *Discourse production and comprehension.* NJ: Ablex. 1-40.
Cohen, A. D. (1991) Feedback on writing. *Studies in the Second Language Acquisition,* 13, 133-159.
Cohen, A. D. and Cavalcanti, M. C. (1990) Feedback on compositions: teacher and student verbal reports. In Kroll, B. (ed.), *Second language writing.* Cambridge. 155-177.
Collins, A. and Gentner, D. (1980) A framework for a cognitive theory of writing. In Gregg, L. W. and Steinberg, E. R. (eds.), *Cognitive processes in writing.* NJ: Lawrence Erlbaum Associates. 51-72.
Connor, U. (1996) *Contrastive rhetoric.* Cambridge.
Connor, U. and Asenavage, K. (1994) Peer response groups in ESL writing classes: How much impact on revision? *Journal of Second Language Writing,* 3(3), 257-276.
Connor, U. and Farmer, M. (1990) The teaching of topical structure analysis as a revision strategy for ESL writers. In Kroll, B. (ed.), *Second language writing.* Cambridge. 126-139.
Conrad, S. M. and Goldstein, L. M. (1999) ESL students revision after teacher-written comments: text, contexts, and individuals. *Journal of Second Language Writing,* 8(2), 147-179.
Cooper, C. R. and Matsuhashi, A. (1983) A theory of the writing process. In Martlew, M. (ed.), *The psychology of written language: A developmental and educational approach.* New York: Wiley. 3-39.

Cumming, A. and So, S. (1996) Tutoring second language text revision: Does the approach to instruction or the language of the communication make a difference? *Journal of Second Language Writing*, 5(3), 197-226.

Daiute, C. and Dalton, B. (1993) Collaboration between children learning to write: can novices be masters? *Cognition and Instruction*, 10(4), 281-333.

Daiute, C. and Kruidenier, J. (1985) A Self-Questioning Strategy to Increase Young Writers' Revising Processes. *Applied Psycholinguistics*, 6(3), 307-318.

Emig, J. (1971) *The composing processes of twelfth graders*. Champaign, Ill: National Council of Teachers of English. (Research Report No. 13).

Faigley, L., Cherry, R. D., Jollife, D. A. and Skinner, A. M. (1985) *Assessing writers' knowledge and process of composing*. NJ: Ablex.

Faigley, L. and Witte, S. P. (1981) Analyzing revision. *College Composition and Communication*, 32(4), 400-414.

Faigley, L. and Witte, S. P. (1984) Measuring the effects of revisions on text structure. In Beach, R. and Bridwell, L. S. (eds.), *New directions in composition research*. New York: Guilford. 95-108.

Fathman, A. K. and Whalley, E. (1990) Teacher response to student writing: focus on form versus content. In Kroll, B. (ed.), *Second language writing*. Cambridge. 178-190.

Ferris, D. R. (1995) Student reactions to teacher response in multiple-draft composition classrooms. *TESOL Q.*, 29(1), 33-53.

Ferris, D. R. (1997) The influence of teacher commentary on student revision. *TESOL Q.*, 31(2), 315-339.

Ferris, D. (1999) The case of grammar correction in L2 writing classes: a response to Truscott (1996). *Journal of Second Language Writing*, 8(1), 1-11.

Ferris, D. and Hedgcock, J. S. (1998) *Teaching ESL composition: purpose, process, and practice*. Mahwah, NJ: Lawrence Erlbaum Associates.

Finn, J. D. and Cox, D. (1992) Participation and withdrawal among fourth-grade pupils. *American Educational Research Journal*, 29(1), 141-162.

Fitzgerald, J. (1987) Research on revision in writing. *Review of Educational Research*, 57, 481-506.

Flower, L. (1985) *Problem-solving strategies for writing*, 2nd ed. San Diego: Harcourt Brace Jovanovich.

Flower, L. (1994) *The construction of negotiated meaning: a social cognitive theory of writing*. Southern Illinois University Press.

Flower, L. and Hayes, J. R. (1980) The dynamics of composing: making plans and juggling constraints. In Gregg, L. W. and Steinberg, E. R. (eds.), *Cognitive processes in writing*. NJ: Lawrence Erlbaum Associates. 31-50.

Flower, L. and Hayes, J. R. (1981) A cognitive process theory of writing. *College Composition and Communication*, 32(4). 365-387.

Frase, L. T. (1981) Writing, text, and the reader. In Frederiksen, C. H. and Dominic, J. F. (eds.), *Writing: the nature, development, and teaching of written communication, Vol. 2*. NJ: Lawrence Erlbaum Associates. 209-221.

Freedman, S. W., Dyson, A. H., Flower, L. and Chafe, W. (1987) *Research in writing: past, present, and future*. Center for the Study of Writing, Technical Report No. 1. University of California, Berkeley.

Friedlander, A. (1990) Composing in English: effects of a first language on writing in English as a second language. In Kroll, B. (ed.), *Second language writing*. Cambridge. 109-125.

Gagné, E. D. (1985) *The cognitive psychology of school learning*. Glenview, Ill: Scott, Foresman and Company.

Goldstein, L. (2001) For Kyla: what does the research say about responding to ESL writers. In Silva, T. and Matsuda, P. K. (eds.) *On second language writing*. NJ: Lawrence Erlbaum Associates. 73-89.

Gould, J. D. and Grischkowsky, N. (1984) Doing the same work with hard copy and CRT terminals. *Human Factors*, 26, 323-337.

Grabe, W. and Kaplan, R. B. (1996) *Theory and practice of writing*. Longman.

Gregg, L. W. and Steinberg, E. R. (1980) (eds.) *Cognitive processes in writing*. NJ: Lawrence Erlbaum Associates.

Guerrero, M. C. M. de and Villamil, O. S. (1994) Social-cognitive dimensions of interaction in L2 peer revision. *The Modern Language Journal*, 78(4), 484-496.

Guerrero, M. C. M. de and Villamil, O. S. (2000) Activating the ZPD: mutual scaffolding in L2 peer revision. *The Modern Language Journal*, 84(i), 51-68.

Haas, C. (1987) *How the writing medium shapes the writing process: studies of writers composing with pen and paper and with word processing*. Unpublished doctoral dissertation. Carnegie Mellon University.

Hall, C. (1990) Managing the complexity of revising across languages. *TESOL Q.*, 24 (1), 43-60.

Harris, M. (1992) Collaboration is not collaboration is not collaboration: writing center tutorials vs. peer-response groups. *College Composition and Communication*, 43(3), 369-383.

Hatch, E. (1992) *Discourse and language education*. Cambridge.

Haugen, D. (1990) Coming to terms with editing. *Research in the Teaching of English,* 24(3), 322-333.

Hayes, J. R. (2004) What triggers revision? In Allal, L., Chanquoy, L. and Largy, P. (eds.), *Revision: cognitive and instructional processes.* Kluwer Academic. 9-20.

Hayes, J. R. (1996) A new framework for understanding cognition and affect in writing. In Levy, C. M. and Ransdell, S. (eds.), *The science of writing.* NJ : Lawrence Erlbaum Associates. 1-27.

Hayes, J. R. and Flower, L. (1980) Identifying the organization of writing processes. In Gregg, L. W. and Steinberg, E. R. (eds.), *Cognitive processes in writing.* NJ: Lawrence Erlbaum Associates. 3-29.

Hayes, J. R., Flower, L., Schriver, K. A., Stratman, J. F. and Carey, L. (1987) Cognitive processes in revision. In Rosenberg, S. (ed.), *Advances in applied psycholinguistics, Volume 2.* Cambridge. 176-240.

Hayes, J. R. and Nash, J. G. (1996) On the nature of planning in writing. In Levy, C. M. and Ransdell, S. (eds.), *The science of writing.* NJ : Lawrence Erlbaum Associates. 29-55.

Hayes, J. R., Schriver, K. A., Spilka, R. and Blaustein, A. (1986) If it's clear to me, it must be clear to them. Paper presented at the Conference on College Composition and Communication, New Orleans, LA.

Hayes, J. R., Schriver, K. A., Hill, C. and Hatch, J. (1990) *Seeing problems with text: how students' engagement makes a difference.* Final report of project 3, Study 17. Carnegie Mellon University, Center for the Study of Writing.

Hedgcock, J. and Lefkowitz, N. (1992) Collaborative oral/aural revision in foreign language writing instruction. *Journal of Second Language Writing,* 1(3), 255-276.

Hedgcock, J. and Lefkowitz, N. (1994) Feedback on feedback: assessing learner receptivity to teacher response in L2 composing. *Journal of Second Language Writing,* 3(2), 141-163.

Higgins, L., Flower, L. and Petraglia, J. (1991) *Planning text together: the role of critical reflection in student collaboration.* Center for the Study of Writing, Technical Report No.52. Carnegie Mellon University.

Hirose, K. and Sasaki, M. (1994) Explanatory variables for Japanese students' expository writing in English: an exploratory study. *Journal of Second Language Writing,* 3(3), 203-229.

Hyland, F. (1998) The impact of teacher written feedback on individual writers. *Journal of Second Language Writing,* 7(3), 255-286.

Jacobs, G. M., Curtis, A., Braine, G. and Huang, S. (1998) Feedback on student writing: taking the middle path. *Journal of Second Language Writing,* 7(3), 307-317.

Jacobs, H., Zingraf, S., Wormuth, D., Hartfiel, V. and Hughey, J. (1981) *Testing ESL composition: a practical approach.* MA: Newbury House.

Johns, A. M. (1990) L1 composition theories: implications for developing theories of L2 composition. In Kroll, B. (ed.), *Second Language Writing.* Cambridge.

Kaufer, D. S., Hayes, J. R. and Flower, L. (1986) Composing written sentences. *Research in the Teaching of English,* 20(2), 121-140.

Kehagia, O. and Cox, M. (1997) Revision changes when using word-processors in an English as a foreign language context. *Computer Assisted Language Learning,* 10(3), 239-253.

Kinsler, K. (1990) Structured peer collaboration: teaching essay revision to college students needing writing remediation. *Cognition and Instruction,* 7(4), 303-321.

Kitao, S. K. and Kitao, K. (1998) *Basic writing strategies.* Eishosha.

Kobayashi, H. and Rinnert, C. (2001) Factors relating to EFL writers' discourse level revision skills. *International Journal of English Studies,* 1(2), 71-101.

Kohonen, V. (1992) Experiential language learning: second language learning as cooperative learner education. In Nunan, D. (ed.), *Collaborative language learning and teaching.* Cambridge. 14-39.

Krapels, A. R. (1990) An overview of second language writing process research. In Kroll, B. (ed.), *Second language writing,* Cambridge. 37-56.

Kroll, B. (1990) (ed.) *Second Language Writing.* Cambridge.

Langer, J. A. (1984) The effects of available information on responses to school writing tasks. *Research in the Teaching of English,* 18(1), 27-44.

Lautamatti, L. (1987) Observations on the development of the topic in simplified discourse. In Connor, U. and Kaplan, R. B. (eds.), *Writing across languages: analysis of L2 text.* MA: Addison-Wesley. 87-114.

Leki, I. (1990) Coaching from the margins: issues in written response. In Kroll, B. (ed.), *Second language writing.* Cambridge. 57-68.

Linden, M. and Whimbey, A. (1990) *Why Johnny Can't Write.* NJ: Lawrence Erlbaum Associates.

Mangelsdorf, K. and Schlumberger, A. (1992) ESL student response stances in a peer-review task. *Journal of Second Language Writing,* 1(3), 235-254.

Matsuhashi, A., Gillam, A., Conley, R. and Moss, B. (1989) A theoretical framework for studying peer tutoring as response. In Anson, C. M. (ed.), *Writing and response : theory, practice, and research.* IL: National Council of Teachers of English. 293-316.

McCagg, P. (1990) Toward understanding coherence: a response proposition taxonomy. In Connor, U. and Johns, A. M. (eds.), *Coherence in writing: research and pedagogical perspectives*. Washington, D. C.: TESOL. 111-127.

McCutchen, D. and Perfetti, C. A. (1982) Coherence and connectedness in the development of discourse production. *Text*, 2, 113-139.

Mendonça, C. O. and Johnson, K. E. (1994) Peer review negotiations: revision activities in ESL writing instruction. *TESOL Q.*, 28(4), 745-769.

Muncie, J. (2000) Using written teacher feedback in EFL composition classes. *ELTJ*, 54(1), 47-53.

Murray, D. M. (1978). Internal revision: a process of discovery. In Cooper, C. R. and Odell, L. (eds.), *Research on composing: Points of departure*. IL: National Council of Teachers of English. 85-103.

National Assessment of Educational Progress (1977) *Write/rewrite: an assessment of revision skills: selected results from the second national assessment of writing*. (Technical Report) U.S. Government Printing Office. (ERIC Document Reproduction Service No. ED 141 826).

Nelson, G. L. and Carson, J. G. (1998) ESL students' perceptions of effectiveness in peer response groups. *Journal of Second Language Writing*, 7(2), 113-131.

Nelson, G. and Murphy, J. (1993) Peer response groups: do L2 writers use peer comments in revising their drafts? *TESOL Q.*, 27(1), 135-141.

Nold, E. (1981) Revising. In Frederiksen, C. H. and Dominic, J. F. (eds.), *Writing: the nature, development, and teaching of written communication, Vol. 2*. NJ: Lawrence Erlbaum Associates. 67-80.

Nunan, D. (1992) *Collaborative language learning and teaching*. Cambridge.

Nystrand, M. (1986) *The structure of written communication: studies in reciprocity between writers and readers*. Orlando: Academic Press.

Nystrand, M. and Brandt, D. (1989) Response to writing as a context for learning to write. In Anson, C. M. (ed.), *Writing and response : theory, practice, and research*. IL: National Council of Teachers of English. 209-230.

Odell, L. (1980) Teaching writing by teaching the process of discovery: an interdisciplinary enterprise. In Gregg, L. W. and Steinberg, E. R. (eds.), *Cognitive processes in writing*. NJ: Lawrence Erlbaum Associates. 139-154.

O'Donnell, A. M., Dansereau, D. F., Rocklin, T., Lambiote, J. G., Hythecker, V. I., and Larson, C. O. (1985) Cooperative writing: direct effects and transfer. *Written Communication*, 2(3), 307-315.

Onore, C. (1989) The student, the teacher, and the text: negotiating meanings through response and revision. In Anson, C. M. (ed.), *Writing and response : theory, practice, and research.* IL: National Council of Teachers of English. 231-260.

Palmquist, M. and Young, R. (1992) The notion of giftedness and students expectations about writing. *Written Communication,* 9(1), 137-168.

Paulus, T. M. (1999) The effect of peer and teacher feedback on student writing. *Journal of Second Language Writing,* 8(3), 265-289.

Peck, W. C. (1989) *The effects of prompts upon revision: a glimpse of the gap between planning and performance.* Center for the Study of Writing, Technical Report No.26. Carnegie Mellon University.

Penrose, A. M. (1993) Writing and learning: exploring the consequences of task interpretation. In Penrose, A. M. and Sitko, B. M. (eds.) *Hearing ourselves think: cognitive research in the college writing classroom.* Oxford. 52-69.

Perl, S. (1979) The composing processes of unskilled college writers. *Research in the Teaching of English,* 13(4), 317-336.

Phelps, L. W. (1989) Images of student writing: the deep structure of teacher response. In Anson, C. M. (ed.), *Writing and response : theory, practice, and research.* IL: National Council of Teachers of English. 37-67.

Pianko, S. (1979) Description of the composing process of college freshman writers. *Research in the Teaching of English,* 13(1), 5-22.

Prior, P. (1995) Tracing authoritative and internally persuasive discourses: a case study of response, revision, and disciplinary enculturation. *Research in the Teaching of English,* 29(3), 288-325.

Raimes, A. (1978) *Problems and teaching strategies in ESL composition.* In *Language in Education Series.* Washington, D. C.: Center for Applied Linguistics.

Raimes, A. (1983) Anguish as a second language? Remedies for composition teachers. In Freedman, A., Pringle, I. and Yalden, J. (eds.), *Learning to write: first language / second language.* Longman. 258-272.

Raimes, A. (1985) What unskilled ESL students do as they write: a classroom study of composing. *TESOL Q.,* 19(2), 229-258.

Raimes, A. (1987) Language proficiency, writing ability, and composing strategies: a study of ESL college student writers. *Language Learning,* 37(3), 439-469.

Rohman, D. G. (1965) Pre-writing: the stage of discovery in the writing process. *College Composition and Communication,* 16, 106-112.

Robb, T., Ross, S. and Shortreed, I. (1986) Salience of feedback on error and its effect on EFL writing quality. *TESOL Q.,* 20(1), 83-93.

Saito, H. (1994) Teachers' practices and students' preferences for feedback on second language writing: a case study of adult ESL learners. *TESL Canada Journal,* 11(2), 46-70.

Sato, T. (1990) *Revising strategies in Japanese students' writing in English as a foreign language.* UMI Dissertation Services.

Scardamalia, M. and Bereiter, C. (1983) The development of evaluative, diagnostic and remedial capabilities in children's composing. In Martlew, M. (ed.), *The psychology of written language: A developmental and educational approach.* New York: Wiley.

Scardamalia, M. and Bereiter, C. (1986) Writing. In Dillon, R. F. and Sternberg, R. J. (eds.), *Cognition and instruction.* New York: Academic Press. 59-81.

Scardamalia, M. and Bereiter, C. (1987) Knowledge telling and knowledge transforming in written composition. In Rosenberg, S. (ed.), *Advances in applied psycholinguistics, Volume 2.* Cambridge. 142-175.

Scardamalia, M., Bereiter, C. and Steinbach, R. (1984) Teachability of reflective processes in written composition. *Cognitive Science,* 8, 173-190.

Schriver, K. A. (1993) Revising for readers: audience awareness in the writing classroom. In Penrose, A. M. and Sitko, B. M. (eds.), *Hearing ourselves think: cognitive research in the college writing classroom.* Oxford. 147-169.

Sengupta, S. (1998) From text revision to text improvement: a story of secondary school composition. *RELC J.,* 29(1), 110-137.

Sengupta, S. (2000) An investigation into effects of revision strategy instruction on L2 secondary school learners. *System,* 28(1), 97-113.

Sheils, M. (1975) Why Johnny can't write. *Newsweek,* December 8, 58-65.

Silva, T. (1990) Second language composition instruction: developments, issues, and directions in ESL. In Kroll, B. (ed.), *Second Language Writing,* Cambridge. 11-23.

Silva, T. and Matsuda, P. K. (2001) (eds.) *On second language writing.* NJ: Lawrence Erlbaum Associates.

Sitko, B. M. (1993) Exploring feedbak : writers meet readers. In Penrose, A. M. and Sitko, B. M. (eds.), *Hearing ourselves think: cognitive research in the college writing classroom.* Oxford. 170-187.

Sommers, N. (1980) Revision strategies of student writers and experienced writers. *College Composition and Communication,* 31(4), 378-87.

Spack, R. (1984) Invention strategies and the ESL college composition student. *TESOL Q.,* 18(4), 649-670.

Stallard, C. (1974) An analysis of the writing behavior of good student writers. *Re-*

search in the *Teaching of English,* 8(2), 206-218.

Stallard, C. (1976) Composing: a cognitive process theory. *College Composition and Communication,* 27(2), 181-184.

Stanley, J. (1992) Coaching student writers to be effective peer evaluators. *Journal of Second Language Writing,* 1(3), 217-233.

Storch, N. (2002) Patterns of interaction in ESL pair work. *Language Learning,* 52(1), 119-158.

Straub, R. (1996) The concept of control in teacher response: defining the varieties of "directive" and "facilitative" commentary. *College Composition and Communication,* 47(2), 223-251.

Straub, R. (1997) Students' reactions to teacher comments: an exploratory study. *Research in the Teaching of English,* 31(1), 91-119.

Sudol, R. A. (1982) Introduction. In Sudol, R. A. (ed.), *Revising: new essays for teachers of writing.* IL: National Council of Teachers of English, ix-xiv.

Sze, C. (2002) A case study of the revision process of a reluctant ESL student writer. *TESL Canada Journal,* 19(2), 21-36.

Thibideau, R., Just, M. and Carpenter, P. (1982) A model of the time course and content of reading. *Cognitive Science,* 6, 157-203.

Truscott, J. (1996) The Case against Grammar Correction in L2 Writing Classes. *Language Learning,* 46(2), 327-69.

Truscott, J. (1999) The case for "The case against grammar correction in L2 writing classes": a response to Ferris. *Journal of Second Language Writing,* 8(2), 111-122.

Tsui, A. B. M. and Ng, M. (2000) Do secondary L2 writers benefit from peer comments? *Journal of Second Language Writing,* 9(2), 147-170.

Van der Mast, N. P. (1996) Adjusting target figures downwards: on the collaborative writing of policy documents in the Dutch government. In Sharples, M. and Geest, T. van der (eds.), *The new writing environment: writers at work in a world of technology.* London: Springer Verlag. 54-73.

Villamil, O. S. and Guerrero, M. C. M. de. (1996) Peer revision in the L2 classroom: social-cognitive activities, mediating strategies, and aspects of social behavior. *Journal of Second Language Writing,* 5(1), 51-75.

Villamil, O. S. and Guerrero, M. C. M. de. (1998) Assessing the impact of peer revision on L2 writing. *Applied Linguistics,* 19(4), 491-514.

Voss, J. F., Vesonder, G. T. and Splich, G. J. (1980) Text generation and recall by high-knowledge and low-knowledge individuals. *Journal of Verbal Learning and Ver-*

bal Behavior, 19, 651-667.
Vygotsky, L. S. (1978) *Mind in society: the development of higher psychological processes.* MA: Harvard Univ. Press.
Wallace, D. L. and Hayes, J. R. (1991) Redefining revision for freshmen. *Research in the Teaching of English,* 25(1), 54-66.
White, R. and Arndt, V. (1991) *Process writing.* Longman.
Witte, S. P. (1983) Topical structure and revision: an exploratory study. *College Composition and Communication,* 34(3), 313-341.
Witte, S. P. (1987) Pre-text and composing. *College Composition and Communication,* 38(4), 397-425.
Zamel, V. (1976) Teaching composition in the ESL classroom: what we can learn from research in the teaching of English. *TESOL Q.,* 10(1), 67-76.
Zamel, V. (1983) The composing processes of advanced ESL students: six case studies. *TESOL Q.,* 17(2), 165-187.
Zamel, V. (1985) Responding to student writing. *TESOL Q.,* 19(1), 79-101.
Zbrodoff, N. J. (1984) *Writing stories under time and length constraints.* Unpublished doctoral dissertation. University of Toronto.
Zhang, S. (1995) Reexamining the affective advantage of peer feedback in the ESL writing class. *Journal of Second Language Writing,* 4(3), 209-222.
Zhu, W. (2001) Interaction and feedback in mixed peer response groups. *Journal of Second Language Writing,* 10(4), 251-276.
Zimmermann, R. (1996) Formulating in L2 writing: towards an empirical model. In Archibald, A. and Jeffery, C. (eds.), *Second Language Acquisition and Writing: A Multidisciplinary Approach.* University of Southampton. 53-68.

日本語文献

青木信之（1992） Planted errors の revising ―日本人大学生の英語作文力・日本語作文力・英語文法力の関係―．『言語文化研究』第11巻2号、松山大学学術研究会、137-156.

青木信之（1994） 書くことのプロセス．『言語文化研究』第13巻2号、松山大学学術研究会、39-66.

青木信之（1997） Coherence Analyzer を使った英作文推敲．第23回全国英語教育学会・福井研究大会口頭発表．

青木信之（1998a） ライティングプロセスの共同学習．『中国地区英語教育学会研究紀要』第28号、21-29.

青木信之（1998b） Topical structure analysis を利用した英作文推敲 『広島国

際研究』第4巻、広島市立大学国際学部、173-182.
青木信之・本岡直子（1989） Composing strategy について ―特に pre-writing と revising の観点から―.『中国地区英語教育学会研究紀要』第19号、77-83.
青木信之・本岡直子（1991） 'Global consciousness' の revising strategy に対する影響 ―日本人大学生を被験者として―.『中国地区英語教育学会研究紀要』第21号、151-157.
池永勝雅（1973）『これからの英語教育』 開拓社
伊藤健三・伊藤元雄・下村勇三郎・関典明・渡辺益好（1995）『英語の新しい学習指導』 リーベル出版
内田伸子（1989） 子どもの推敲方略の発達 ―作文における自己内対話の過程 『御茶ノ水女子大人文科学紀要』 第42巻、75-104.
内田伸子（1990a）『子どもの文章 書くこと考えること』 東京大学出版会
内田伸子（1990b） 言語の産出. 内田伸子（編）『新・児童心理学講座 6 言語機能の発達』 金子書房 183-221.
大槻和夫（編）（2001）『国語科 重要用語300の基礎知識』 明治図書
沖原勝昭（編）（1985）『英語のライティング』 大修館
教師養成研究会（1956）『英語科の教育 教科教育研究叢書 第8集』 学芸図書
クヌーセン、J.・小田卓爾（1992）『アメリカを書く』 南雲堂
国語教育研究所（編）（1996）『作文技術指導大事典』 明治図書
小室俊明（編）（2001）『英語ライティング論』 河源社
鈴木宏昭・鈴木高士・村山功・杉本卓（1989）『教科理解の認知心理学』 新曜社
ヒュイゼンガ、J.・スネリングス、C. M.・フランシス、G. B.・矢田裕士・河原俊之・加須屋弘司・佐藤泰子（1997）*Introduction to essay writing.* 松柏社
堀口俊一（1991）（編）『現代英語教育の理論と実践』 聖文社
渡辺一保（1993） 英作文指導の現状分析 ―大学生の感想に基づいて―.『中部地区英語教育学会紀要』 第22号、67-72.

Appendixes

Appendix 1 基礎調査（英作文推敲力調査テスト）

　下の英作文はまだ下書きの段階で改良する余地が多くあります。この英作文を完成版にするつもりで書き直してください。

学籍番号（　　　　　）　氏名（　　　　　　　　）

In the US, Valentine's Day can celebrate any kind of love relationship. In Japan, on other hand, it mainly connected with romantic relationships. For example, in both countryes, people give chocolates.　Many Americans may sending Valentine cards. In Japan, on contrast, cards is not as common.　In the US, both men and woman gives chocolates. In Japan, only women give chocolates.　The meaning of love is understood differently in Japan and in the US.　Love is one of eternal themes for poetry. Sending cards is little common in Japan than in the US.　Finaly, Valentine's Day in Japan is connected with White Day. White Day is not celebrated in the US.

(Kitao and Kitao 1998:49から)

Appendix 2 基礎調査（英語力調査テスト）

1　つぎの(1)〜(20)に入る最も適当な語を、それぞれ a 〜 d の中から選びなさい。

　　Learning to read is a wonderful step in a child's life, and many parents will do much to encourage this process. However, reading does not just magically "(　1　)" one day -- it is a whole process that takes (　2　). The pre-reading (　3　) of development can start as early as before a child's first (　4　), when he/she is exposed (　5　) picture books, and it (　6　) throughout the early years as kids learn letters of the alphabet, and see the written word in its various forms.

　　Teaching a real (　7　) of books and stories to a child is of course an important

(8) in the process of learning to read. Additionally, learning to identify the letters of the alphabet provides a (9) base for reading. However, attention should also be (10) to the period when kids are (11) to pronounce and actually "read" basic words. This period can occur (12) a range of ages in (13) children.

The process of learning to read will (14) repetition -- there simply is no avoiding that fact. Most young children want to hear the (15) story again and again, and with older children, too, parents may find themselves bored (16) reading children's favorite stories many times. However, if they want their children to develop a (17) reading habit, parents have to be (18) and willing to give encouragement when it's necessary. It's important to (19) that you will never find a magical way to teach your child to read that will involve little or no (20) involvement.

(1)	a. disappear	b. go	c. happen	d. prepare
(2)	a. advice	b. effect	c. money	d. time
(3)	a. angle	b. chance	c. formation	d. stage
(4)	a. bill	b. birthday	c. memory	d. writing
(5)	a. by	b. into	c. on	d. to
(6)	a. continues	b. drops	c. falls	d. succeeds
(7)	a. battle	b. clue	c. honesty	d. love
(8)	a. mile	b. step	c. tension	d. terminal
(9)	a. cautious	b. dispensable	c. narrow	d. vital
(10)	a. compared	b. found	c. paid	d. taken
(11)	a. limited	b. moving	c. permanent	d. ready
(12)	a. at	b. on	c. under	d. with
(13)	a. average	b. constant	c. total	d. whole
(14)	a. apply	b. depend	c. involve	d. relate
(15)	a. cruel	b. disturbing	c. same	d. technical
(16)	a. for	b. in	c. on	d. with
(17)	a. healthy	b. popular	c. stylish	d. tedious
(18)	a. individual	b. obedient	c. patient	d. suitable
(19)	a. arrange	b. cover	c. invite	d. remember
(20)	a. balanced	b. bare	c. parental	d. pregnant

(広島市立大学2000年度前期英語入試問題から)

Appendixes

2 つぎの(1)~(20)に入る最も適当な語を、それぞれa~dの中から選びなさい。

The Internet is not an enormous computer that stores a huge amount of information, as some people believe. Instead, the Internet is a way of (1) many computers - perhaps as (2) as several million - through telephone lines. This means that somebody (3) at a computer in Argentina, for example, is able to receive information from another computer in Finland. The Internet was developed by the United States military in the 1970s as a communication system that would (4) nuclear war. Government departments and universities soon realized how (5) it was and began to use it. (6) this way they were able to make information widely (7). In the 1990s ordinary people began using the Internet. This was due (8) a number of changes, the most important of (9) were the increase in the number of personal computers in homes and the development of high-speed modems. A modem is an electronic instrument that enables a computer to (10) and receive information through a telephone line. Once the general public began using the Internet, businesses realized that this was an excellent way to (11), and even sell, their products. It is now possible to order books, magazines, compact discs (CDs), videos and many other things from electronic sites. Most airlines and large hotels will accept (12) through the Internet.
Most of the information on the Internet is free because people who have special (13) create their own sites - (14) web sites - which they like other people to read. However other information must (15) paid for. If you want to get an article from a magazine, for example, you either have to pay for each article individually (16) pay a yearly membership fee and receive a password that (17) you to enter the site (18) you want. Either way, you can download or copy the article to your own computer. Anyone (19) knows how to do it can put information on the Internet. You can even have a conversation with someone on the (20) side of the world if you want to. Although much of the information on the Internet is free, actually using the Internet is not. First, there is the cost of a telephone call to an Internet service provider. Second, there is a charge made by this provider, which is either an hourly rate or a monthly subscription.

(1)	a. breaking	b. checking	c. connecting	d. making
(2)	a. less	b. many	c. more	d. much
(3)	a. feeding	b. going	c. shifting	d. sitting
(4)	a. communicate	b. pass	c. protect	d. survive
(5)	a. avoidable	b. negative	c. sensitive	d. valuable
(6)	a. By	b. For	c. In	d. On
(7)	a. available	b. disposal	c. potential	d. teachable
(8)	a. from	b. in	c. of	d. to
(9)	a. it	b. such	c. which	d. whom
(10)	a. push	b. roll	c. seal	d. send
(11)	a. advertise	b. convey	c. devote	d. perform
(12)	a. goals	b. reservations	c. summaries	d. promises
(13)	a. characters	b. enemies	c. interests	d. trends
(14)	a. called	b. delayed	c. released	d. told
(15)	a. be	b. been	c. had	d. have
(16)	a. both	b. but	c. or	d. so
(17)	a. allows	b. catches	c. discourages	d. entertains
(18)	a. and	b. however	c. no matter	d. whenever
(19)	a. can	b. so	c. to	d. who
(20)	a. back	b. each	c. other	d. rough

(広島市立大学2001年度前期英語入試問題から)

3　つぎの(1)～(30)に適当な語を入れて英文を完成しなさい。

　　Affective communication is the process through which people express feelings about things, themselves, and others. Expressions of positive and negative feelings about places, objects, events, policies, and ideas [1[(　　　　　) called opinions. Expressions of feelings about oneself are known [2]] (　　　　　) self-disclosures. Expression of both positive and negative feelings about others is vital to [3] (　　　　　) close relationships. Expressions of positive feelings let friends and loved ones [4] (　　　　　) that they are valued. Expressions of negative feelings serve as a [5] (　　　　　) valve in a relationship.

　　Affective communication is [6] (　　　　　) major importance in the formation

246

Appendixes

of self-concept--what one thinks of oneself. Through affective exchanges children [7] (   ) opinions about themselves. As students [8](   ) school, interactions with teachers and other students continue to [9] (   ) their self-concepts. [10] (   ) a large extent, an individual is what people say he or she is. Students who are [11] (   ) by parents, teachers, and peers are likely to have a high self-concept. Students who are put down, or [12] (   ), are likely to have a [13] (   ) self-concept. While self-concept is important [14] (   ) its own right, it takes on even greater importance in its influence [15] (   ) the academic success of students.

Affective communication is very important throughout life. Employers [16] (   ) employees who get along well [17](   ) other people, who [18] (   ) criticism well, and who are open and [19](   ) in their relationships with others. Affective communication is also important to a happy family life. Psychologists and family therapists [20] (   ) the importance of open communication in the home. Members of supportive families [21] (   ) free to talk about positive feelings of love, joy, and appreciation as [22] (   ) as negative feelings of [23] (   ), fear, and disappointment.

The major ingredient in affective communication is empathy. Empathy is the [24] (   ) to see the world from another's point of view--to share the joy or disappointment that another person feels. Empathy has two parts. Empathic people are [25] (   ) to the emotional needs and feelings of others; they are skillful in [26] (   ) verbal, paralinguistic, and nonverbal cues to feelings; and they sense that a friend is, for example, sad and invite the friend to share the negative feelings. Also, an empathic person responds [27] (   ) emotional needs and feelings [28] (   ) a manner found appropriate and rewarding by the other person.

Affective communication skills are highly important in certain careers. Psychologists, psychiatrists, therapists, physicians, and nurses all [29] (   ) to see the world from the perspective of their [30] (   ). But affective communication skills are important to all other careers as well. Teachers, judges, police officers, and school principals are better at their jobs if they can empathize with others.

(広島市立大学大学院国際学研究科2001年春季英語入試問題から)

Appendix 3 推敲課題1（リスト群用課題1）

英文A書き直し［リスト］

　下の英作文はまだ下書きの段階で改良する余地が多くあります。あなたはこれを改良して先生に提出しなければなりません。下の英作文見直しチェックリストを参考に、この英作文を完成版にするつもりで書き直し、右に清書してください。

学籍番号（　　　　　　）　氏名（　　　　　　　　　　　）

［英文A］
Most doctors are honest and dependable and conscientious.　You can put your life in their hands and feel perfectly safe.　But there is a few who cannot be trusted.　Some are just lazy.　They fail to keep up with the latest in medical informations and methods.　Or they are unaware of new drugs and medisines that makes you better.　Of course, some doctors are jast plain dishonest.　But many doctors don't lie and trustworthy.

【英作文見直しチェックリスト】

1）　理解できない部分はあるか？
2）　話の流れは適切か？
3）　主張や結論は明確に書かれているか？
4）　具体例が挙げられているか？
5）　余計な文が入っていないか？
6）　本筋と関係ない話が入っていないか？
7）　文法的に間違った部分はないか？
8）　スペリングの誤りはないか？
9）　語彙は適切に使われているか？

（クヌーセン・小田　1992: 9 から）

Appendix 4　推敲課題1　事後アンケート（リスト群課題1）

英文Aアンケート［リスト］
学籍番号（　　　　　）　氏名（　　　　　　　　）

　英文Aの見直しについてのアンケートにお答えください。但し、すでに書き直した英文をさらに修正することはしないでください。下の質問に正直に答えてください。

まず、英文A修正課題への取り組みについてお聞きします。
1　英文を読む以前から、作文の誤りにはスペルなど小さな誤りだけでなく、内容構成などの大きな誤りが含まれていることを意識していましたか？
　　1　していなかった　2　あまりしていなかった　3　どちらとも言えない
　　4　わりとしていた　5　とてもしていた

2　修正をする前に英文すべてをまず読み通しましたか？
　　1　読まなかった　2　あまり読まなかった　3　どちらとも言えない
　　4　わりと読んだ　5　全文読み通した

3　英文の構成など大きな誤りを修正してから、スペルなど小さな誤りを修正しようといったプランを持っていましたか？
　　1　もっていなかった　2　あまりもっていなかった　3　どちらとも言えない
　　4　わりともっていた　5　しっかりもっていた

4　この英文でもっとも主張したいことはなにかということを考えましたか？
　　1　考えなかった　2　あまり考えなかった　3　どちらとも言えない
　　4　わりと考えた　5　よく考えた

　つぎに英文を書き直すときの、あなたの判断と対応についてお聞きします。
［英文A］
Most doctors are honest and dependable and conscientious.　You can put your life in

249

their hands and feel perfectly safe. But there is a few who cannot be trusted. Some are just lazy. They fail to keep up with the latest in medical informations and methods. Or they are unaware of new drugs and medisines that makes you better. Of course, some doctors are jast plain dishonest. But many doctors don't lie and trustworthy.

5　この英文には結論が欠けています。例えば、"That's why Americans these days like to go to more than one doctor when they have a medical problem, particularly a serious one." といった最後のまとめが必要です。この点についてお聞きします。

5.1　なんとなくこの英文が未完成であるように感じましたか？
　　1　感じなかった　2　あまり感じなかった　3　どちらとも言えない
　　4　わりと感じた　5　とても感じた

5.2　具体的にまとめが欠けていることがわかりましたか？
　　1　わからなかった　2　あまりわからなかった　3　どちらとも言えない
　　4　わりとわかった　5　とてもわかった

5.3　5.1あるいは5.2の質問のいずれかで4あるいは5と答えられた方にお聞きします。この誤りに気づくのに役に立ったチェックリスト項目はありましたか？あればその項目番号を記入して下さい（複数回答可）。チェックリストに頼らずご自分で気づいた場合などは「なし」と記入してください。
　　（　　　　　　　　　　　　　　）

5.4　この誤りに対して、なんらかの対応をしましたか？
　　1　対応しなかった　2　ほとんど対応しなかった　3　どちらとも言えない
　　4　少し対応した　5　ちゃんと対応した

5.5　5.4で1あるいは2と回答した方は何故対応しなかったか、4あるいは5と回答した方はどういった対応をとられたか、具体的に書いて下さい。
　　　例．書き足したなど。
　　（　　　　　　　　　　　　　　　　　　　　　　　　　　）

6　この英文では "Of course, some doctors are jast plain dishonest." の後に具体的な例が欠けています。

6.1　なんとなくここで何か不足しているように感じましたか？
　　　1　感じなかった　2　あまり感じなかった　3　どちらとも言えない
　　　4　わりと感じた　5　とても感じた
6.2　この箇所で具体例が欠けているとわかりましたか？
　　　1　わからなかった　2　あまりわからなかった　3　どちらとも言えない
　　　4　わりとわかった　5　とてもわかった
6.3　6.1あるいは6.2の質問のいずれかで4あるいは5と答えられた方にお聞きします。この誤りに気づくのに役に立ったチェックリスト項目はありましたか？あればその項目番号を記入して下さい（複数回答可）。チェックリストに頼らずご自分で気づいた場合などは「なし」と記入してください。
　　　(　　　　　　　　　　　　　　　)
6.4　この誤りに対して、なんらかの対応をしましたか？
　　　1　対応しなかった　2　ほとんど対応しなかった　3　どちらとも言えない
　　　4　少し対応した　5　ちゃんと対応した
6.5　6.4で1あるいは2と回答した方は何故対応しなかったか、4あるいは5と回答した方はどういった対応をとられたか、具体的に書いて下さい。
　　　　例．書き足したなど。
　　　(　　　　　　　　　　　　　　　　　　　　　　　　　　)

7　この英文では "But many doctors don't lie and trustworthy." の文が、すでに上で述べられたことと同じ情報であり必要がありません。この点についてお聞きします。
7.1　なんとなくこの文が余計なように感じましたか？
　　　1　感じなかった　2　あまり感じなかった　3　どちらとも言えない
　　　4　わりと感じた　5　とても感じた
7.2　この文が上で述べられていることと重複しているとわかりましたか？
　　　1　わからなかった　2　ほとんどわからなかった　3　どちらとも言えない
　　　4　わりとわかった　5　ちゃんとわかった
7.3　7.1あるいは7.2の質問のいずれかで4あるいは5と答えられた方にお聞きします。この誤りに気づくのに役に立ったチェックリスト項目は

251

ありましたか？あればその項目番号を記入して下さい（複数回答可）。チェックリストに頼らずご自分で気づいた場合などは「なし」と記入してください。
(   )
7.4 この誤りに対して、なんらかの対応をしましたか？
 1 対応しなかった　2 ほとんど対応しなかった　3 どちらとも言えない
 4 少し対応した　5 ちゃんと対応した
7.5 7.4で1あるいは2と回答した方は何故対応しなかったか、4あるいは5と回答した方は
 どういった対応をとられたか、具体的に書いて下さい。
 例．書き足したなど。
(   )

氏名、学籍番号及び各項目に記入漏れがないか、もう一度確認してください。

Appendix 5　推敲課題2（リスト群課題2）

英文B書き直し［リスト］

　下の英作文はまだ下書きの段階で改良する余地が多くあります。あなたはこれを改良して先生に提出しなければなりません。下の英作文見直しチェックリストを参考に、この英作文を完成版にするつもりで書き直し、右に清書してください。

学籍番号（　　　　　　）　氏名（　　　　　　　　　　　）

［英文B］
One reason is that the husband's income is often no longer enough to cover expenses because the costs of housing, food and education has increased. More and more people tend to have education throughout their lives. Others important reason is that there are more single-parent families. American women are no longer satisfied to stay at home in their kitchens. Due to increased divorce rates, more women living alon with their children and must work to support them. However, the most important reason of

all is probably that the tladitional role of women is changing. Instead, they are going outside their home to pursue careers.

【英作文見直しチェックリスト】

10)　理解できない部分はあるか？
11)　話の流れは適切か？
12)　主張や結論は明確に書かれているか？
13)　具体例が挙げられているか？
14)　余計な文が入っていないか？
15)　本筋と関係ない話が入っていないか？
16)　文法的に間違った部分はないか？
17)　スペリングの誤りはないか？
18)　語彙は適切に使われているか？

（ヒュイゼンガ他　1997:73から）

Appendix 6　推敲課題2　事後アンケート（リスト群課題2）
英文Bアンケート［リスト］
学籍番号（　　　　　）　氏名（　　　　　　　　）

　英文Bの見直しについてのアンケートにお答え下さい。但し、すでに書き直した英文をさらに修正することはしないでください。下の質問に正直に答えてください。

> まず、英文A修正課題への取り組みについてお聞きします。
> 1　英文を読む以前から、作文の誤りにはスペルなど小さな誤りだけでなく、内容構成などの大きな誤りが含まれていることを意識していましたか？
>   1　していなかった　2　あまりしていなかった　3　どちらとも言えない
>   4　わりとしていた　5　とてもしていた
>
> 2　修正をする前に英文すべてをまず読み通しましたか？
>   1　読まなかった　2　あまり読まなかった　3　どちらとも言えない

　　　　4　わりと読んだ　5　全文読み通した

3　英文の構成など大きな誤りを修正してから、スペルなど小さな誤りを修正しようといったプランを持っていましたか？
　　　　1　もっていなかった　2　あまりもっていなかった　3　どちらとも言えない
　　　　4　わりともっていた　5　しっかりもっていた

4　この英文でもっとも主張したいことはなにかということを考えましたか？
　　　　1　考えなかった　2　あまり考えなかった　3　どちらとも言えない
　　　　4　わりと考えた　5　よく考えた

つぎに英文を書き直すときの、あなたの判断と対応についてお聞きします。
［英文Ｂ］
One reason is that the husband's income is often no longer enough to cover expenses because the costs of housing, food and education has increased. More and more people tend to have education throughout their lives. Others important reason is that there are more single-parent families. American women are no longer satisfied to stay at home in their kitchens. Due to increased divorce rates, more women living alon with their children and must work to support them. However, the most important reason of all is probably that the tladitional role of women is changing. Instead, they are going outside their home to pursue careers.

5　この英文には全体の例をまとめる文が欠けています。例えば、"Many women these days work outside their home." といった文が最初、あるいは最後に必要であると考えられます。この点についてお聞きします。
5.1　なんとなくこの英文が未完成であるように感じましたか？
　　　　1　感じなかった　2　あまり感じなかった　3　どちらとも言えない
　　　　4　わりと感じた　5　とても感じた
5.2　具体的にまとめが欠けているとわかりましたか？
　　　　1　わからなかった　2　あまりわからなかった　3　どちらとも言えない
　　　　4　わりとわかった　5　とてもわかった
5.3　5.1あるいは5.2の質問のいずれかで4あるいは5と答えられた方に

お聞きします。この誤りに気づくのに役に立ったチェックリスト項目はありましたか？あればその項目番号を記入して下さい（複数回答可）。チェックリストに頼らずご自分で気づいた場合などは「なし」と記入してください。
   (   )
5.6　この誤りに対して、なんらかの対応をしましたか？
   1　対応しなかった　2　ほとんど対応しなかった　3　どちらとも言えない
   4　少し対応した　5　ちゃんと対応した
5.5　5.4で1あるいは2と回答した方は何故対応しなかったか、4あるいは5と回答した方はどういった対応をとられたか、具体的に書いて下さい。
   例．書き足したなど。
   (   )

6　この英文の趣旨から言えば、"More and more people tend to have education throughout their lives." の文はほとんど関係がありません。
6.1　なんとなくこの文について全体との違和感を感じましたか？
   1　感じなかった　2　あまり感じなかった　3　どちらとも言えない
   4　わりと感じた　5　とても感じた
6.2　この文は余計であるとわかりましたか？
   1　わからなかった　2　あまりわからなかった　3　どちらとも言えない
   4　わりとわかった　5　とてもわかった
6.3　6.1あるいは6.2の質問のいずれかで4あるいは5と答えられた方にお聞きします。この誤りに気づくのに役に立ったチェックリスト項目はありましたか？あればその項目番号を記入して下さい（複数回答可）。チェックリストに頼らずご自分で気づいた場合などは「なし」と記入してください。
   (   )
6.4　この誤りに対して、なんらかの対応をしましたか？
   1　対応しなかった　2　ほとんど対応しなかった　3　どちらとも言えない
   4　少し対応した　5　ちゃんと対応した
6.5　6.4で1あるいは2と回答した方は何故対応しなかったか、4あるいは5と回答した方はどういった対応をとられたか、具体的に書いて下さ

い。
　　　例．書き足したなど。
　　　（　　　　　　　　　　　　　　　　　　　　　　　　）

7　この英文は話の流れがよくありません。まず、"Others important reason is that there are more single-parent families." のあとに "Due to increased divorce rates, more women living alon with their children and must work to support them." の文を置いたほうがより適切です。この点についてお聞きします。

7.1　なんとなくこの箇所の話の流れが悪いように感じましたか？
　　　1　感じなかった　2　あまり感じなかった　3　どちらとも言えない
　　　4　わりと感じた　5　とても感じた

7.2　文のつながりを変えたほうがいいとわかりましたか？
　　　1　わからなかった　2　ほとんどわからなかった　3　どちらとも言えない
　　　4　わりとわかった　5　ちゃんとわかった

7.3　7.1あるいは7.2の質問のいずれかで4あるいは5と答えられた方にお聞きします。この誤りに気づくのに役に立ったチェックリスト項目はありましたか？あればその項目番号を記入して下さい（複数回答可）。チェックリストに頼らずご自分で気づいた場合などは「なし」と記入してください。
　　　（　　　　　　　　　　　　　）

7.4　この誤りに対して、なんらかの対応をしましたか？
　　　1　対応しなかった　2　ほとんど対応しなかった　3　どちらとも言えない
　　　4　少し対応した　5　ちゃんと対応した

7.5　7.4で1あるいは2と回答した方は何故対応しなかったか、4あるいは5と回答した方はどういった対応をとられたか、具体的に書いて下さい。
　　　例．書き足したなど。
　　　（　　　　　　　　　　　　　　　　　　　　　　　　）

8　もう一点、流れが悪い箇所があります。"American women are no longer satisfied to stay at home in their kitchens." の文は、"However, the most important reason of all is probably that the tladitional role of women is chang-

256

ing."のあとに置いたほうがよりつながりが適切になります。
8.1 なんとなくこの箇所の話の流れが悪いように感じましたか？
    1 感じなかった　2 あまり感じなかった　3 どちらとも言えない
    4 わりと感じた　5 とても感じた
8.2 文のつながりを変えたほうがいいとわかりましたか？
    1 わからなかった　2 ほとんどわからなかった　3 どちらとも言えない
    4 わりとわかった　5 ちゃんとわかった
8.3 8.1あるいは8.2の質問のいずれかで4あるいは5と答えられた方にお聞きします。この誤りに気づくのに役に立ったチェックリスト項目はありましたか？あればその項目番号を記入して下さい（複数回答可）。チェックリストに頼らずご自分で気づいた場合などは「なし」と記入してください。
    (　　　　　　　　　　　　　　)
8.4 この誤りに対して、なんらかの対応をしましたか？
    1 対応しなかった　2 ほとんど対応しなかった　3 どちらとも言えない
    4 少し対応した　5 ちゃんと対応した
8.5 8.4で1あるいは2と回答した方は何故対応しなかったか、4あるいは5と回答した方はどういった対応をとられたか、具体的に書いて下さい。
    例．書き足したなど。
    (　　　　　　　　　　　　　　　　　　　　　　　　　　　　　　)

氏名、学籍番号及び各項目に記入漏れがないか、もう一度確認してください。

Appendix 7　推敲課題1（コメント群課題1）

英文A書き直し［コメント］

　(1)の英作文はまだ下書きの段階で改良する余地が多くあります。あなたはこれを改良して先生に提出しなければなりません。この作文を読んだ別のクラスメートが(2)のようなコメントをくれました。コメントを参考に、この英作文を完成版にするつもりで書き直し、右に清書してください。

学籍番号（　　　　　）　氏名（　　　　　　　　　）

[英文A]

(1) Most doctors are honest and dependable and conscientious. You can put your life in their hands and feel perfectly safe. But there is a few who cannot be trusted. Some are just lazy. They fail to keep up with the latest in medical informations and methods. Or they are unaware of new drugs and medisines that makes you better. Of course, some doctors are jast plain dishonest. But many doctors don't lie and trustworthy.

最後にまとめとしてもっていくほうが良いのでは？

(2) Most doctors are honest and dependable and conscientious. You can put your life in their hands and feel perfectly safe. But there is a few who cannot be trusted. Some are just lazy. They fail to keep up with the latest in medical informations and methods.

are?　　　　with → to?

直前の文と同じ例なので必要ないのでは？
Or they are unaware of new drugs and medisines that makes you better.
　　　　　　　　　　for?　　　　　　c?　　　　　　　?
具体的にどのように不正直か例を挙げるべきでは？

Of course, some doctors are jast plain dishonest. But many doctors don't lie and
　　　　　　　　　　　　　　　u?
　　　　　　　　　　　　　　　　　　　　この文は上で述べられていることと
　　　　　　　　　　　　　　　　　　　　重複するので必要ないのでは？
trustworthy.

最後にこの英文で最も言いたいことのまとめが必要なのでは？

Appendix 8　推敲課題1　事後アンケート（コメント群課題1）

英文Aアンケート［コメント］
学籍番号（　　　　　　　　　）　氏名（　　　　　　　　　　　　）

　英文Aの見直しについてのアンケートにお答えください。但し、すでに書き直した英文をさらに修正することはしないで下さい。下の質問に正直に答えてください。

まず、英文A修正課題への取り組みについてお聞きします。

1　英文を読む以前から、作文の誤りにはスペルなど小さな誤りだけでなく、内容構成などの大きな誤りが含まれていることを意識していましたか？
　　1　していなかった　2　あまりしていなかった　3　どちらとも言えない
　　4　わりとしていた　5　とてもしていた

2　修正をする前に英文すべてをまず読み通しましたか？
　　1　読まなかった　2　あまり読まなかった　3　どちらとも言えない
　　4　わりと読んだ　5　全文読み通した

3　英文の構成など大きな誤りを修正してから、スペルなど小さな誤りを修正しようといったプランを持っていましたか？
　　1　もっていなかった　2　あまりもっていなかった　3　どちらとも言えない
　　4　わりともっていた　5　しっかりもっていた

4　この英文でもっとも主張したいことはなにかということを考えましたか？
　　1　考えなかった　2　あまり考えなかった　3　どちらとも言えない
　　4　わりと考えた　5　よく考えた

5　修正すべき点について与えられたコメントに対して、すべて適切なコメントに違いないと思っていましたか？
　　1　とても思っていた　2　わりと思っていた　3　どちらとも言えない
　　4　あまり思っていなかった　5　全く思っていなかった

6　修正すべき点について与えられたコメントに対して、すべて従うべきであると思っていましたか？
　　1　とても思っていた　2　わりと思っていた　3　どちらとも言えない
　　4　あまり思っていなかった　5　全く思っていなかった

つぎに英文を書き直すときの、あなたの判断と対応についてお聞きします。
［英文A］
Most doctors are honest and dependable and conscientious. You can put your life in their hands and feel perfectly safe. But there is a few who cannot be trusted. Some are just lazy. They fail to keep up with the latest in medical informations and methods. Or they are unaware of new drugs and medisines that makes you better. Of course, some doctors are jast plain dishonest. But many doctors don't lie and trustworthy.

7　コメントでは "You can put your life in their hands and feel perfectly safe." の文を最後にもっていくようにありましたが、このアドバイスは適切であると感じましたか？
　　1　感じなかった　2　あまり感じなかった　3　どちらとも言えない
　　4　わりと感じた　5　とても感じた

7.1　7で1あるいは2と回答された方にお聞きします。なぜそうは感じなかったのですか？
（　　　　　　　　　　　　　　　　　　　　　　　　　　　　　　）

7.2　この誤りに対して、なんらかの対応をしましたか？
　　1　対応しなかった　2　ほとんど対応しなかった　3　どちらとも言えない
　　4　少し対応した　5　ちゃんと対応した

7.3　7.2で1あるいは2と回答した方は何故対応しなかったか、4あるいは5と回答した方はどういった対応をとられたか、具体的に書いて下さい。
　　　例．書き足したなど。
（　　　　　　　　　　　　　　　　　　　　　　　　　　　　　　）

8　コメントでは "Or they are unaware of new drugs and medisines that makes you better." の文は、直前の文と同じ例であって必要ないとありましたが、このアドバイスは適切であると感じましたか？
　　1　感じなかった　2　あまり感じなかった　3　どちらとも言えない
　　4　わりと感じた　5　とても感じた

8.1　8で1あるいは2と回答された方にお聞きします。なぜそうは感じなかったのですか？

（　　　　　　　　　　　　　　　　　　　　　　　　　　　　）
8.2　この誤りに対して、なんらかの対応をしましたか？
　　1　対応しなかった　2　ほとんど対応しなかった　3　どちらとも言えない
　　4　少し対応した　5　ちゃんと対応した
8.3　8.2で1あるいは2と回答した方は何故対応しなかったか、4あるいは5と回答した方はどういった対応をとられたか、具体的に書いて下さい。
　　例．書き足したなど。
　　（　　　　　　　　　　　　　　　　　　　　　　　　　　　　）

9　コメントでは "Of course, some doctors are jast plain dishonest." のあとに具体例が必要であるとありましたが、このアドバイスは適切であると感じましたか？
　　1　感じなかった　2　あまり感じなかった　3　どちらとも言えない
　　4　わりと感じた　5　とても感じた
9.1　9で1あるいは2と回答された方にお聞きします。なぜそうは感じなかったのですか？
　　（　　　　　　　　　　　　　　　　　　　　　　　　　　　　）
9.2　この誤りに対して、なんらかの対応をしましたか？
　　1　対応しなかった　2　ほとんど対応しなかった　3　どちらとも言えない
　　4　少し対応した　5　ちゃんと対応した
9.3　9.2で1あるいは2と回答した方は何故対応しなかったか、4あるいは5と回答した方はどういった対応をとられたか、具体的に書いて下さい。
　　例．書き足したなど。
　　（　　　　　　　　　　　　　　　　　　　　　　　　　　　　）

10　コメントでは、"But many doctors don't lie and trustworthy." の文は必要ないとありましたが、このアドバイスは適切であると感じましたか？
　　1　感じなかった　2　あまり感じなかった　3　どちらとも言えない
　　4　わりと感じた　5　とても感じた
10.1　10で1あるいは2と回答された方にお聞きします。なぜそうは感じなかったのですか？

261

```
                    (                                              )
   10.2  この誤りに対して、なんらかの対応をしましたか？
      1  対応しなかった  2  ほとんど対応しなかった  3  どちらとも言えない
      4  少し対応した  5  ちゃんと対応した
   10.3  10.2で1あるいは2と回答した方は何故対応しなかったか、4ある
      いは5と回答した方はどういった対応をとられたか、具体的に書いて下
      さい。
         例．書き足したなど。
      (                                                            )
```

```
   11  コメントでは最後に英文のまとめが必要であるとありましたが、この
      アドバイスは適切であると感じましたか？
      1  感じなかった  2  あまり感じなかった  3  どちらとも言えない
      4  わりと感じた  5  とても感じた
   11.1  11で1あるいは2と回答された方にお聞きします。なぜそうは感じ
      なかったのですか？
      (                                                            )
   11.2  この誤りに対して、なんらかの対応をしましたか？
      1  対応しなかった  2  ほとんど対応しなかった  3  どちらとも言えない
      4  少し対応した  5  ちゃんと対応した
   11.3  11.2で1あるいは2と回答した方は何故対応しなかったか、4ある
      いは5と回答した方はどういった対応をとられたか、具体的に書いて下
      さい。
         例．書き足したなど。
      (                                                            )
```

氏名、学籍番号及び各項目に記入漏れがないか、もう一度確認してください。

Appendix 9　推敲課題2（コメント群課題2）
英文B書き直し［コメント］

　(1)の英作文はまだ下書きの段階で改良する余地が多くあります。あなたはこれを改良して先生に提出しなければなりません。この作文を読んだ別のクラス

Appendixes

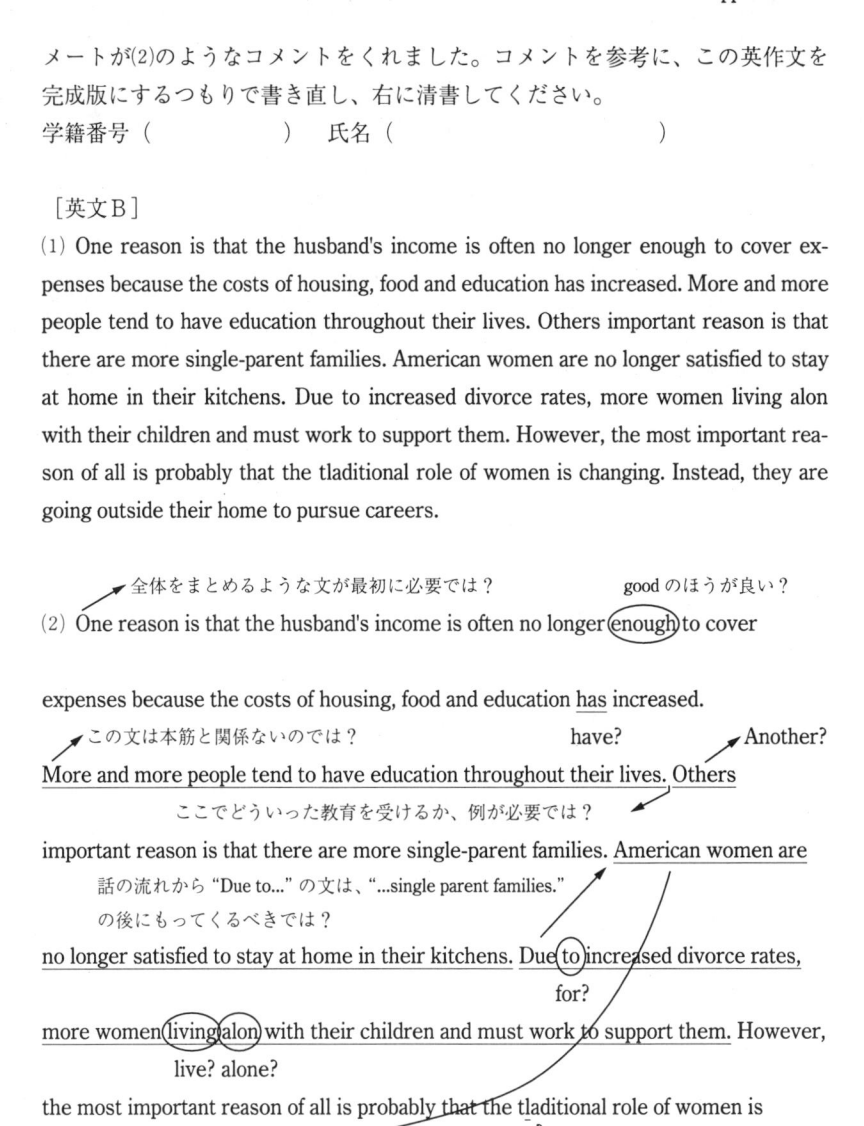

メートが(2)のようなコメントをくれました。コメントを参考に、この英作文を完成版にするつもりで書き直し、右に清書してください。

学籍番号（　　　　　）　氏名（　　　　　　　　　　）

[英文B]

(1) One reason is that the husband's income is often no longer enough to cover expenses because the costs of housing, food and education has increased. More and more people tend to have education throughout their lives. Others important reason is that there are more single-parent families. American women are no longer satisfied to stay at home in their kitchens. Due to increased divorce rates, more women living alon with their children and must work to support them. However, the most important reason of all is probably that the tladitional role of women is changing. Instead, they are going outside their home to pursue careers.

　　　　　　　全体をまとめるような文が最初に必要では？　　　　　good のほうが良い？
(2) One reason is that the husband's income is often no longer (enough) to cover

expenses because the costs of housing, food and education has increased.
　　　　この文は本筋と関係ないのでは？　　　　　have?　　　　　Another?
More and more people tend to have education throughout their lives. Others
　　　　　　　ここでどういった教育を受けるか、例が必要では？
important reason is that there are more single-parent families. American women are
　　　話の流れから "Due to..." の文は、"...single parent families."
　　　の後にもってくるべきでは？
no longer satisfied to stay at home in their kitchens. Due to increased divorce rates,
　　　　　　　　　　　　　　　　　　　　　for?
more women (living alon) with their children and must work to support them. However,
　　　　　　live? alone?
the most important reason of all is probably that the tladitional role of women is
　　　　　　　　　　　　　　　　　　　　　　r?
　　　　　　　　　　　話の流れから "American..." の文はここにもってくるべきでは？
changing. Instead, they are going outside their home to pursue careers.

263

Appendix 10　推敲課題２　事後アンケート（コメント群課題２）
英文Ｂアンケート［コメント］
学籍番号（　　　　　　　　　）　氏名（　　　　　　　　　　　　）
　英文Ｂの見直しについてのアンケートにお答えください。但し、すでに書き直した英文をさらに修正することはしないで下さい。下の質問に正直に答えてください。

まず、英文Ｂ修正課題への取り組みについてお聞きします。

1　英文を読む以前から、作文の誤りにはスペルなど小さな誤りだけでなく、内容構成などの大きな誤りが含まれていることを意識していましたか？
　　1　していなかった　2　あまりしていなかった　3　どちらとも言えない
　　4　わりとしていた　5　とてもしていた

2　修正をする前に英文すべてをまず読み通しましたか？
　　1　読まなかった　2　あまり読まなかった　3　どちらとも言えない
　　4　わりと読んだ　5　全文読み通した

3　英文の構成など大きな誤りを修正してから、スペルなど小さな誤りを修正しようといったプランを持っていましたか？
　　1　もっていなかった　2　あまりもっていなかった　3　どちらとも言えない
　　4　わりともっていた　5　しっかりもっていた

4　この英文でもっとも主張したいことはなにかということを考えましたか？
　　1　考えなかった　2　あまり考えなかった　3　どちらとも言えない
　　4　わりと考えた　5　よく考えた

5　修正すべき点について与えられたコメントに対して、すべて適切なコメントに違いないと思っていましたか？
　　1　とても思っていた　2　わりと思っていた　3　どちらとも言えない
　　4　あまり思っていなかった　5　全く思っていなかった

6　修正すべき点について与えられたコメントに対して、すべて従うべきであると思っていましたか？
　　1　とても思っていた　2　わりと思っていた　3　どちらとも言えない
　　4　あまり思っていなかった　5　全く思っていなかった

つぎに英文を書き直すときの、あなたの判断と対応についてお聞きします。
［英文B］
One reason is that the husband's income is often no longer enough to cover expenses because the costs of housing, food and education has increased. More and more people tend to have education throughout their lives. Others important reason is that there are more single-parent families. American women are no longer satisfied to stay at home in their kitchens. Due to increased divorce rates, more women living alon with their children and must work to support them. However, the most important reason of all is probably that the tladitional role of women is changing. Instead, they are going outside their home to pursue careers.

7　コメントではこの英文には、例えば、"Many women these days work outside their home." といった全体をまとめる文が欠けているとありました。このアドバイスは適切であると感じましたか？
　　1　感じなかった　2　あまり感じなかった　3　どちらとも言えない
　　4　わりと感じた　5　とても感じた

7.1　7で1あるいは2と回答された方にお聞きします。なぜそうは感じなかったのですか？
　　（　　　　　　　　　　　　　　　　　　　　　　　　　　　　　　）

7.2　この誤りに対して、なんらかの対応をしましたか？
　　1　対応しなかった　2　ほとんど対応しなかった　3　どちらとも言えない
　　4　少し対応した　5　ちゃんと対応した

7.3　7.2で1あるいは2と回答した方は何故対応しなかったか、4あるいは5と回答した方はどういった対応をとられたか、具体的に書いて下さい。
　　例．書き足したなど。
　　（　　　　　　　　　　　　　　　　　　　　　　　　　　　　　　）

8　コメントでは "More and more people tend to have education throughout their lives." の文は、本論とあまり関係ないので必要ないとありましたが、このアドバイスは適切であると感じましたか？
　　1　感じなかった　2　あまり感じなかった　3　どちらとも言えない
　　4　わりと感じた　5　とても感じた

8.1　8で1あるいは2と回答された方にお聞きします。なぜそうは感じなかったのですか？
（　　　　　　　　　　　　　　　　　　　　　　　　　　　）
8.2　この誤りに対して、なんらかの対応をしましたか？
　　1　対応しなかった　2　ほとんど対応しなかった　3　どちらとも言えない
　　4　少し対応した　5　ちゃんと対応した
8.3　8.2で1あるいは2と回答した方は何故対応しなかったか、4あるいは5と回答した方はどういった対応をとられたか、具体的に書いて下さい。
　　　例．書き足したなど。
（　　　　　　　　　　　　　　　　　　　　　　　　　　　）

9　コメントでは "More and more people tend to have education throughout their lives." のあとに具体例が必要であるとありましたが、このアドバイスは適切であると感じましたか？
　　1　感じなかった　2　あまり感じなかった　3　どちらとも言えない
　　4　わりと感じた　5　とても感じた
9.1　9で1あるいは2と回答された方にお聞きします。なぜそうは感じなかったのですか？
（　　　　　　　　　　　　　　　　　　　　　　　　　　　）
9.2　この誤りに対して、なんらかの対応をしましたか？
　　1　対応しなかった　2　ほとんど対応しなかった　3　どちらとも言えない
　　4　少し対応した　5　ちゃんと対応した
9.3　9.2で1あるいは2と回答した方は何故対応しなかったか、4あるいは5と回答した方はどういった対応をとられたか、具体的に書いて下さい。
　　　例．書き足したなど。
（　　　　　　　　　　　　　　　　　　　　　　　　　　　）

10　コメントでは "Others important reason is that there are more single-parent families." の後に、"Due to increased divorce rates, more women living alon with their children and must work to support them." の文をもっていくようにありましたが、このアドバイスは適切であると感じました

か？
　　1　感じなかった　2　あまり感じなかった　3　どちらとも言えない
　　4　わりと感じた　5　とても感じた
10.1　10で1あるいは2と回答された方にお聞きします。なぜそうは感じなかったのですか？
　　（　　　　　　　　　　　　　　　　　　　　　　　　　　　　　）
10.2　この誤りに対して、なんらかの対応をしましたか？
　　1　対応しなかった　2　ほとんど対応しなかった　3　どちらとも言えない
　　4　少し対応した　5　ちゃんと対応した
10.3　10.2で1あるいは2と回答した方は何故対応しなかったか、4あるいは5と回答した方はどういった対応をとられたか、具体的に書いて下さい。
　　　例．書き足したなど。
　　（　　　　　　　　　　　　　　　　　　　　　　　　　　　　　）

11　コメントでは "American women are no longer satisfied to stay at home in their kitchens." の文を、"However, the most important reason of all is probably that the tladitional role of women is changing." の後にもっていくようにありましたが、このアドバイスは適切であると感じましたか？
　　1　感じなかった　2　あまり感じなかった　3　どちらとも言えない
　　4　わりと感じた　5　とても感じた
11.1　11で1あるいは2と回答された方にお聞きします。なぜそうは感じなかったのですか？
　　（　　　　　　　　　　　　　　　　　　　　　　　　　　　　　）
11.2　この誤りに対して、なんらかの対応をしましたか？
　　1　対応しなかった　2　ほとんど対応しなかった　3　どちらとも言えない
　　4　少し対応した　5　ちゃんと対応した
11.3　11.2で1あるいは2と回答した方は何故対応しなかったか、4あるいは5と回答した方はどういった対応をとられたか、具体的に書いて下さい。
　　　例．書き足したなど。
　　（　　　　　　　　　　　　　　　　　　　　　　　　　　　　　）

氏名、学籍番号及び各項目に記入漏れがないか、もう一度確認してください。

謝　辞

　本論文の完成にあたっては、多くの方々のご指導とご支援をいただいた。記して謝意を表したい。

　主査としてご審査くださった三浦省五先生にはどれほど感謝しても感謝しきれない。今、思い返せば、三浦先生にはいつも節目でお世話になり、励ましをいただいている。
　最初は広島大学大学院博士前期課程に入学したときであった。千田町にあったキャンパスで、初めて三浦先生にお会いした。広島という土地に来て間もないときで、まわりに知り合いもなく、三浦先生からいただいた暖かい励ましを本当に有り難く感じた。
　その次は教育学部の助手になったときだった。初めての仕事で大きな発送ミスをしてしまい、どのように事態を収拾するか困り果てていたときに、当時、総合科学部にいらした三浦先生が助けてくださった。そして、回収のお詫びのはがきを一緒に刷ってくださった。その仕事の後、真夜中近くに、千田町キャンパス近辺の喫茶店で夕食をご馳走していただいた。このときのことは、忘れたことがない。自分自身が教員になり、毎日の忙しさを考えたとき、そのとき三浦先生が突然のことにもかかわらず、割いてくださったお時間と労力、そしてお気持ちに今も深く感謝している。
　そして、この学位論文を書くことを勧めてくださった。自分はライティングのテーマで16年間にわたって研究してきていた。しかし、学位論文を書くようにとの先生のお言葉がなければ、この論文を書き上げることはなかっただろう。
　三浦先生に心からお礼を申し上げたい。

また、副査としてご指導くださった小篠敏明先生、森敏昭先生にも深く感謝の意を表したい。
　小篠敏明先生には、本論文や今後の研究方向に関するアドバイス以外にも多くのことをご指導いただいた。それは先生の研究に対する姿勢と学生の指導に対する姿勢である。常にパソコンに統計ソフトを入れられ、学会でも疑問に思うことがあれば、すぐにその場でパソコンを立ち上げて操作されるお姿や、また大学院生の一人一人に丁寧に指導されるお姿から、研究者として、また教師として本当に多くのことを教えていただいた。
　また、もう一人の副査としてご指導くださった森敏昭先生には、論文に対する様々な統計上のアドバイスだけでなく、今後の研究方向など多くの示唆をいただいた。特に認知心理学からみた文章産出研究に対してもご造詣が深く、的確かつ有益なアドバイスをいただき、先生の知識の深さと広さに感銘を受けた。

　広島大学名誉教授で、もと英語教育研究室の主任教授でいらした松村幹男先生にも深く感謝したい。先生にはお会いするたびに、学位論文を書くようにとの励ましをいただいた。そして、先生がどのようにご自身の学位論文に取り組まれたかを聞かせてくださった。先生の研究に対する姿勢から、自分自身の研究者としてのすべてを方向付けられるほどの影響を受けた。

　また、元広島市立大学学長の藤本黎時先生、そして広島市立大学国際学部教授の山本雅先生にも心より感謝の意を表したい。藤本先生は、学長というお立場で多忙を極めておられるにもかかわらず、いつも気にかけてくださり、学位論文を書くように励ましてくださった。
　また、山本先生にはいつも励ましのお言葉をいただいた。先生の直接的な叱咤激励がなければ、論文は到底完成していなかった。

　さらに、広島大学名誉教授で、もと英語教育研究室の主任教授でいらし

た故垣田直巳先生にも感謝したい。先生には修士論文をご指導いただいた。また、私がこの分野に入ろうと考えたのは、先生が編者として編まれた『英語教育学研究ハンドブック』（1979、大修館書店）の巻頭の「英語教育学について —はじめに—」を、大学4年生のときに読んだことがきっかけだった。あの本に出会っていなければ、自分はそもそもここにいなかった。

また、元広島市立大学大学院の池上真人君、樋口慎一君にもお礼申し上げる。一人では間違いがちなデータ入力など、様々な形で助けていただいた。

最後に家族に礼を言いたい。娘の美樹、息子の信介。彼らの笑顔と寝顔がいつも自分の大きな原動力となった。そして、妻の淑恵。実験や論文執筆の山や谷、そのすべての過程において自分を支えてくれた。喜びも苦しさもすべて打ち明けられたこと、このことがどれほど自分を助けてくれたか、計り知れない。

そして、父の安雄、母の照子にも心より礼を言いたい。私が幼少の頃から自営業を営み、苦労して私を育ててくれた。高校卒業時には同じ自営業の道に進もうと考えていた私に、大学院まで進学させてくれた。両親と私の道はまったく異なったが、彼らは私に最も大事なことを教えてくれた。それは、懸命に働くことの尊さである。働くことに対する価値観という、この人間として最も大事なことの一つを、私は両親に教えてもらった。

論文の謝辞というものは、もっと簡潔に、もっと客観的に書くものかも知れない。しかし、この論文を書きながら、今までの自分を振り返ることが多々あった。研究者としても、教師としても、社会人としてもまだまだ足りない点ばかりで忸怩たる思いである。すべてにおいてまだ道の途中であるが、その途中まで来ることが出来たのも、ひとえに多くの方々のおかげであった。そのことを思うと、たとえ少し感傷的に響いたとしても、そ

の感謝の気持ちをありのまま書きとめておきたいと思った。

平成15年1月10日

　本書は、平成15年3月に広島大学から博士（教育学）を授与された学位論文である。学位論文を出版するにあたっては、いろいろと加筆修正してからと考えていたが、なかなか思うように時間がとれなかったことと、論文自体が一つのまとまりをなしており、加筆しても単にページ数が増えるだけのように思われ、結局そのままの形で出版することとした。

　本書の出版に際しては、学位論文を早く出版するように常に言い続けてくださった広島市立大学国際学部の山本雅教授にあらためて感謝したい。日々の仕事に忙殺されがちな中で、先生がいつも出版のことを思い出させてくださった。また、渓水社の木村斉子さんには、文科省学術出版助成金申請の段階から助けていただいた。この場を借りてお礼申し上げたい。
　本書の刊行にあたっては、独立行政法人日本学術振興会平成18年度科学研究費・研究成果公開促進費（課題番号185099）の交付を受けた。記して感謝したい。

平成18年5月25日

索　引

事　項

[あ]
アイデア産出　20, 22, 223
一貫性　20, 21, 43, 86, 100
意味的推敲　52, 59, 91
[か]
下位技能の習熟程度　21
書き始め　31
書くことの目標　20
学習転移　76, 77
機械的推敲　59
気づき率　66
教育的介入　1, 71
協同学習　22, 221
具体性　14, 111, 113, 116, 120, 193
具体性スケール　120
グループ・ディスカッション
　　103, 104
計画活動　9, 10
計画過程　2, 10, 17, 32
計画段階　8
計画プロセスのモデリング　223
経済性　93
コーチング　93, 94
[さ]
再帰的　5, 8, 18
事前訓練　95, 110
事前指導　224
自動化　21

自由英作文　7, 8
修正順序　126
修正率　66
柔軟な推敲活動　218
手段選択の幅　42
順序効果　90
推敲カード　71
推敲活動の引き金　35
推敲過程のモデル　37
推敲チェックリスト　72, 216
推敲プロセス協同学習　221, 224, 225
推敲プロセスの共有　219, 221
推敲プロンプト　72, 73, 78
推敲プロンプト機能　73
推敲補助ツール　1
制限作文　6
成功率　67
[た]
ダイアグラム　82, 83
調音バッファー　48, 49
知識の量や構造化　19
長期記憶　19
直線的　5, 8, 18
動的な側面　218
[な]
内的表象　25
認知処理過程　13, 44

認知処理モデル　3
認知負荷　10
[は]
パラグラフ・ライティング　6
非直線的　20
フィードバック・シート　110
フィードバックの具体性　116, 128, 129, 200, 210, 211
プロセス・アプローチ　6, 7, 8
プロセス指向　12
プロダクト指向　12
プロトコル　18, 26, 32, 102, 107, 117
文章化活動　9, 10
文章化過程　2, 9, 10, 17, 32
文章産出過程　5, 6, 8, 9, 13, 14, 17, 18, 19, 28, 32, 49
文章探索　40
文章分析ツール　73, 225
方略選択　15, 25, 214
補助ツール　71, 73
[ま]
マクロ意識　126
民族性　105
目標志向　28
モデリング　99, 102
問題解決　29
問題解決活動　217, 221
問題解決行動　220
問題解決的思考　28
問題解決プロセスのモデリング　219
問題解決方略の学習　217
問題表象　39

[や]
読み返し　19
読み手　19, 26
読み手意識　92, 93, 223
読み通し　126
[ら]
ライティング・センター　103
連想　28, 30, 31
連想的　28, 30
ロールプレイ　94
[わ]
ワープロ　23, 24

[A]
Advising　94, 95
Announcing　94
Audience Knowledge　25, 26
[B]
Beliefs and Attitudes　24
[C]
C.D.O. サイクル　74
C.D.O. (Compare, Diagnose, Operate) 推敲モデル　74
C.D.O. (Compare, Diagnose, Operate) モデル　35
C.D.O. プロセス　35
C.D.O. モデル　36, 46, 77
checklist approach　224
Chenoweth and Hayes (2001) モデル　46
Clarifying　95
clean-up operation　59
cognitive conflict　222

索　引

Cognitive Processes　25
coherence　79, 80, 81
Coherence Analyzer (COAN)　82
Collaborating　94, 95
Collaborative　96, 97
Collaborators　22
Composing medium　23
conferencing　84, 87
Content Problem Space　28, 30
Control Structure　43
controlled (guided) free composition　7
Cost/Benefit Estimates　25
Critical evaluation　96
Critical evaluation with extended suggestions　96
Critical evaluation with suggestions　96
Critical Reading　45
[D]
Delay　40
deleter　43
Decision Making　45
[E]
editing　14, 15, 21, 45
Eliciting　94
ESL Composition Profile　89, 100
ETS (Educational Testing Service)　98
evaluating　14, 45
Evaluation　38, 43, 45
Evaluation after　74
extended parallel progression　80, 81

Extensive Practice　26
External　47
[F]
formal changes　60, 61
formulating　32, 33
free composition　7
Fundamental Processes　43
[G]
Generating　20
Generic comment　96
Genre Knowledge　25, 26
global　15, 39
Goal　24, 25
Goal Setting　20, 21
[H]
Hayes（1996）の文章産出過程モデル　23
Hayes and Flower の文章産出過程モデル　18
Hayes（1996）推敲モデル　44
[I]
Ignore　40
ill-defined　38, 43
Individual　22, 24
initial sentence element　80
inner voice　24
Intentional diagnosis　57
interactive approach　224
Internal　47
Interpretive　95, 96, 97
[K]
Knowledge Telling　28, 31
Knowledge Telling Model　5, 27, 28,

275

29, 30, 31
Knowledge Transforming Model   5, 28, 29, 30
Knowledge Transforming   31

[L]
L2 Formulating Model   34
L2 problem solving   33
L2 Writing Overall Model   33
Linguistic Knowledge   25, 26
local   15
Long-Term Memory   24, 26, 47

[M]
macro   15
macro-structure changes   60, 61, 74
Maxim-based diagnosis   57
Meaning-preserving changes   60
mental outline   79
Micro-structure changes   60
Monitor   19, 20
Motivation   22, 24
Motivation/Affect   24

[O]
on line   74
Organizing   20

[P]
Parallel progression   80, 81
paraphrase   41
peer review sheet   102
Phonological Memory   24
Physical Environment   23
Planning   5, 19, 20, 21, 45, 47
Pointing   94, 95
prescriptive   96, 97

pretexts   32
Problem Representation   38, 39, 45, 66
Problem Solving   45
procedural facilitation   74
Process of Reading   47
progression   82
Proposer   47, 48, 49

[Q]
Questioning   94, 95

[R]
Reacting   94, 95
reader-based prose   221
Reading   21, 45
reconceptualization   227
redraft   15, 40
Reflection   22, 25, 44
reflective thinking   224
Resources   44
Responding   94
Reviser   48, 49
Reviewing   5, 15, 19, 21, 25, 36, 45, 48
Revise   15, 40, 41, 42, 43
Revision Task Schema   43, 44
Rewrite   15, 40, 41, 42, 43
Rhetorical Problem Space   28, 30
Rule-based diagnosis   57

[S]
Search   40
Semantic Memory   24
sequential progression   80, 81
simplified tentative form   34

索　引

Skilled revisers の推敲目的―手段表　42
Social Environment　22
STAR　81
surface　61
surface changes　60

[T]
Task Definition　37, 38, 43, 44, 53, 54, 58, 63, 66, 69, 70, 122
task definition との交互作用　66
Task Environment　19, 22, 24, 33, 38
Task Schemas　25, 26, 45, 47, 48
teaching crisis　6
tentative form　33, 34
tentative formulations　32
Text Interpretation　22, 25
Text Processing　44, 45
Text Production　22, 25, 44, 45
Text so far　23
text-based　61
text-based changes　60
The Writer's Long-Term Memory　19
think aloud　5
think aloud プロトコル　18
TOEIC　118
Topic Knowledge　25, 26

topical depth　80
topical progression　80, 81
topical structure　80
Topical Structure Analysis (TSA)　71, 72, 79, 80, 82, 83, 225
Transcriber　47, 48, 49
Translating　5, 19, 21, 25, 32, 45
Translation　48
Translator　47, 48, 49
TSA 推敲　82
TSA ダイアグラム　80
T-unit　83
tutoring　84, 87
TWE (Test of Written English)　98

[U]
Unskilled revisersの推敲目的―手段表　41

[V]
Visual/Spatial Sketchpad　24

[W]
well-defined　38, 40, 43, 87
Working Memory　22, 24, 47
writer-based prose　221
writing crisis　4, 5

[Z]
zone of proximal development　99

277

人　名

[あ]

青木信之　9, 12, 32, 60, 63, 70, 78, 82, 110, 112, 118, 119, 214, 215, 225

池永勝雅　7

内田伸子　9

沖原勝昭　7, 8

[か]

下村勇三郎　7

[さ]

関典明　7

教師養成研究会　7

[は]

堀口俊一　7

[ま]

本岡直子　9, 60, 78, 215, 225

[わ]

渡辺一保　7

渡辺益好　7

[A]

Aoki, N.　9, 10, 79
Arndt, V.　82, 121, 215, 216
Asenavage, K.　102, 107
Ashwell, T.　90, 107, 108
Atwell, M.　21

[B]

Bardovi-Harlig, K.　80
Barteltt, E. J.　14, 70, 79
Beach, R.　9, 52

Bereiter, C.　4, 5, 11, 12, 17, 20, 26, 27, 29, 31, 32, 35, 36, 46, 51, 70, 74, 76, 78, 110, 218, 223, 225, 226
Berg, E. C.　2, 11, 12, 98, 106, 107, 110
Berkenkotter, C.　14
Blaustein, A.　26
Bracewell, R. J.　51
Bridwell, L. S.　9, 14, 51
Brooks, E.　59
Bruffee, K.　222

[C]

Carey, L.　2, 8-11, 15, 21, 35-37, 40-42, 44-46, 49, 53-58, 71, 79, 110, 122, 214, 215, 218
Carpenter, P.　38
Carson, J. G.　106
Caulk, N.　101
Cerniglia, C. S.　81
Chandrasegaran, A.　9
Chaudron, C.　2, 9, 11, 12, 100, 105-108, 112, 136
Chenoweth, N. A.　21, 35, 45, 47, 49
Cherry, R. D.　10
Clark, H. H.　80
Cohen, A. D.　2, 11, 12, 91, 106, 108, 120, 136
Connor, U.　81, 82, 102, 107, 225
Conrad, S. M.　9, 85, 107, 109
Cumming, A.　11, 78, 84, 87, 107

索　引

[D]

Daiute, C.　73, 219, 220, 222, 223
Dalton, B.　219, 220, 222, 223
Dansereau, D. F.　22

[E]

Emig, J.　4

[F]

Faigley, L.　10, 52, 62, 79, 98
Farmer, M.　82, 225
Fathman, A. K.　2, 11, 12, 89, 106, 107
Ferris, D. R.　2, 9, 11-13, 84, 92, 106-108, 120
Fitzgerald, J.　1
Flower, L.　2, 5, 6, 8-11, 14, 15, 17, 18, 21, 22, 25, 31, 35-37, 40-42, 44-49, 53, 54-58, 71, 79, 110, 122, 214, 215, 218, 219, 221, 223, 224

[G]

Gagné, E. D.　18
Goldstein, L. M.　9, 85, 107, 109
Gould, J. D.　23
Grabe, W.　18
Gregg, L.W.　4, 18
Grischkowsky, N.　23
Guerrero, M. C. M. de.　99, 107, 220

[H]

Haas, C.　24
Hall, C.　59
Harris, M.　221, 224
Hartfiel, V.　89, 100
Hatch, E.　18

Hatch, J.　24
Haugen, D.　14
Haviland, S.　80
Hayes, J. R.　1, 2, 5, 8-11, 14, 15, 17, 18, 21-26, 31, 35-37, 40-49, 53-58, 70, 71, 79, 110, 122, 214, 215, 218, 221, 225
Hedgcock, J.　2, 9, 11, 12, 100, 106, 107, 109
Higgins, L.　219, 223, 224
Hill, C.　24
Hirose, K.　17, 67
Hughey, J.　89, 100
Hyland, F.　2, 11, 12, 86, 106
Hythecker, V. I.　22

[J]

Jacobs, H.　89, 100
Johns, A. M.　6
Johnson, K. E.　9
Jollife, D. A.　10
Just, M.　38

[K]

Kaplan, R. B.　18
Kaufer, D. S.　10
Kinsler, K.　221
Kobayashi, H.　61
Kohonen, V.　2, 219, 223
Kroll, B.　6
Kruidenier, J.　73

[L]

Lambiote, J.G.　22
Langer, J. A.　2, 9
Larson, C. O.　22

279

Lautamatti, L. 79, 81
Lefkowitz, N. 2, 9, 11, 12, 100, 106, 107, 109
Linden, M. 4
[M]
Mangelsdorf, K. 95
McCagg, P. 80
McCutchen, D. 30
Medsker, K.L. 81
Mendonça, C. O. 9
Motooka, N. 9, 79
Muncie, J. 220
Murphy, J. 97, 107
Murray, D. M. 1, 35
[N]
National Assessment of Educational Progress 74
Nelson, G. L. 106
Nelson, G. 97, 107
Ng, M. 103, 108, 109, 111, 120, 136
Nold, E. 14
Nunan, D. 221
Nystrand, M. 223, 227
[O]
O'Donnell, A. M. 22
Odell, L. 5
[P]
Palmquist, M. 24
Paulus, T. M. 2, 11, 101, 106, 107
Perfetti, C. A. 30
Perl. S. 14, 52, 215
Petraglia, J. 219, 223, 224
Pianko, S. 14, 21, 51

Prior, P. 11
[R]
Raimes, A. 9, 58, 59, 67
Rinnert, C. 61
Robb, T. 13
Rocklin, T. 22
Rohman, D. G. 5
Ross, S. 13
[S]
Saito, H. 89
Sasaki, M. 17, 67
Sato, T. 2, 9, 59
Scardamalia, M. 4, 5, 11, 12, 17, 20, 26, 27, 29, 31, 32, 35, 36, 46, 51, 70, 74, 76, 78, 110, 218, 223, 225, 226
Schlumberger, A. 95
Schriver, K. A. 9
Schriver, K. A. 2, 8-11, 15, 21, 24, 26, 35-37, 40-42, 44-46, 49, 53-58, 71, 79, 110, 122, 214, 215, 218
Sheils, M. 4
Shortreed, I. 13
Silva, T. 6
Skinner, A. M. 10
So, S. 11, 78, 84, 87, 107
Sommers, N. 9, 14, 52, 215
Spack, R. 6
Spilka, R. 26
Splich, G. J. 2
Stallard, C. 14, 52, 215
Stanley, J. 2, 11, 12, 93, 106, 107, 110, 221, 224

索　引

Steinbach, R.　218, 223, 226
Steinberg, E. R.　4, 18
Storch, N.　224
Stratman, J. F.　2, 8-11, 15, 21, 35-37, 40-42, 44-46, 49, 53-58, 71, 79, 110, 122, 214, 215, 218
Straub, R.　11
Sudol, R. A.　2, 9
Sze, C.　61, 62
[T]
Thibideau, R.　38
Truscott, J.　13
Tsui, A. B. M.　103, 108, 109, 111, 120, 136
[V]
Van der Mast, N. P.　24
Vesonder, G. T.　2
Villamil, O. S.　99, 107, 220

Voss, J. F.　2
Vygotsky, L. S.　99
[W]
Wallace, D. L.　225
Whalley, E.　2, 11, 12, 89, 106, 107
Whimbey, A.　4
White, R.　82, 121, 215, 216
Witte, S. P.　9, 32, 52, 62, 79, 98
Wormuth, D.　89, 100
[Y]
Young, R.　24
[Z]
Zamel, V.　6, 9, 58, 215
Zbrodoff, N. J.　31
Zhang, S.　105
Zimmermann, R.　32-34
Zingraf, S.　89, 100

※人名索引については、本文中「その他」として扱われているものについても掲載した。

281

著者略歴

青 木 信 之 （あおき　のぶゆき）

1959年（昭和34年）大阪府生まれ。
慶應義塾大学文学部文学科（英米文学専攻）卒業、広島大学大学院教育学研究科博士前期課程教科教育学専攻（英語科教育）修了の後、広島大学教育学部助手、松山大学法学部講師、同助教授、広島市立大学国際学部助教授を経て、現在、同学部教授。博士（教育学）。専門は英語教育学。
主な著書・論文は、*Multimedia Language Teaching*（共著）（Logos International）、"A Critical Evaluation of Feedback on Written Composition"（全国英語教育学会紀要『ARELE』第12号）、「具体的フィードバックと推敲過程」（『中国地区英語教育学会研究紀要』第33号）、「ネットワーク型英語集中訓練プログラムにおける overachievers と underachievers の研究　—アンケートによるリスニングプログラムの分析—」（広島市立大学国際学部『国際研究』第10巻）など。

英作文推敲活動を促すフィードバックに関する研究
――推敲過程認知処理モデルからの有効性の検証――

平成18年8月30日発行

著　者　青　木　信　之
発行所　㈱溪水社
　　　　広島市中区小町1-4（〒730-0041）
　　　　TEL（082）246-7909／FAX（082）246-7876
　　　　E-mail: info@keisui.co.jp
　　　　URL: http://www.keisui.co.jp

ISBN4-87440-948-2　C3082